La féerie érotique

The Age of Revolution and Romanticism
Interdisciplinary Studies

Gita May
General Editor

Vol. 24

PETER LANG
New York · Washington, D.C./Baltimore · Boston · Bern
Frankfurt am Main · Berlin · Brussels · Vienna · Canterbury

Geeta Paray-Clarke

La féerie érotique

Crébillon et ses lecteurs

PETER LANG
New York · Washington, D.C./Baltimore · Boston · Bern
Frankfurt am Main · Berlin · Brussels · Vienna · Canterbury

Library of Congress Cataloging-in-Publication Data

Paray-Clarke, Geeta.
La féerie érotique: Crébillon et ses lecteurs / Geeta Paray-Clarke.
p. cm. — (The age of revolution and romanticism; vol. 24)
Includes bibliographical references.
1. Crébillon, Claude-Prosper Jolyot de, 1707–1777—Criticism
and interpretation. 2. Erotic stories, French—History and criticism.
I. Title. II. Series: The age of revolution and romanticism; v. 24.
PQ1971.C6Z56   843'.5—dc21   97-51831
ISBN 0-8204-3993-2
ISSN 1045-4497

Die Deutsche Bibliothek-CIP-Einheitsaufnahme

Paray-Clarke, Geeta:
La féerie érotique: Crébillon et ses lecteurs / Geeta Paray-Clarke.
–New York; Washington, D.C./Baltimore; Boston; Bern;
Frankfurt am Main; Berlin; Brussels; Vienna; Canterbury: Lang.
(The age of revolution and romanticism; Vol. 24)
ISBN 0-8204-3993-2

1062658092

Table des matières

Remerciements*

Je tiens à remercier tous ceux qui, à l'une ou l'autre des étapes de cette thèse, m'ont apporté leur aide. Mes remerciements vont plus particulièrement à tous ceux qui ont été mes maîtres. Je voudrais également faire mes remerciements au Département d'Études Romanes à Duke University pour son aide financière. J'exprime aussi ma gratitude au Centre d'Études Européennes à Duke pour l'emploi qui m'a permis de travailler à ma thèse sans trop me soucier des difficultés financières.

Que les professeurs Philip Stewart, Michèle Longino, Jean-Jacques Thomas et Joan Stewart soient remerciés d'avoir accepté avec bienveillance d'être membres de mon jury de thèse. Je tiens d'abord à exprimer toute ma gratitude envers M. Philip Stewart, mon directeur de thèse. C'est sur sa suggestion que je me suis intéressée à la réception de Crébillon. Je dois à ses conseils de l'avoir poursuivie, à sa compréhension et à ses encouragements d'avoir pu la mener jusqu'à son terme. M. Stewart a bien voulu accepter l'idée imprécise de mon étude des contes de Crébillon. Il s'est penché avec patience sur les états successifs de mon travail et en a relevé les défaillances. Sa passion pour les études crébilloniennes et sa croyance à l'importance de ma thèse m'ont constamment soutenue pendant les phases décourageantes de mon travail. Qu'il en soit vivement remercié.

Je désire également dire ma reconnaissance à Mme Michèle Longino qui a sacrifié de son temps pour lire et critiquer mon travail. Ses suggestions et ses observations m'ont aidée à pousser plus loin mon exploration de certains aspects de la lecture au XVIIIe siècle. Je la remercie notamment pour les pistes qu'elle m'a signalées. M. Jean-Jacques Thomas acceptera d'être nommé ici et remercié de toutes les bontés qu'il a eues pour moi pendant les quatre années où il était chef du Département d'Études Romanes à Duke. Qu'il me soit également permis de faire mes remerciements à Mme Joan Stewart. Son enthousiasme pour mon travail sur les contes de Crébillon et les encouragements qu'elle m'a prodigués m'ont été infiniment précieux. L'intérêt qu'elle porte à ce genre presqu'inconnu m'a convaincue que l'étude du conte du XVIIIe siècle est loin d'être insignifiante.

Mes remerciements vont également à Mme Helene Baumann, bibliographe à la Perkins Library à Duke, pour l'intérêt qu'elle a porté à mes recherches. Elle s'est fait un devoir de me signaler systématiquement toutes les nouvelles publications sur Crébillon et le XVIIIe siècle. Je remercie de même Mme Linda Purnell, du service de prêt interbibliothécaires à Perkins, pour les nombreux ouvrages et photocopies qu'elle a fait venir d'autres bibliothèques à ma demande.

viii

J'exprime aussi ma très vive gratitude envers ma famille pour le soutien qu'elle m'a apporté. Je tiens plus particulièrement à remercier ma soeur Sheïla pour son aide et ses encouragements. Ma reconnaissance à l'égard de ma mère ne peut s'exprimer en quelques mots. À ma mère, dont la générosité et la patience ne se sont jamais démenties, je dis ici toute ma tendresse. Enfin comment n'évoquerais-je pas la mémoire de mon père. C'est à lui que je dois d'avoir pu faire des études universitaires. C'est dire combien je lui suis redevable.

Geeta Paray-Clarke

*Ce travail a été présenté, sous une forme différente, comme Thèse de doctorat à l'Université Duke en décembre 1996. Je désire aussi exprimer ici ma profonde reconnaissance à mon mari, le professeur George Elliott Clarke, et au professeur Philip Stewart qui m'ont proposé respectivement le titre et le sous-titre du présent ouvrage. Je voudrais également dire ma gratitude à mes collègues Douglas Casson et John Herrera pour leur contribution à la mise en forme de ce texte.

Chronologie

Claude Prosper Jolyot de Crébillon

1707	Le 13 février, naissance de Claude Prosper Jolyot de Crébillon, fils de Prosper Jolyot de Crébillon (1674–1762), auteur dramatique.
1730	Le 8 août, *Le Sylphe, ou Songe de Madame de R*** écrit par elle-même à Madame de S**** obtient une approbation.
1732	En mars, publication des *Lettres de la marquise de M*** au Comte de R****.
1734	En novembre–décembre, publication de *Tanzaï et Néadarné, histoire japonaise*. Du 8 au 13 décembre, incarcération de Crébillon à Vincennes.
1735	En décembre, publication de la première partie des *Égarements du coeur et de l'esprit, ou Mémoires de M. de Meilcour*.
1737	*Le Sopha, conte moral* circule sous le manteau.
1738	Publication des seconde et troisième parties des *Égarements du coeur et de l'esprit*.
1742	En février, publication du *Sopha, conte moral*. Le 7 avril, Crébillon est exilé à trente lieues de Paris pendant trois mois.
1746	Le 2 juillet, naissance de Henry Madeleine, fils de Crébillon et de Marie Henriette de Stafford.
1748	Le 23 avril, mariage de Crébillon avec Marie Henriette de Stafford.
1750	Le 27 janvier, décès de Henry Madeleine de Crébillon.
1754	En juin, publication des deux premières parties des *Heureux Orphelins, histoire imitée de l'anglais*. En juillet, parution des troisième et quatrième parties des *Heureux Orphelins*. En

novembre–décembre, publication des sept premières parties de *Ah quel conte! conte politique et astronomique.*

1755   En avril, publication de la huitième partie de *Ah quel conte!* et de *La Nuit et le moment, ou Les Matines de Cythère, dialogue.* Décès de Marie Henriette de Crébillon.

1759   Crébillon devient censeur royal pour les belles-lettres.

1762   Le 15 juin, décès de Crébillon père.

1763   En mai, publication du *Hasard du coin du feu, dialogue moral.*

1768   En octobre, publication des *Lettres de la Duchesse de *** au Duc de ***.*

1771   En avril, publication des *Lettres athéniennes extraites du portefeuille d'Alcibiade.*

1774   Crébillon devient censeur de police et est chargé du théâtre.

1776   En septembre, Crébillon renonce à la charge de censeur de police.

1777   Le 12 avril, décès de Crébillon à Paris.

Abréviations des éditions citées

Angola   La Morlière, Jacques Rochette de. *Angola, histoire indienne* in *Romans libertins du XVIIIe siècle*. Édition par Raymond Trousson. Paris: Robert Laffont, 1993.

AQC   Crébillon, Claude Prosper Jolyot de. *Ah quel conte! conte politique et astronomique* in *Collection complète des oeuvres de M. de Crébillon le fils*. Londres: 1779.

Bijoux   Diderot, Denis. *Les Bijoux indiscrets* in *Oeuvres complètes de Diderot*. Édition par Jean Varloot. Paris: Hermann, 1978.

Canapé   Fougeret de Monbron, Louis Charles. *Le Canapé couleur de feu, histoire galante*. Le Coffret du Bibliophile. Paris: Bibliothèque des curieux, 1912.

CL   *Correspondance littéraire, philosophique et critique par Grimm, Diderot, Raynal, Meister, etc.* Édition par Maurice Tourneux. Paris: Garnier Frères, 1877–1882.

Hamilton   Hamilton, Anthony. *Oeuvres du comte Antoine Hamilton*. Édition par Antoine Augustin Renouard. Paris: Antoine Augustin Renouard, 1812.

S   Crébillon, Claude Prosper Jolyot de. *Le Sopha, conte moral* in *Oeuvres de Crébillon*. Édition par Ernest Sturm. Paris: François Bourin, 1992.

TN   Crébillon, Claude Prosper Jolyot de. *L'Écumoire, ou Tanzaï et Néadarné, histoire japonaise* in *Oeuvres de Crébillon*. Édition par Ernest Sturm. Paris: François Bourin, 1992.

Introduction

Les ouvrages de Claude Prosper Jolyot de Crébillon (1707–1777), aussi connu comme Crébillon fils[1], ont soulevé beaucoup de controverses à l'époque de leur publication. Ses contes satiriques parodiques pseudo-orientaux, *Tanzaï et Néadarné, Le Sopha, conte moral* et *Ah quel conte!*, font principalement la satire des autorités religieuses et politiques de la France tout en parodiant le conte de fées traditionnel du XVIIe siècle et le recueil des *Mille et une nuits*. Il a également écrit plusieurs romans: *Le Sylphe, Lettres de la Marquise de M*** au Comte de R***, Les Égarements du coeur et de l'esprit, Le Hasard du coin du feu, Les Heureux Orphelins, La Nuit et le moment, Lettres de la Duchesse de *** au Duc de **** et *Lettres athéniennes*. Ces ouvrages dépeignent les moeurs du beau monde parisien constitué de la noblesse raffinée et oisive de l'époque. Plusieurs critiques de l'époque réprouvent l'érotisme de l'oeuvre de l'auteur qu'ils qualifient d'obscène et d'immorale. Certains critiques affirment également que l'auteur donne une peinture falsifiée de l'aristocratie parisienne. Cependant, cette même écriture qui est tellement critiquée par certains de ses contemporains, soulève l'admiration d'autres contemporains qui le classent parmi les grands auteurs de son époque et louent son style raffiné, son originalité et la précision avec laquelle il peint la société et les complexités de l'amour.

À l'exception de Stendhal et de Sainte-Beuve, tous les critiques du XIXe siècle classent Crébillon parmi les romanciers de troisième rang et le rangent sous l'étiquette de libertin et de licencieux. Andrzej Siemek rapporte qu'aucune édition sérieuse de Crébillon ne paraît au XIXe siècle et qu'"on se contente de publier quelques oeuvres dans des éditions confidentielles ou dans des collections pour les bibliophiles, amateurs de sujets scabreux[2]". La première moitié du XXe siècle adopte la même attitude que le siècle précédent. Citons encore une fois Siemek qui déclare que l'auteur est "écarté de l'histoire des lettres françaises par Lanson, il est entièrement oublié dans l'anthologie Lagarde-Michard et dans celle, plus récente, de Chassang-Senninger" Toutefois, et heureusement pour l'histoire littéraire, Crébillon commence à trouver grâce devant la critique depuis l'avant-guerre. Depuis lors, sa réputation n'a fait que croître. Ce qui fait que la critique moderne, surtout européenne, le classe désormais parmi les grands romanciers français du XVIIIe siècle. La preuve en est que, depuis quelques années, ses *Égarements du coeur et de l'esprit* figurent au programme de l'agrégation des Lettres en France.

La diversité de la réception critique de l'oeuvre de Crébillon en France pendant le XVIIIe siècle nous fascine. L'étude de cette réception nous amène à tirer certaines conclusions qui pourraient aussi être valables pour une étude générale des lecteurs de l'ouvrage romanesque de l'époque. La divergence d'opinions des critiques de Crébillon prouve que, déjà au XVIIIe siècle, la réception de l'ouvrage de fiction est un processus dynamique puisque le lecteur ne reçoit pas ce texte avec passivité, mais qu'au contraire, il le considère avec passion, comme quelque chose qui demande à être soit aimé soit abhorré. Dans certains cas, l'admiration pour le texte littéraire va même jusqu'à provoquer la pratique mimétique. De plus, l'ouvrage de fiction devient l'objet de discussions animées entre les lecteurs qui lisent pour le plaisir aussi bien qu'entre les critiques littéraires de profession.

Des recherches dans les bibliothèques parisiennes nous ont permis de constituer le corpus de la critique crébillonienne qui sert de base à cette thèse. Dans un premier temps, il a fallu faire un dépouillement systématique des documents de l'époque pour pouvoir recenser toutes les réactions provoquées par l'oeuvre de Crébillon en France au XVIIIe siècle. La presse périodique qui fait les comptes rendus des ouvrages nouveaux a été scrutée minutieusement. De nombreux ouvrages de l'époque, tels que romans, essais, mémoires et journaux, qui n'ont pas été réédités depuis, ont également été consultés. Ce projet de recherche a également été enrichi par l'apport précieux de la correspondance privée de certains contemporains de Crébillon.

Dans un deuxième temps, toutes les données recueillies ont été examinées afin de pouvoir les regrouper sous divers thèmes qui constituent les différentes facettes de cette étude. Nous avions, à l'origine, la ferme intention d'explorer la réception de l'oeuvre entière de l'auteur. Toutefois, il a fallu se limiter à la réception de ses contes lorsque nous avons constaté l'ampleur de tout l'inventaire de la critique crébillonienne. Notre but n'est pas de donner une simple description de la réception des contes de Crébillon en France au XVIIIe siècle. Quoique ce projet semble relever de l'esthétique de la réception, telle qu'elle est formulée par Hans Jauss, Wolfgang Iser et l'école de Constance, notre propos est différent. Tandis que ceux-ci élaborent leur discours théorique autour du lecteur *implicite* ou idéal, cette étude repose sur l'analyse du lecteur réel. Un procédé purement empirique est employé pour aborder le sujet puisque nous nous limitons à étudier exclusivement les témoignages de ceux qui ont effectivement lu les contes de Crébillon en France pendant le XVIIIe siècle.

Le travail de regroupement qui a été fait nous a permis de constater que certains commentaires sur et opinions de Crébillon se répètent sous la plume de plusieurs de ses critiques. Ceci indique qu'à l'époque, il y avait tout un débat autour du conte crébillonien. Débat qui, selon nous, est intimement lié à l'histoire littéraire du siècle. L'ambition ici est d'apporter, à travers l'exploration d'une partie de ce débat, une contribution à l'histoire du développement de l'ouvrage romanesque en faisant la lumière sur certains épisodes méconnus, donc inexplorés jusqu'à présent, de l'histoire littéraire. Car le conte du XVIIIe siècle, injustement négligé jusqu'ici, fait bien partie de l'histoire littéraire de ce siècle et, comme tel, son étude doit nécessairement être incluse dans toute étude du genre romanesque.

Cette thèse est donc consacrée aux ouvrages qui ont, à l'origine, permis à Crébillon d'atteindre la célébrité: ses contes satiriques parodiques pseudo-orientaux. Puisque le genre du conte appartient toujours à la paralittérature, car il n'a pas encore gagné ses lettres de noblesse qui lui permettent d'entrer dans la catégorie privilégiée de belles lettres, la critique moderne tend à négliger son étude. Cet oubli se répercute d'ailleurs sur la critique crébillonienne contemporaine qui, peut-être inconsciemment, a aussi tendance à détourner ses regards des contes de l'auteur. Toutefois, et en grande partie grâce au talent de Crébillon, ce genre a eu son heure de gloire au XVIIIe siècle. En effet, Grimm atteste la popularité de ce genre en 1755 lorsqu'il écrit ceci dans sa *Correspondance littéraire*: "On pourrait dire qu'il n'y a point de si bon ni de si mauvais écrivain à qui il n'ait passé par la tête de nous faire présent d'une féerie de sa façon[3]". Et Raymond Trousson, un critique moderne, constate que "Les grands s'y adonnent: Voltaire ne dédaigne pas le merveilleux, quitte à le parodier, dans *Le Crocheteur borgne*, *Zadig*, *La Princesse de Babylone* ou *Le Taureau blanc*, et même le grave Jean-Jacques y a sacrifié, à condition que ce fût 'sans polissonnerie', dans *La Reine Fantasque*[4]". Donc, une étude de ce genre devient une nécessité pour la reconstitution de l'histoire littéraire aussi bien que pour les besoins des études crébilloniennes. Par conséquent, cette présente étude de la réception des contes de Crébillon comble une lacune. Car l'exploration des contes de Crébillon atteste la célébrité de ce genre et elle démontre, entre autres choses, qu'à l'époque, ce genre était perçu comme un nouveau genre, bien distinct du roman ou du conte de fées du siècle précédent, et propre au XVIIIe siècle.

La première partie de ce travail débute avec l'étude de celui qui a précédé Crébillon dans la parodie de l'écriture féerique: Anthony Hamilton. Nous analysons tout d'abord l'écriture de cet auteur dans le but de la juxtaposer à celle de Crébillon pour démontrer que Crébillon a bien marché sur les pas de son prédécesseur de qui il s'est inspiré et à qui il a beaucoup emprunté. Toutefois, nous démontrons également que si Hamilton fait les premiers pas dans ce nouveau genre, Crébillon y fait un pas de géant en avant car le conte satirique parodique pseudo-oriental du XVIIIe siècle atteint, grâce à lui, sa perfection. Contrairement à Hamilton, Crébillon ne se contente pas de donner des contes pseudo-orientaux dans lesquels il parodie l'écriture du conte de fées et des *Mille et une nuits*. Son oeuvre est à la fois parodique et satirique car non seulement il reproduit avec raillerie l'écriture romanesque de certains genres (tel que le conte de fées) et ouvrages (tel que les *Mille et une nuits*) très courus à cette époque, mais il pratique également la satire de sa société. Ses contes témoignent également de la profondeur et de l'originalité de ses réflexions sur certains aspects des procédés de la technique narrative qui est associée à l'écriture romanesque. De plus, l'étude des commentaires qui ont été faits sur la parenté entre Hamilton et Crébillon révèle que Crébillon est perçu par ses contemporains comme le créateur de ce nouveau genre qu'est le conte crébillonien ou le conte satirique parodique pseudo-oriental, qui appartient bien au

XVIIIe siècle. Car les éléments constitutifs de ce nouveau type de conte créé par Crébillon sont la satire, la parodie et le décor pseudo-oriental.

Cette découverte est d'importance pour l'histoire littéraire car elle remet en question la place marginale que la critique littéraire post dix-huitiémiste a toujours donnée à ce genre qui n'a jamais été vraiment considéré comme un genre en soi. En effet, lorsqu'ils traitent la question de l'ouvrage de fiction au siècle des Lumières, les critiques modernes ont tendance à adopter une des approches suivantes en ce qui concerne le conte à la manière de Crébillon: soit ils ignorent complètement ce genre, ou ils l'appellent tout simplement *conte*[5], ou encore *conte oriental*[6] qu'ils classent parmi les contes de Voltaire, les *Lettres persanes*, etc., ou ils le prénomment *grivoiserie exotique et fabuleuse*[7], ou ils le classent parmi les romans dans la sous-catégorie de *romans galants*[8] ou *romans libertins* (Trousson).

Nous voudrions ici préciser que, selon nous, la production de Hamilton, Crébillon et leurs continuateurs n'appartient pas à la même catégorie à laquelle appartiennent des ouvrages tels que les *Lettres persanes* ou les contes orientaux de Voltaire. Certes, Montesquieu et Voltaire utilisent bien, comme Crébillon et ses imitateurs, un orient de pacotille pour atténuer le caractère cinglant de leur satire de la société française. Cependant, Crébillon et ses disciples vont au-delà de la simple satire de la société car, comme Hamilton, ils parodient également l'écriture féerique, tout en pratiquant cette même écriture. Car cette utilisation subversive de l'écriture parodiée est de rigueur pour bien réussir la parodie. Ces conteurs pratiquent aussi une constante remise en question de leur propre discours à l'intérieur même de leur production romanesque. Ce qui fait que le conte satirique parodique pseudo-oriental, ou le conte crébillonien comme nous préférons l'appeler, devient le lieu où se débattent, en sus des questions sociales et politiques, certaines questions sur le discours narratif et l'utilité des conventions narratives. De plus, ce type de conte a sa propre thématique, ses motifs, conventions et règles qu'on ne retrouve pas chez Montesquieu et Voltaire mais qui sont présents dans l'oeuvre de Hamilton, Crébillon et leurs continuateurs tels que Diderot, Duclos, Voisenon, etc.

La seconde partie de ce travail est consacrée exclusivement à l'étude de la réception des trois contes de Crébillon qui font essentiellement la parodie d'un genre, la satire d'une société et la subversion d'un discours. Cette étude fait la lumière sur certains aspects de l'oeuvre crébillonienne et de son lectorat. Ainsi, il se trouve que le succès des deux premiers contes de Crébillon est, en partie, dû à l'hostilité que les autorités leur témoignent. Il semble également que les femmes ont joué un rôle important dans ce succès. Les moeurs libertines de certains cercles ont aussi contribué à la popularité de ces ouvrages où la sexualité était très présente. De plus, le public de Crébillon décode, à travers le masque de la féerie et de l'orient, la satire de certains personnalités et événements de l'actualité. Cette étude révèle aussi que les lecteurs qui goûtent en particulier l'oeuvre crébillonienne se trouvent être ceux-là mêmes qui y sont ridiculisés. L'étude de la fortune du dernier conte de l'auteur indique que la popularité du conte à la Crébillon baisse considérablement vers le milieu du siècle au moment où le roman moral et langoureux commence à faire sa parution sur la scène littéraire.

La troisième et dernière partie de ce travail aborde également la question de la réception du conte crébillonien, quoique de façon oblique. Le grand succès des deux premiers contes de l'auteur donne lieu a une véritable prolifération de ce type de conte car plusieurs auteurs essaient de produire des contes imités de Crébillon dans le but d'exploiter son succès. Cette pratique mimétique représente une sorte de réception de l'oeuvre crébillonienne car cette production imitative reflète nécessairement une lecture de Crébillon par le producteur du texte imitatif. Nous étudions donc ces imitations aussi bien que leur réception par la critique de l'époque car l'imitation a souvent valeur de commentaire. À travers l'étude de ces imitations, on voit se dessiner en filigrane la morphologie du conte satirique parodique pseudo-oriental ou conte crébillonien. Quant à l'étude de la réception de ces imitations, elle démontre que, dans chaque cas, la critique de l'époque ne peut s'empêcher de faire référence aux contes de Crébillon et de mesurer la qualité de ces imitations en les juxtaposant à l'oeuvre crébillonienne. Cette critique est également unanime à condamner l'écriture de ces imitateurs puisqu'elle déclare qu'aucun d'eux n'est à la hauteur de Crébillon.

Il est à souhaiter que ce présent travail contribue à éclairer certains aspects inexplorés de l'histoire littéraire et de la société française au siècle des Lumières et qu'il apporte une nouvelle optique à la reconstitution de la scène littéraire et de l'horizon d'attente du public et à l'histoire de la lecture en France à cette époque et, éventuellement, à la mise en place d'une sociologie de la lecture. Nous espérons aussi que ce travail contribuera à réhabiliter cette partie de la production crébillonienne que la critique moderne a considérablement négligée. Finalement, il est à souhaiter que le conte satirique parodique pseudo-oriental du XVIIIe siècle retrouve la place qu'il mérite et qui lui revient dans l'histoire littéraire.

Notes

1   Il est le fils du dramaturge Prosper Jolyot de Crébillon (1674–1762), aussi connu comme Crébillon père.

2   Andrzej Siemek, *La Recherche morale et esthétique dans le roman de Crébillon fils*, Studies on Voltaire and the Eighteenth Century, vol. 200 (Oxford: The Voltaire Foundation, 1981), 17.

6

3   Maurice Tourneux, éd., *Correspondance littéraire, philosophique et critique par Grimm, Diderot, Raynal, Meister, etc.* (Paris: Garnier Frères, 1877–1882), 3:40.

4   Raymond Trousson, *Romans libertins du XVIIIe siècle* (Paris: Robert Laffont, 1993), 491–492.

5   Jean Goldzink, *Histoire de la littérature française: XVIIIe siècle* (Paris: Bordas, 1988), 84.

6   Laurent Versini, *Le XVIIIe siècle: Littérature française* (Nancy: Presses Universitaires de Nancy, 1988), 38.

7   Philippe Roger, "Crébillon, Laclos, Sade", in *Précis de littérature française du XVIIIe siècle*, édition par Robert Mauzi (Paris: Presses Universitaires de France, 1990), 191.

8   Pierre Brunel, Yvonne Bellenger, Daniel Couty, Philippe Sellier et Michel Truffet, *Histoire de la littérature française* (Paris: Bordas, 1977), 312.

Première partie
Un Nouveau genre

Chapitre 1

Hamilton et Crébillon

Le Conte au début du siècle

Le public français de la fin du XVIIe siècle connaît un véritable engouement pour le conte de fées. Par conséquent, cette époque voit un foisonnement de ce genre dont Perrault, Madame d'Aulnoy et Madame Murat sont les producteurs les plus féconds. Ce goût pour une certaine littérature féerique continue au siècle suivant qui s'ouvre avec la traduction, en 1704, du premier volume des *Mille et une nuits* par Antoine Galland. En effet, comme les contes de fées du XVIIe siècle, ce recueil d'histoires de génies et d'enchantements, comble l'avidité des lecteurs pour les créations fantaisistes. Cette publication donne lieu à une nouvelle vague qui rend possible une production abondante de contes orientaux à la manière des *Mille et une nuits* et de contes merveilleux exotiques ayant un vague air oriental.

En reprenant le genre, les continuateurs des *Mille et une Nuits* adoptent diverses attitudes dans leurs oeuvres. Si les uns se contentent tout simplement de produire des imitations de ces contes, d'autres exploitent la fiction orientale/exotique et féerique de manière à ouvrir différentes voies pour ce genre. Parmi cette dernière catégorie se trouvent les auteurs qui façonnent la matière orientale/exotique et féerique dans un but satirique et parodique, ce qui donne naissance à ce nouveau genre que Crébillon perfectionne et que nous allons étudier. Ainsi, quoique la mode du conte de fées persiste au XVIIIe siècle, "les mondains du XVIIe siècle qui découvrent, à la fin du règne de Louis XIV, les délices des contes, ne sont pas les mêmes que ceux qui continueront à s'en amuser vers la fin du siècle suivant[1]" et, de même, les contes dont se raffole le XVIIIe siècle ne sont pas les mêmes que ceux qui sont goûtés par les lecteurs du Grand Siècle.

Ce nouveau conte du XVIIIe siècle est un hybride composé d'éléments qui proviennent du conte de fées du XVIIe siècle et du recueil des *Mille et une nuits*. En effet, ce nouveau genre met en oeuvre les éléments et le schéma traditionnels du conte de fées tels que le couple exceptionnel que constituent le héros princier et sa princesse, le personnage agresseur, les éléments qui empêchent le bonheur des héros (obstacle, méfait, mauvais sort), la quête des héros, l'intervention d'un personnage surnaturel ou d'un auxiliaire magique, la victoire des héros rendue possible grâce au désenchantement ou à la réparation du méfait, et finalement, le mariage qui promet un bonheur éternel. Le caractère fantastique, élément que le conte de fées et les *Mille et une nuits* ont en commun, met en place une véritable parenté entre ces deux genres, parenté qui contribue à l'hybridation qui produit le conte satirique parodique pseudo-oriental du XVIIIe siècle. Ce nouveau conte emprunte aux *Mille et une nuits* son décor oriental, son caractère fantastique et désordonné et le modèle du récit-cadre, le plus prisé étant celui où le narrataire essaie soit de chasser l'ennui de l'éternel sultan ou d'endormir sa mauvaise humeur par des contes les plus invraisemblables.

Hamilton: la parodie d'un genre

Le comte Anthony Hamilton (1645–1720) est le précurseur de ce nouveau conte du XVIIIe siècle. En effet, cet auteur est, parmi les premiers parodistes du XVIIIe siècle, celui qui inaugure cette nouvelle écriture qui allie la féerie à la parodie. Cette écriture, si caractéristique d'un nouveau genre qui appartient bien au XVIIIe siècle, sera plus tard consacrée par Crébillon. Selon Marie-Louise Dufrenoy, "Hamilton fixa délibérément les principaux traits de la parodie orientale" et cet auteur "se flatta de pouvoir faire avorter la vogue des contes orientaux en discréditant ceux-ci par le ridicule"[2]. Dufrenoy est d'avis que Hamilton se proposait de décourager les conteurs d'exploiter la veine orientale lorsqu'il écrivit les trois fantaisies réunies en 1730 dans un même recueil: *Le Bélier, Fleur d'Épine* et *les Quatre Facardins*. Dufrenoy note également que "dans *Le Bélier*, où il est possible de reconnaître une parodie du *Mouton* de Mme d'Aulnoy, Hamilton avait glissé quelques pointes à l'adresse des *Mille et une Nuits*" (Dufrenoy, p.50).

Ces contes de Hamilton, publiés en 1730, dix ans après sa mort, furent sans doute rédigés entre 1705 (peu après la publication de la traduction des *Mille et une nuits*) et 1720. Dans sa "Notice sur la vie et les ouvrages d'Hamilton[3]", datée de 1803 et citée dans l'édition de 1812 des *Oeuvres du comte Antoine Hamilton*, L. S. Auger rapporte:

La traduction des *Mille et une Nuits* venait de paraître; les femmes de la cour dévoraient ce livre et en raffolaient. Hamilton les railla sur leur engouement pour un ouvrage plein d'aventures invraisemblables et absurdes. On lui porta défi d'en faire autant; il l'accepta, et se mit à faire des contes de fées pour se moquer de la féerie, comme Cervantes avait fait *Don Quichotte*, pour tourner la chevalerie en ridicule.

Donc, puisque le but de Hamilton est de railler les contes à la *Mille et une nuits*, il pratique une écriture mimétique parodique que Gérard Genette appellerait *pastiche satirique* ou *charge*, c'est-à-dire une "imitation en régime satirique, dont la fonction dominante est la dérision[4]".

Avant d'aborder le thème de la réception du conte crébillonien, il est nécessaire de cerner l'esthétique du conte parodique hamiltonien. Car Crébillon emprunte beaucoup à celui qui l'a précédé dans la création de ce nouveau genre. Il faut, tout d'abord, se poser la question suivante: Est-ce qu'on peut affirmer avec certitude que Hamilton fait un pastiche satirique du conte oriental? La réponse à cette question se trouve dans l'oeuvre même de l'auteur car il donne suffisamment d'indices à son lecteur quant à ses intentions satiriques. Hamilton vise surtout le prototype du conte oriental, c'est-à-dire les *Mille et une nuits*. *Fleur d'Épine* et *Les Quatre Facardins* (qui sont, avec *Le Bélier*, les contes les plus connus de Hamilton) sont écrits selon la formule des *Mille et une nuits* car nous retrouvons, dans l'encadrement de ces deux contes, les mêmes personnages qui encadrent les *Milles et une nuits*: le sultan Schahriar, sa sultane Schéhérazade et Dinarzade, la soeur cadette de la sultane.

Cependant Hamilton prend une distance ironique par rapport aux *Mille et une nuits*, son texte référentiel, lorsqu'il introduit un décalage entre ces personnages et la forme du discours qu'il leur prête. En effet, si dans l'original, ces personnages sont décrits et s'expriment comme des êtres qui possèdent une certaine dignité qui va de pair avec leur position sociale, tel n'est pas le cas sous la plume de Hamilton. L'auteur pratique un *travestissement burlesque*, cette technique de "transformation stylistique à fonction dégradante" (Genette, p.33) qui fait qu'il modifie "le style sans *modifier le sujet*" car il met en place une "antithèse entre le rang et les paroles" (Genette, p.29) des personnages. Ainsi, dans l'encadrement de *Fleur d'Épine*, on découvre une Dinarzade insolente et espiègle qui reproche à sa soeur aînée d'avoir fait un conte "misérable" à son "benêt de mari" qu'elle qualifie également de "vilain bourreau"[5]. Quant au sultan, grâce aux paroles que Hamilton lui met dans la bouche, il nous est montré comme un être naïf, imbécile et ridicule qui, ô comble, porte un bonnet de nuit quand il est au lit avec la belle Schéhérazade. De même, dans *Fleur d'Épine*, Hamilton semble se moquer des coutumes décrites dans le conte original ("La Princesse se jeta à ses pieds, les embrassa tendrement[6]") au moment où il fait le portrait de la sultane en train de baiser "le petit doigt du pied gauche" du souverain et lorsque celui-ci signifie son pardon à la sultane et à d'autres courtisans en leur frottant "trois fois son sceptre royal sur le bout du nez" (Hamilton, v.2, p.63).

Hamilton continue avec son travestissement burlesque dans *Les Quatre Facardins* où il décrit Schéhérazade comme "La belle sultane, qui s'était mise entre deux draps mille nuits de suite pour des contes à dormir debout" (Hamilton, v.2, p.285). Soulignons qu'ici, l'auteur est doublement parodique puisqu'il déprécie les contes de la sultane en les qualifiant de "contes à dormir debout" et, en même temps, il décoche une pointe grivoise à l'intention de cette sultane qui n'a rien trouvé de mieux que de raconter des contes quand elle était au lit avec le sultan. Donc, ce rapport de nature burlesque que le texte hamiltonien entretient avec le texte modèle (les *Mille et une nuits*) sert d'avertissement au lecteur quant à l'attitude qu'il faut prendre pour approcher le texte et l'apprécier pour ce qu'il est:

un pastiche satirique des *Mille et une nuits*. Les intentions parodiques de Hamilton à l'égard des *Mille et une nuits* sont plus ouvertement exprimées dans *Le Bélier*. Dans ce conte, Alie, l'héroïne, se laisse prendre à ses fantaisies quand elle se prend pour la sultane des *Mille et une nuits* et croit être "Au beau milieu des Mille Nuits;/Car c'était alors sa lecture" (Hamilton, v.2, p.128). Voici comment Hamilton décrit ses illusions:

> Comme elle avait dans la mémoire
> Tout le récit de ces fatras,
> Elle crut, malgré ses appas,
> Qu'il fallait conter quelque histoire
> Pour se garantir du trépas.

En choisissant ici de se moquer de sa propre créature, Hamilton affiche sa raillerie de l'engouement des lecteurs pour *Les Milles et une nuits*.

Dans *Le Bélier*, Hamilton utilise une technique que Crébillon utilisera également dans ses contes plus tard. Il s'agit de l'interruption de la narration par un personnage bête et ridicule qui appartient au cadre de la narration. En effet, dans ce conte de Hamilton, le géant Moulineau demande à son confident, un bélier enchanté (qui est en fait un prince métamorphosé en bélier), de lui raconter un conte agréable. Pendant ce récit, Moulineau interrompt plusieurs fois le conteur pour faire des remarques qui témoignent de son intelligence épaisse et médiocre. L'effet produit par ces interventions est comique. Mais, le but véritable de ces remarques est de ramener l'attention du lecteur sur certaines faiblesses du conte aussi bien que sur son côté absurde et ridicule. Ainsi, lorsque le géant reproche à son narrateur de commencer son récit par le milieu, celui-ci répond: "je consens, contre la coutume, à mettre chaque chose à sa place: ainsi le commencement de mon histoire sera à la tête de mon récit" (Hamilton, v.2, p.153). Il est clair que Hamilton se moque et du caractère désordonné des *Mille et une nuits* et de la coutume littéraire qui n'exigeait pas l'ordre chronologique dans la narration.

À un certain point de la narration, le conteur ramène dans son récit un renard dont il avait parlé au début du récit et Moulineau s'exclame: "le voilà donc arrivé, ce renard blanc! j'en suis vraiment bien aise; car je le croyais perdu depuis le temps que tu m'embarrasses l'esprit de tout autre chose peut-être assez inutile" (Hamilton, v.2, p.167). Ici, l'auteur glisse un commentaire railleur sur la tradition romanesque des récits à tiroirs qui n'ont, en fait, aucun rapport avec l'intrigue centrale du récit. Un peu plus tard, le géant fait encore un reproche à son conteur pour critiquer sa manie d'enchâsser les aventures lorsqu'il s'exclame: "tu ne fais que tarabuster mon attention d'un endroit à un autre. N'y aurait-il pas moyen de finir ce qui les regarde avant que d'aller courir après une autre aventure?" (Hamilton, v.2, p.168). Et finalement, arrivé à la fin de son récit, le conteur déclare au géant: "Je n'ai donc plus rien à vous apprendre, [...]; car vous savez comme tous les contes finissent" (Hamilton, v.2, p.203). De toute évidence, Hamilton se moque de cette tradition littéraire qui exige que les contes se terminent bien. Ainsi, l'auteur subvertit son propre discours romanesque puisqu'il tourne en dérision les défauts de son propre conte. Ce faisant, il fait ressortir les faiblesses des techniques narratives adoptées par les auteurs de l'époque.

Dans *Les Quatre Facardins*, rédigé après *Fleur d'Épine* et *Le Bélier*, l'auteur devient un peu plus hardi car il fait, à plusieurs reprises, des critiques acerbes sur les contes. Ainsi, à travers une longue dédicace en vers à l'"adorable Sylvie" (Hamilton, v.2, p.257–260), on arrive à connaître l'opinion de Hamilton sur le conte qui, selon lui, n'amuse pas les "gens sensés":

> Je vous demande à deux genoux,
> De me sauver de la satire,
> Et de m'épargner le courroux
> De gens sensés, et las de lire
> Des fables qui ne font plus rire.

L'auteur fait ensuite l'historique de la mode du conte, qu'il qualifie de "cette lecture insipide" dont "La cour même devint avide" et qui triompha des "plus célèbres romans/Pour les moeurs et les sentiments,/Depuis Cyrus jusqu'à Zaïde". Il arrive finalement au recueil des *Mille et une nuits* ("Ensuite vinrent de Syrie/Volumes de contes sans fin") qui, "grâce au bon sens", "N'endort que les petits enfants". Pour terminer, il livre à son lecteur son véritable but quant à la production de ses contes qu'il qualifie de "fatras" et il fait en même temps une espèce de *mea-culpa*:

> Ce fut dans cette paix profonde
> Que moi, misérable pécheur,
> Je m'avisai d'être l'auteur
> D'un fatras qu'on lut par le monde.
> Je l'entrepris en badinant,
> Et je fourrai dans cet ouvrage
> Ce qu'a de plus impertinent
> Des contes le vain étalage:
> Mais je ne fus pas assez sage
> Pour m'en tenir à ce fragment;
> J'y joignis un second étage.
> Pour marquer les absurdités
> De ces récits mal inventés,
> Un essai peut être excusable;
> Mais dans ces essais répétés
> L'écrivain lui-même est la fable
> Des contes qu'il a critiqués.

Hamilton confesse ici le ludisme ("en badinant") et l'intention satirique ("Pour marquer les absurdités") qui donnent originellement naissance à sa création littéraire. Il avoue également que, dans ses contes, il renchérit exprès sur les défauts ("absurdités") de ce genre pour mieux les souligner et s'en moquer. Les trois derniers vers de cette citation soulèvent la question de ce que nous appelons le dilemme du conteur satirique parodique car ils illustrent cette situation paradoxale dans laquelle est enfermée la pratique du parodiste. En effet, l'auteur qui choisit de dévaloriser un genre ou un ouvrage est obligé de suivre une seule voie: pratiquer, pour mieux la critiquer, cette même écriture qu'il cherche à dénoncer. Puisque le texte parodique reproduit les défauts de son modèle, il y a toujours la possibilité que le lecteur ne puisse décoder les indices que l'auteur utilise pour signaler son intention parodique. Lorsque Hamilton entreprend de miner le terrain sur lequel il s'installe, il se rend bien compte de ce danger car il court le risque d'être pris à son propre piège si son lecteur ne parvient pas à percevoir son texte dans une autre perspective que celle du texte parodié et donc de ne pas distinguer le texte parodique du texte parodié. Ainsi, les trois derniers vers cités fonctionnent comme un panneau de signalisation à l'intention du lecteur.

Dans la dernière partie de cette dédicace, l'auteur avoue finalement un semblant de faiblesse: il n'arrive pas à s'abstenir de faire "une autre folie" même s'il connaît "que trop la honte/De mettre au jour conte sur conte". Il finit par demander à Sylvie la permission de se "livrer au ridicule/Des fatras" qu'il vient de condamner et il procède avec la narration des *Quatre Facardins*. Ce conte est-il donc le produit de la faiblesse de l'auteur? Pourquoi, après avoir fait une critique mordante du conte et après avoir mis à nu ses intentions satiriques et parodiques, l'auteur nous redonne-t-il un nouveau conte? En fait, l'auteur a recours à cette espèce de stratégie pour, encore une fois, indiquer à son lecteur que sa production doit être lue comme un pastiche satirique du conte. Ainsi, il ne court aucun risque de tomber dans ce dilemme du conte satirique parodique puisque le lecteur sait qu'il reproduit exprès les défauts du conte dans le seul but de les dénoncer. Il démontre ainsi que non seulement il est en mesure de pratiquer l'écriture du conte aussi bien (sinon mieux) que d'autres conteurs mais encore qu'il peut reproduire, en abondance et par dérision, les défauts de ce genre tout en renchérissant sur ces défauts. Robert déclare, avec justesse, que les "*Quatre Facardins* visent à démontrer, par exemple, le ridicule des constructions "en tiroirs" copiées sur le modèle des *Mille et une nuits*". Ainsi, par une espèce de jeu de miroir, Hamilton "multiplie les tiroirs indéfiniment en imaginant quatre personnages qui racontent successivement des aventures au cours desquelles ils rencontrent des personnages qui eux-mêmes racontent des aventures au cours desquelles, etc" (Robert, p.209). En effet, une des caractéristiques de la parodie étant l'exagération des procédés du texte visé, Hamilton pratique, dans son conte, l'accentuation caricaturale de la tradition des tiroirs. Ce renchérissement des faiblesses du texte condamné est la preuve infaillible de la désapprobation de Hamilton à l'égard de ce texte.

Le recueil des *Mille et une nuits* n'est pas l'unique objet de la parodie de Hamilton. Il y a, dans son oeuvre, assez d'indices qui démontrent qu'il tourne également en ridicule certains traditions et abus des récits contemporains. Ainsi, dans *Fleur d'Épine*, Hamilton se moque des auteurs qui élaborent inutilement sur les tendresses que se disent les amoureux et que le lecteur ne lit presque jamais lorsqu'il écrit:

> Il se dit plusieurs choses fort tendres de part et d'autre sur cette contestation, dont se passera fort bien le lecteur, qui d'ordinaire saute autant de ces conversations qu'il en trouve, pour arriver promptement à la fin du conte (Hamilton, v.2, p.53).

Dans *Le Bélier*, Hamilton ridiculise aussi les romans du Grand Siècle quand il fait ce commentaire sur un personnage qui vient de s'évanouir: "Ils le firent revenir de la manière qu'on fait ordinairement revenir dans les romans les héros pâmés et les divinités interdites, c'est-à-dire avec force eau fraîche" (Hamilton, v.2, p.194). L'auteur y fait également une raillerie de la tradition de la versification. Ainsi, il commence ce conte sur un ton héroï-comique des octosyllabes de l'épopée (Hamilton, v.2, p.115–133). Après plus de cinq cents vers, il demande de l'aide à l'"Esprit qui des lyriques sons,/Par une habitude facile" exerce "les accords féconds". Il supplie ensuite cet esprit de soutenir son "faible génie;/Car il languit et n'en peut plus". Il finit par qualifier la versification d'ennuyeuse et d'"importune" lorsqu'il avoue son désir de continuer le récit en prose:

> Dans un récit de longue haleine,
> Les vers sont toujours ennuyants.
> Chez l'importune Poésie,
> D'un conte on ne voit point la fin;
> Car, quoiqu'elle marche à grand train,
> À chaque moment elle oublie
> Ou ses lecteurs ou ses desseins;

Il reprend ensuite le cours de son conte en prose et il construit une intrigue si compliquée et extravagante que le lecteur a beaucoup de mal à suivre le narrateur. Il n'y a aucun doute que Hamilton est en train de s'amuser de ses propres inventions extravagantes lorsqu'il renchérit sur celles du conte. L'auteur revient à la versification à un certain point du récit lorsqu'il transcrit, en vers, l'oracle qu'écrit un couteau magique. Avant de transcrire cet oracle, Hamilton écrit: "Les oracles parlent d'ordinaire en vers. Voici ceux du couteau:". Ici, le lecteur ne peut s'empêcher de deviner le clin d'oeil malicieux que lui lance l'auteur car celui-ci se moque de l'association traditionnelle du merveilleux à un certain registre élevé dont la versification en est un des signes. De même, l'auteur tourne en dérision la tradition épique de la répétition lorsqu'il écrit dans ce même conte: "Trois fois l'éclat de son visage/En parut réduit aux abois,/Et son pouls s'arrêta trois fois".

Quant au contenu des contes de Hamilton, André Rousseau juge ces productions, avec justesse d'ailleurs, comme "un foisonnement d'inventions aussi cocasses que décousues" qui "offrent un inextricable labyrinthe d'aventures extraordinaires"[7]. Dufrenoy est du même avis car elle les qualifie d'"effroyable tissu d'extravagances" (Dufrenoy, p.51). Rousseau constate que le procédé de Hamilton "tient du montage réversible par découpage-collage" (Rousseau, p.187). Il ajoute, qu'à partir de données simples[8], et de la "confusion du possible et de l'impossible", "l'oeuvre finit par n'avoir plus pour motif qu'elle-même" et qu'elle "tient debout par la seule force de ses procédés, ou, comme on eût dit plus tard, de son style". Ce critique ajoute que, chez Hamilton, "L'élucubration acquiert une essence, les mots forgent un monde" (Rousseau, p.188). Ainsi, toujours selon Rousseau, l'intention parodique première de Hamilton l'amène à "cultiver l'incohérence" (Rousseau, p.191). Cette incohérence est donc le résultat de son renchérissement sur les incohérences contenues dans le texte parodié. Rousseau déclare aussi que la gratuité libère "un certain génie créateur" qui fait que les contes de Hamilton sont "poétiquement "purs", et ne se soutiennent que par l'invention et les mots" (Rousseau, p.194). Le critique conclut son article avec cette appréciation de l'oeuvre de Hamilton:

> N'écrivant que pour le divertissement, au point de ne pas publier ses contes, libre de tout "message", adonné, sans autre frein que les outils lexicaux et stylistiques de son temps, à une très consciente et très méthodique singerie, il a débridé une imagination encore trop sèchement intellectuelle, mais attachante, et génératrice d'effets inédits à cette date (Rousseau, p.195).

Dans son ouvrage, Robert est d'avis que si les conteurs de la dernière décennie du XVIIe siècle subordonnent le discours de la féerie à l'exaltation du régime et à la flatterie des grands, il y a, après 1715, une faille qui est provoquée par un "changement de cap et un renversement complet du discours féerique". Elle déclare que "dans les années qui suivent la mort de Louis XIV, l'impression d'une rupture totale s'impose" dans le genre du conte puisque "les contes de fées parodiques, les contes licencieux vont faire étalage d'un esprit de subversion dont les objectifs tiennent à tous les domaines, littéraires, sociaux, religieux, politiques; rien ne sera à l'abri de leur corrosive ironie" (Robert, p.225–231).

Quoiqu'ils aient été rédigés bien avant 1715, les contes de Hamilton appartiennent bien à cette tradition satirique du XVIIIe siècle dont parle Robert. Certes, Hamilton n'attaque pas la société, la religion, le pouvoir, etc., car il se contente de railler l'engouement de ses contemporains pour les contes tout en subvertissant le discours romanesque qui y est associé. Cependant, de par son caractère parodique, la production de cet auteur cause une première fissure dans le système littéraire du genre. Comme le voit si bien Robert, cette fissure finit par s'approfondir pour devenir, après 1715, une véritable cassure.

Crébillon en face de Hamilton: la perfection d'un nouveau genre

Crébillon est sans nul doute celui qui contribue le plus à cette cassure dont parle Robert. En effet, en 1734, il fait publier *Tanzaï et Néadarné, histoire japonaise*, la première parodie du conte féerique qui fait de la satire religieuse, politique et sociale. Tout en continuant la tradition hamiltonienne de la parodie de la féerie, Crébillon pervertit le discours féerique du conte de fées traditionnel en lui donnant désormais ce nouveau type de registre satirique qui dénonce les abus du pouvoir et de la religion et critique les moeurs de la bonne société. Ce faisant, l'auteur démontre clairement qu'il appartient, par filiation, à cette école dont Hamilton est le fondateur. D'ailleurs, la nature tendancieuse de son conte vaut à Crébillon un court séjour au Château de Vincennes. Cet épisode n'empêche pas l'auteur de donner au public encore deux contes satiriques à l'affabulation orientale: *Le Sopha, conte moral*, rédigé en 1737 mais publié en 1742, et *Ah quel conte! conte astronomique et politique*, publié en plusieurs parties de 1754 à 1755.

L'étude du corpus critique des contes de Crébillon révèle que la critique littéraire du XVIIIe siècle est consciente de ce lien de parenté entre les deux auteurs car elle a souvent tendance à associer Crébillon à Hamilton. Saurin en témoigne dans son *Épitre à mon vieil ami, M. Collé*[9]:

> Son fils jeune et brillant, sur les pas d'Hamilton
> Marchait au temple de mémoire;
> Et déjà par son écumoire,
> Ayant acquis un grand renom,
> À Vincennes expiait sa gloire

La référence de Saurin à l'écumoire fait allusion au titre *L'Écumoire* par lequel le public de l'époque désignait souvent le conte *Tanzaï*. Quoique, comme Saurin, la plupart des critiques reconnaissent que Crébillon n'est pas l'inventeur de ce type de conte et que ses productions sont dans la lignée des contes de Hamilton, il est quand même reconnu comme celui qui excelle dans l'art de faire des contes satiriques parodiques.

Le plus ancien commentaire que nous avons recueilli sur la similitude que l'époque trouve entre Crébillon et Hamilton date de 1746. Il s'agit d'une réponse anonyme rédigée à l'intention de Jean-Louis Favier, journaliste au *Spectateur littéraire*, qui avait accusé Jacques Rochette de La Morlière, auteur d'*Angola, histoire indienne*, d'avoir plagié les contes de Crébillon. Dans sa défense de La Morlière, le correspondant anonyme réfute cette accusation tout en refusant d'admettre que Crébillon est l'initiateur de ce nouveau genre. Il parle également des emprunts que Crébillon fait à Hamilton:

Si vous aviez lu *Fleur d'Epine, Tarare,* et *Les Quatre Facardins,* vous sauriez que le sultan balourd du *Sopha* et presque tous les autres caractères de ce livre en sont tirés mot à mot, ainsi que le genre, la manière, et la façon de conter de *Tanzaï*[10].

L'auteur de cette *Réponse* commet une assez grosse bévue quand il cite *Tarare* parmi les ouvrages de Hamilton. Pour reprendre ses propres paroles, son "érudition" ou sa "mémoire ne datent pas de bien loin" car il cite un titre qui n'a jamais été porté par aucun conte de Hamilton. Par contre, Tarare est le nom d'un personnage masculin de *Fleur d'Épine.* D'autre part, il semble oublier le conte *Le Bélier* auquel appartient le personnage du géant Moulineau qui est, dans une certaine mesure, l'archétype du sultan Schah-Baham du *Sopha.*

Le défenseur de La Morlière exagère un peu quand il affirme que le sultan et "presque tous les autres caractères" du *Sopha* "sont tirés mot à mot" des ouvrages de Hamilton. Certes, de par sa balourdise, le sultan de Crébillon ressemble beaucoup à Schah-Riar, le sultan des *Mille et une nuits* que Hamilton met en scène dans le cadre de la narration de *Fleur d'Épine* et *Les Quatre Facardins* et dont il travestit la personnalité. D'ailleurs, dans *Le Sopha,* Crébillon présente Schah-Baham comme le petit-fils de ce même Schah-Riar. De plus, comme Hamilton, Crébillon fait du sultan et de son entourage, les narrataires de son conte. Mais, contrairement à Hamilton qui se contente de placer son sultan et son entourage à l'intérieur des limites du cadre de la narration, Crébillon pratique une technique qui fait que son sultan et son entourage jouent un rôle qui dépasse le cadre de la narration lorsque leurs réflexions provoquent tout un débat sur les procédés de la technique narrative romanesque. D'autre part, cette technique de Crébillon semble être inspirée de ce même géant Moulineau du *Bélier* qui est le narrataire d'un conte qu'on lui fait à l'intérieur du *Bélier.* En effet, comme Schah-Baham, le géant Moulineau interrompt souvent la narration de son conteur avec des commentaires tantôt provoquants en ce qui concerne la technique narrative, tantôt ridicules. Aussi, nous préférons émettre l'hypothèse que le sultan de Crébillon est le produit fini d'un mélange de plusieurs caractéristiques d'au moins deux personnages de Hamilton, notamment Schah-Riar et Moulineau. Il faut quand même porter au crédit de l'auteur de la *Réponse* le fait qu'il est assez pénétrant pour entrevoir l'ombre de certains personnages de Hamilton chez le sultan de Crébillon.

Contrairement à ce qu'en pense le défenseur de La Morlière, Grimm considère le personnage de Schah-Baham comme une création exclusive de Crébillon. En effet, dans sa *Correspondance littéraire* du premier mars 1765, ce journaliste rapporte la parution du conte *Téraddin et Rozéide, conte moral, politique et militaire* d'un "jeune homme nouvellement échappé du collège et enrôlé au service du roi". Grimm déclare aussi que "Cela n'est pas lisible. On y retrouve ce sultan bête du *Sopha* de M. de Crébillon fils, qui a fait faire tant de mauvaises copies[11]". Le témoignage de Grimm indique que ce personnage de Crébillon est entré dans la postérité littéraire comme un héritage de Crébillon et non pas comme une création de Hamilton. Le journaliste atteste également que plusieurs auteurs de l'époque se sont approprié ce personnage crébillonien. Puisque Grimm est d'avis que ces imitateurs n'arrivent qu'à en faire "de mauvaises copies", cela indique que le talent de Crébillon est perçu comme étant supérieur et inimitable. Par conséquent, ces remarques de Grimm démontrent que Crébillon a, plus d'une fois, mis ses empreintes sur le tableau littéraire de l'époque. Car, non seulement on copie ses contes satiriques parodiques, un genre dans lequel il excelle, mais on copie également ses personnages. Malheureusement, nous n'avons pu retrouver aucun exemplaire de ce conte que Grimm mentionne, ce qui ne nous permet pas d'explorer en profondeur cette appropriation du personnage de Schah-Baham par l'auteur de *Téraddin et Rozéide*.

L'accusation de l'auteur anonyme de la *Réponse* selon laquelle les personnages du *Sopha* ont été empruntés aux ouvrages de Hamilton, nous paraît très mal fondée. En ce qui concerne les sultanes de Hamilton et de Crébillon, la Schéhérazade de Hamilton est un personnage terne et craintif tandis que la sultane du *Sopha* est, au contraire, décidée, intelligente et spirituelle. Quant à "tous les autres caractères de ce livre [*Le Sopha*]", nous ne sommes absolument pas d'accord avec l'auteur anonyme sur ce point. Nous ne voyons nulle ressemblance entre les personnages des contes de Hamilton et ceux du *Sopha* qui, sous le couvert de l'exotisme, sont en fait les membres de la bonne société parisienne du XVIIIe siècle. En revanche, quand l'auteur de la *Réponse* parle du "genre", de "la manière" et de "la façon de conter" de *Tanzaï* qui sont inspirés de l'oeuvre de Hamilton, il a tout à fait raison. Nous en reparlerons en détail dans peu lorsque nous étudierons cet ouvrage de Crébillon. L'auteur anonyme fait sans aucun doute référence à cette veine parodique, ironique et humoristique inaugurée par Hamilton, reprise par Crébillon et poursuivie par La Morlière.

Le défenseur de La Morlière écrit aussi que:

> cette tournure allégorique de critiquer les moeurs, en transportant les portraits dans des pays éloignés avait été saisie avant *Tanzaï*, et que l'auteur, qui a réussi dans cet ouvrage, quoique ce ne soit pas le meilleur des siens, est trop vrai, et trop reconnu pour tel, pour se dire l'inventeur d'un genre, qu'il a embelli, mais qu'il n'a pas créé; je le connais moi qui vous parle, et je puis vous assurer que c'est là son langage, il a d'ailleurs trop de droits aux suffrages du public, pour avoir peine à convenir d'une minutie semblable qui n'affaiblit point son mérite réel.

Lorsqu'il parle de la "tournure allégorique de critiquer les moeurs", il est certain qu'il s'embrouille car aucun critique de Hamilton, qu'il soit de son époque ou moderne, n'a entrevu la critique des moeurs de l'époque ou des événements de l'actualité dans les ouvrages de Hamilton. Comme nous l'avons déjà constaté, Hamilton se moque principalement de l'engouement de ses contemporains pour les *Mille et une nuits* et pour les imitations de ce recueil. Cet auteur profite également de l'occasion pour décocher une pointe critique à l'intention des pratiques littéraires des auteurs de l'époque.

Cependant, le défenseur de La Morlière a raison de noter que Crébillon emprunte à d'autres (Hamilton?) le décor fantaisiste pour mieux faire passer la critique. Car, Hamilton avait également ancré la plupart de ses contes dans des décors exotiques. Mais nous sommes d'avis que, puisque Crébillon critique les autorités, la religion et la bonne société de son époque, le décor exotique fantaisiste lui sert pour éviter les tracasseries de la censure. Par contre, le décor exotique n'a pas les mêmes fonctions chez, par exemple, Hamilton. Car celui-ci n'a pas à craindre les représailles puisque sa critique ne vise ni la religion, ni les autorités, ni les moeurs, ni certaines personnalités ou certains cercles puissants de l'époque mais un genre, en l'occurrence le conte oriental à la *Mille et une nuits*. Ainsi, le décor exotique du conte hamiltonien ne sert qu'à renforcer l'atmosphère de la féerie tandis que le décor exotique du conte crébillonien sert comme écran de protection contre le contrecoup de la censure.

L'auteur anonyme de la *Réponse* fait allusion à ce nouveau genre qui est le grand sujet de discussion puisque, dans son article, Favier avait baptisé Crébillon l'inventeur de ce nouveau genre. La déclaration de l'auteur de la *Réponse* selon laquelle Crébillon a "embelli" ce genre, sans en être le créateur, est un jugement assez raisonnable qui ne rend quand même pas justice à Crébillon pour sa grande contribution à ce nouveau genre qu'est le conte parodique. Quoique c'est certain que c'est Hamilton qui a inauguré et mis en place cette nouvelle manière de travestir le conte de fées traditionnel, ce qui a donné ce nouveau type de conte qui est propre au XVIIIe siècle, c'est bien à Crébillon que revient le grand mérite d'avoir fait de ce nouveau genre l'espace où l'homme de lettres peut pratiquer, sous le masque de la féerie, la liberté d'expression dans une société qui se tend de plus en plus vers la liberté à mesure que lui échappe cette même liberté. D'autre part, l'auteur de la *Réponse* reconnaît la célébrité de Crébillon lorsqu'il parle des "droits" que l'auteur a "aux suffrages du public". Cela indique que, déjà en 1746, la réputation de Crébillon n'est plus à faire.

Il semble que la question de la paternité de ce nouveau genre et de son association à Crébillon est très débattue à l'époque puisque deux ans plus tard, dans un essai intitulé *Des divers genres de romans en France* publié dans ses *Nouvelles littéraires* (CL, v.1, p.139–140), Raynal fait des remarques intéressantes sur les contes de Crébillon. Il commence son essai avec un commentaire général sur "un certain peuple" dont la lecture favorite est le roman et "auquel le moindre travail de l'esprit coûte, et dont l'oisiveté n'est occupée qu'à chercher un délassement aux plaisirs bruyants qui ne font qu'étourdir l'âme sans l'affecter". Il parle ensuite de ceux qu'il considère comme les romanciers les plus importants de l'époque. Il déclare que Prévost est, "selon beaucoup de gens", le premier des romanciers. Il fait l'éloge du style pur et noble de cet auteur tout en déplorant son "crayon" triste et noir. Il arrive à Lesage dont il loue la simplicité. Lorsqu'il parle de Marivaux, il souligne son "esprit qui dégénère souvent en raffinement", sa "profondeur qui va jusqu'à l'obscurité" et "sa métaphysique quelquefois ridicule". Il conclut son appréciation de cet auteur en ces termes: "C'est incontestablement un des hommes de France qui ont le plus d'esprit. On ne lui accorde pas aussi universellement le goût".

Raynal arrrive enfin à Crébillon qu'il introduit comme "le père d'une autre sorte de romans qu'il est difficile de caractériser". On reconnaît, sous cette "autre sorte de romans", le conte satirique parodique pseudo-oriental lorsque Raynal ajoute ceci:

> Sous les extravagances de la féerie qu'il a ressuscitée, il peint les moeurs bourgeoises du grand monde où il vit. Son pinceau est vif, voluptueux, léger, efféminé. Il connaît peu les hommes, mais on convient que jamais personne n'a peint les femmes comme lui.

> Le succès de Crébillon a tourné la tête à mille sots qui ont voulu faire des romans dans son genre. Nous venons d'en voir un intitulé *Les Bijoux indiscrets*.

Le journaliste rend ensuite sur l'ouvrage de Diderot un jugement dépréciatif que nous commenterons dans le chapitre 7 de ce présent travail. La remarque qui nous intéresse le plus est celle qui, encore une fois, témoigne de la renommée dont jouit Crébillon en tant que créateur de cette "autre sorte de romans". Cette déclaration de Raynal indique que certains critiques de l'époque voient en Crébillon, non pas l'imitateur ou le continuateur de Hamilton, mais l'initiateur d'un nouveau genre car il passe pour celui qui a ressuscité la féerie. Cette référence à la résurrection de la féerie est d'autant plus significative qu'elle suscite les images suivantes: un retour de la mort à la vie, une insufflation d'une nouvelle vie, un nouvel essor, une renaissance. Ainsi, Crébillon est celui à qui on reconnaît le mérite d'avoir, non seulement ravivé un genre éteint (le conte de fées), mais surtout de lui avoir donné ce nouveau souffle qui a donné lieu à un nouveau genre littéraire qui appartient bien au XVIIIe siècle. Il faut aussi souligner l'éloge que Raynal fait du "pinceau" de Crébillon.

Il est clair que Raynal reconnaît que c'est la satire des moeurs de la société contemporaine, et non pas la féerie ni l'exotisme, qui est l'élément nouveau et essentiel de ce nouveau genre qui naît avec le siècle. Raynal reconnaît l'esprit novateur qui sous-tend les contes de Crébillon lorsqu'il commente cette manière d'utiliser le masque de la féerie pour critiquer les moeurs de la bonne société. Le reproche sourd de Raynal à ce beau monde est exprimé dans sa juxtaposition entre ce "grand monde" et ses "moeurs bourgeoises". La remarque de ce journaliste en ce qui concerne le succès de Crébillon et les "sots" qui essaient de l'imiter est une confirmation des déclarations d'autres critiques, que nous commenterons dans la troisième partie de ce travail, qui attestent la célébrité des ouvrages de Crébillon et la prolifération des imitations du conte crébillonien[12].

Dans sa *Correspondance littéraire* du premier juillet 1754, Grimm aborde également la question de la paternité du nouveau genre. En effet, au cours d'un compte rendu des *Heureux Orphelins* de Crébillon, il écrit:

> Cet auteur, qui jouit ici d'une réputation si brillante, a été souvent (je crois avec raison), cité parmi le petit nombre de ceux qui savent écrire et dont les productions portent un caractère original et l'empreinte d'un génie facile et agréable, plein de grâces, de sel et de finesse. Je crois même que M. de Crébillon a droit de prétendre à la gloire d'avoir en quelque façon créé, ou du moins rendu aussi bon qu'il pouvait le devenir, le genre dans lequel il a excellé (CL, v.2, p.371–72).

Grimm aborde avec objectivité la question car il convient, avec raison d'ailleurs, que Crébillon a, "en quelque façon", inventé ce genre. Ceci indique que Grimm sait que l'auteur n'est pas vraiment celui qui a donné naissance à ce genre. Cependant, il reconnaît l'immensité de sa contribution au perfectionnement de ce genre. Grimm atteste aussi que Crébillon passe pour l'un des rares grands écrivains de l'époque et qu'il est passé maître dans l'art de ce nouveau genre.

Une brève parenthèse est ici nécessaire, afin de souligner l'importance de l'emploi que Grimm fait des termes *original* et *génie* par rapport à Crébillon. Dans son ouvrage *L'Originalité: une nouvelle catégorie esthétique au siècle des Lumières*, Roland Mortier rapporte que *Le Dictionnaire des Beaux-Arts* (1806) d'Aubin-Louis Millin est le premier en France à consacrer une longue notice aux mots *original* et *originalité*. Voici la conclusion de cette notice, telle que nous la rapporte Mortier:

> Quand un artiste exécute bien, en dédaignant de marcher servilement sur les traces des autres; quand le caractère particulier qu'il imprime à ses ouvrages devient utile à l'art, son originalité est louable, et approche même du génie. Mais quand il ne s'écarte de la voie commune que pour s'égarer, quand il fait moins bien que les grands maîtres, en se piquant de ne pas faire comme eux, son originalité est vicieuse et prend le nom de bizarrerie[13].

Puisque, comme le déclare Mortier, "le XVIIIe siècle aura été le premier à poser en des termes tranchés (voire agressifs), la revendication de l'authenticité et de l'originalité comme valeurs esthétiques" (Mortier, p.210), il est clair que Grimm donne une valeur positive aux termes *original* et *génie* tels qu'il les emploie ici. On pourrait donc conclure que c'est justement parce que Grimm sait que Crébillon marche sur les pas de Hamilton qu'il reconnaît l'originalité et le génie de l'auteur qui dédaigne "de marcher servilement sur les traces" de Hamilton puisqu'il apporte des innovations dans un genre dont Hamilton est l'initiateur.

Grimm arrive ensuite à l'aspect moral de ce genre qu'il juge assez sévèrement: "Ce genre a besoin de beaucoup d'indulgence; les moeurs n'y sont guère respectées; la frivolité, le persiflage, la licence sont ses plus grandes ressources". Comme nous le démontrerons au cours de notre étude de *Tanzaï*, Crébillon est celui qui introduit la sexualité et la raillerie dans le discours romanesque féerique. Ainsi, Grimm déplore ces innovations que le conte crébillonien introduit sur la scène littéraire. Grimm mentionne ensuite deux contes licencieux, *Grigri* (1739) de Louis de Cahusac et *Le Grelot ou Les Etc. etc. etc.* (1754) de Paul Baret, qu'il traite repectivement d'"insipide" et d'"exécrable". La désapprobation de Grimm à l'égard du conte crébillonien est tellement sévère qu'il finit par prononcer cette sentence foudroyante: "il faudrait, pour l'honneur et la gloire de la nation, brûler tous les romans de ce genre qui appartient aux Français en propre". Toutefois, et en dépit de son impitoyable condamnation du genre, Grimm concède que ce genre n'est "supportable que sous la plume du comte Hamilton et de M. de Crébillon".

Grimm continue avec sa vitupération de ceux qui s'essaient au conte crébillonien en ces termes: "Tous nos petits beaux esprits, qui s'y sont jetés avec tant de fureur, n'ont fait que nous convaincre qu'ils savaient joindre beaucoup d'insipidité, beaucoup de platitude à un grand fonds de corruption". Ces commentaires de Grimm appellent plusieurs remarques. Tout d'abord, notons que le critique classe Hamilton et Crébillon dans la même catégorie. Cette catégorie ne comprend aucun autre auteur qui précède ou succède à Hamilton, ni aucun de cette multitude d'auteurs qui font des contes à la manière de Crébillon. Ce faisant, Grimm souligne l'étroite parenté qui existe entre l'écriture de ces deux auteurs. Il indique également que Crébillon est, dans une certaine mesure, l'héritier de Hamilton. Comme nous l'avons vu plus haut, ce critique attribue à Crébillon le perfectionnement de la tradition commencée par Hamilton. Puisque ce critique est d'avis que ce genre, qui est loin d'être décent, n'est "supportable" que lorsqu'il vient de Hamilton et de Crébillon, il est clair que son indulgence pour les contes de ces deux auteurs est une indication de sa haute opinion de leur écriture et de l'esthétique de leur production. Ces remarques de Grimm laissent aussi entendre que Hamilton et Crébillon ont réussi à éviter l'écueil de l'indécence qui guette celui qui s'aventure dans la pratique de ce genre et dans lequel sont tombés ces "petits beaux esprits", continuateurs de Hamilton et de Crébillon. Finalement, il n'est pas inutile de souligner la déclaration de Grimm selon laquelle ce genre "appartient aux Français en propre". Cette remarque rejoint notre opinion du conte crébillonien qui est, selon nous, un genre bien distinct qui appartient au XVIIIe siècle et qui est à part du conte de fées du XVIIe siècle et du genre du roman.

Grimm fait ensuite un "parallèle assez agréable" entre Hamilton et Crébillon. Il déclare que:

Le comte de Hamilton est presque toujours original; il a beaucoup de plaisanterie et une grande gaieté dans l'esprit, beaucoup de ressource, beaucoup de chaleur, beaucoup de fécondité, ou, pour mieux dire, beaucoup d'extravagance dans l'imagination: et, ce que je regarde comme un talent fort singulier, il sait intéresser et même émouvoir jusque dans les fictions les plus extravagantes et les plus impertinentes.

L'opinion de Grimm en ce qui concerne l'imagination de Hamilton rejoint celle des critiques modernes, tels que Rousseau et Dufrenoy, que nous avons cités plus haut. Les mots tels que "fécondité", "extravagance" et "imagination" résument les caractéristiques saillantes de l'écriture hamiltonienne qui, rappelons-le, ne vise qu'à renchérir sur les ridicules des contes à la *Mille et une nuits*. Cependant, Grimm est d'avis que:

> M. de Crébillon possède peut-être toutes ces qualités à un moindre degré, si l'on veut; mais il a par-dessus son prédécesseur l'avantage immense d'un pinceau très heureux et le talent inestimable de saisir et de rendre les traits, les ridicules, avec une finesse et une vérité singulières.

Il trouve que Crébillon a une supériorité sur Hamilton puisqu'il possède un surcroît de talent: il fait la satire de sa société avec précision et finesse. Ainsi, tout en reconnaissant que Crébillon est le continuateur de Hamilton, Grimm estime que Crébillon a surpassé son modèle en perfectionnant le genre auquel Hamilton donne naissance. Selon la définition d'Aubin-Louis Millin citée plus haut, Crébillon aurait donc du *génie*.

À l'exemple de Grimm, le critique littéraire Fréron trouve également le lien de parenté entre la production de Hamilton et celle de Crébillon. Cependant, contrairement à Grimm, Fréron estime que Crébillon ne fait qu'imiter imparfaitement Hamilton. Comme l'auteur anonyme de la *Réponse*, Fréron est d'avis que les personnages de Crébillon ont été copiés des oeuvres de Hamilton. Ainsi, dans le compte rendu de *Ah quel conte!* qu'il fait dans l'*Année littéraire* du 9 décembre 1754, Fréron écrit: "Je me contenterai de remarquer en passant, que ce caractère de Sultan balourd n'est pas neuf: ce n'est qu'une copie. L'original est le géant Moulineau dans le conte du *Bélier* du célèbre Hamilton[14]". Comme nous l'avons déjà démontré, et contrairement à ce qu'en pense Fréron, le sultan de Crébillon est en fait une création originale de l'auteur qui s'est inspiré de deux personnages de Hamilton, en l'occurrence le sultan Schah-Riar et le géant Moulineau.

Quelques années plus tard, au cours d'un compte rendu des *Contes moraux* de Marmontel que Fréron fait le 18 mars 1761, il critique longuement, et avec acerbité, cet auteur à qui il reproche de n'avoir "ni la légèreté, ni la délicatesse, ni les agréments, ni l'imagination brillante d'Hamilton, dont on ne parle presque point[15]". Et il termine son article en ces termes: "Tous nos jeunes écrivains s'attachent à copier M. de Crébillon le fils; aucun d'eux ne s'avise de jeter les yeux sur Hamilton, le vrai modèle pour ces sortes de composition". Ce témoignage de Fréron atteste qu'en 1761, le nom de Hamilton a disparu de la scène littéraire et qu'on ne se souvient presque plus de lui. En revanche, c'est Crébillon qui est en vedette puisque tous les jeunes écrivains veulent l'imiter. De plus, cette préférence pour Crébillon indique que les auteurs de l'époque reconnaissent son génie et sa supériorité sur son prédécesseur. Il est intéressant de noter que, malgré son admiration pour les talents de Hamilton, qu'il considère comme étant supérieurs à ceux de Crébillon, Fréron n'escamote pas le succès et la célébrité de Crébillon. Le critique exprime encore une fois son enthousiasme pour Hamilton le 27 octobre 1761, au cours du compte rendu de la *Suite des Contes moraux*: "Hamilton ressemble à La Fontaine; jamais on ne pourra les suivre que de très loin[16]". Fréron semble être le seul à regretter l'oubli dans lequel est tombé le nom de Hamilton et à déplorer la renommée de Crébillon qui en résulte.

Comme Grimm, Palissot est d'avis que les contes de Crébillon ont une supériorité sur ceux de Hamilton. Après la mort de l'auteur, Palissot compose un "Éloge de Monsieur Crébillon[17]" dans lequel il écrit: "Sa gaieté, supérieure à celle d'Hamilton, nous paraît aussi mieux soutenue". De plus, ce critique trouve que le grand défaut de l'écriture hamiltonienne est la longueur qui nuit à son oeuvre: "On ne trouve point dans ses contes les longueurs qui déparent quelquefois *Le Bélier*, *Fleur d'Épine* et *Les Facardins*". Comme Grimm, ce critique souligne la satire des moeurs de l'époque comme un trait original, notable et important de l'oeuvre de l'auteur:

> Nulle part nous n'avons cru voir une satire plus fine de nos moeurs, une critique plus légère, un goût plus exquis. Les traits ironiques et badins lancés sur les commentateurs dans la préface de *Tanzaï*, sont un exemple de cette critique légère dont nous parlons.

Ses remarques attestent également qu'aucun auteur de l'époque n'a mieux réussi dans cette satire et il constate aussi quelque chose que d'autres critiques ont beaucoup loué chez Crébillon: la finesse de son écriture.

Parmi tous les contemporains de Crébillon qui font des observations sur la ressemblance qui existe entre sa production et celle de Hamilton, Madame du Deffand est sans doute celle qui fait les remarques les plus dépréciatives sur l'auteur. Le 5 janvier 1769, dans une lettre adressée à son ami Horace Walpole, grand admirateur de Crébillon, elle réprouve en ces termes le goût vif de son correspondant pour l'auteur dont elle vient de lire le dernier ouvrage, les *Lettres de la Duchesse de *** au Duc de ****:

> Il faut aimer terriblement Crébillon pour avoir la patience de lire son dernier ouvrage. J'entends dire à tout le monde qu'il n'y a jamais rien eu de si mauvais. Je me garderai bien de le lire. C'est un auteur sans esprit, sans goût, dont la prétention a été d'imiter Hamilton, et qui a été comme l'âne de la fable qui imite le petit chien[18].

Par une coïncidence curieuse, Madame du Deffand fait allusion à la même fable de La Fontaine à laquelle Jean-Louis Favier avait fait allusion en 1746, dans un article du *Spectateur littéraire*, pour dénigrer les auteurs qui s'efforçaient d'imiter Crébillon. C'est à l'âne stupide qu'elle compare Crébillon, l'imitateur de Hamilton, tandis que c'était les imitateurs de Crébillon que Favier avait comparés à l'âne. Il est fort possible qu'à l'époque, Madame du Deffand ait pris connaissance de l'article de ce journaliste et que cette allusion lui soit restée vaguement dans la mémoire. La lecture critique de Madame du Deffand trahit un certain manque de perspicacité puisqu'elle réduit l'oeuvre de Crébillon à une simple imitation de l'écriture hamiltonienne. Elle néglige de pénétrer l'apparence de la féerie de l'écriture crébillonienne et de s'engager dans une exploration en profondeur de l'ouvrage de fiction.

Cette fable de La Fontaine devient presqu'une idée fixe chez Madame du Deffand car, huit ans plus tard, elle utilise la même métaphore pour critiquer l'esthétique de Crébillon. Ainsi, dans sa lettre du 23 mars 1777, elle écrit à Horace Walpole:

> Aimez donc toujours Crébillon, puisque c'est votre folie. Je n'ai point ses *Lettres*, dont vous êtes si charmé; je les ai lues autrefois, et je me souviens qu'elles m'ont fort déplu. Pour son *Tanzaï*, son *Sopha*, ses *Égarements de l'esprit et du coeur*, ses *Lettres athéniennes*, tout cela m'a paru mauvais. Il a voulu contrefaire Marivaux pour le critiquer; et puis il a cherché à imiter Hamilton, et il est bien au-dessous de tous les deux. Marivaux avait du génie, petit et un peu borné; pour Hamilton, son style est charmant, et Crébillon lui ressemble comme l'âne au petit chien (Walpole, v.6, p.423).

Madame du Deffand se contente de répéter sa première condamnation de Crébillon et de limiter sa critique de Crébillon à un unique qualificatif: "mauvais". Le caractère vague de cette description ne dit pas grand-chose. Elle rend un jugement négatif sur toute l'oeuvre de l'auteur sans prendre la peine d'entrer dans les détails de ce qui, selon elle, seraient les faiblesses de Crébillon. Elle esquive toute exploration critique de l'esthétique crébillonienne et se borne à mesurer l'auteur à Marivaux et à Hamilton, sans pour autant démontrer en quoi consiste l'infériorité de Crébillon. Lorsque Madame du Deffand fait allusion au pastiche de Marivaux que fait Crébillon dans *Tanzaï*, et dont nous parlerons plus tard, elle se montre assez perspicace car elle devine l'intention moqueuse de Crébillon. Comme en 1769, Madame du Deffand refuse de disséquer l'écriture mimétique de Crébillon. Ceci lui aurait permis de mieux cerner la véritable étendue de cette imitation et de découvrir l'originalité de la contribution que l'auteur apporte au genre.

Ainsi, le public du XVIIIe perçoit le conte crébillonien comme un nouveau genre qui appartient bien à ce siècle. Ce public est également conscient de l'étroit lien de parenté qui existe entre Hamilton, l'initiateur de ce genre, et Crébillon, son héritier. De plus, la plupart des critiques s'accordent pour dire que la production crébillonienne est supérieure à celle de Hamilton puisqu'il perfectionne le genre dont son prédecesseur est l'initiateur. Même Baculard D'Arnaud, auteur de romans sentimentaux, qui condamne les contes de fées comme "ces pitoyables productions, enfants d'une imagination appauvrie", reconnaît la valeur exceptionnelle des contes de Crébillon. En effet, dans son *Discours sur le roman*[19] (1745–46), ce contemporain de Crébillon déclare qu'il ne connaît que "deux contes de fées qui méritent d'être lus, *Tanzaï* et *Le Sopha*, tous les autres sont pitoyables". Cette remarque est d'autant plus intéressante qu'elle est faite pendant cette même période que le répertoire de Robert indique comme étant l'apogée du conte crébillonien (Robert, p.222–223). Crébillon laisse donc son nom dans l'histoire littéraire comme celui à qui appartient la paternité de ce nouveau genre qui atteint sa perdection sous sa plume.

Notes

1   Raymonde Robert, *Le Conte de fées littéraire en France de la fin du XVIIe à la fin du XVIIIe siècle* (Nancy: Presses Universitaires de Nancy, 1982), 80.

2   Marie-Louise Dufrenoy, *L'Orient romanesque en France (1704–1789)* (Montréal: Éditions Beauchemin, 1946), 1:54.

3   L. S. Auger, "Notice sur la vie et les ouvrages d'Hamilton", in *Oeuvres du comte Antoine Hamilton* (Paris: Antoine-Augustin Renouard, 1812), 1:xv–xl.

4   Gérard Genette, *Palimpsestes* (Paris: Seuil, 1982), 92.

5   Anthony Hamilton, *Oeuvres du comte Antoine Hamilton*, édition par Antoine Augustin Renouard (Paris: Antoine Augustin Renouard, 1812), 2:2–3.

6   *Les Mille et une nuits, contes arabes*, traduction par Antoine Galland (Paris: Garnier frères, 1876), 3:496.

7   André-M. Rousseau, "À la découverte d'Antoine Hamilton, conteur", *Études Littéraires* 1, no. 2 (1968): 186.

8   Nous citons de la page 187 de l'article de Rousseau: "deux enchanteurs rivaux dans *le Bélier*; deux sorcières, soeurs ennemies et leur progéniture amoureuse, dans *Fleur d'Épine*; chassé-croisé de deux chevaliers, dans les *Quatre Facardins*; par le dédoublement de la plupart des personnages sous forme humaine et animale [...] sans nous livrer la clé des identités; par le décalage des tranches d'action les unes par rapport aux autres".

9   Bernard Joseph Saurin, *Oeuvres complètes de M. Saurin de l'Académie française* (Paris: Duchesne, 1783), 2:195.

10 *Réponse au soi-disant Spectateur Littéraire au sujet de son avis désintéressé sur "Angola"* (1746): 13–14.

11 Maurice Tourneux, éd., *Correspondance littéraire, philosophique et critique par Grimm, Diderot, Raynal, Meister, etc.* (Paris: Garnier Frères, 1877–1882), 6:221.

12 Dorénavant, nous utiliserons le terme *conte crébillonien* pour désigner le conte satirique parodique pseudo-oriental du XVIIIe siècle.

13 Roland Mortier, *L'Originalité: une nouvelle catégorie esthétique au siècle des Lumières* (Genève: Droz, 1982), 37.

14 *Année littéraire* 7, no. 9 (1754): 194.

15 *Année littéraire* 2, no. 7 (1761): 174.

16 *Année littéraire* 7, no. 5 (1761): 134.

17 Charles Palissot de Montenoy, *Le Nécrologe des hommes célèbres (1767–1782) ou Le Nécrologe des hommes célèbres de France, par une société de gens de lettres* (Paris: Knapen, 1778), 13:13.

18 W. S. Lewis et Warren Hunting Smith, éds., *Horace Walpole's Correspondence with Madame du Deffand and Wiart*, vols. 3–8 de *The Yale Edition of Horace Walpole's Correspondence*, édition par W. S. Lewis (New Haven: Yale UP, 1939), 6:176.

19 François Thomas Marie de Baculard D'Arnaud, *Theresa, histoire italienne avec un Discours sur le roman* (La Haye: 1745–1746), 1:ix.

Seconde partie
Le Conte crébillonien

Chapitre 2

Tanzaï et Néadarné

Dans son premier conte *Tanzaï et Néadarné, histoire japonaise* (1734), Crébillon pratique, à l'exemple de Hamilton, la *charge* ou le *pastiche satirique* de l'écriture féerique puisqu'il donne un conte ironique, insolent et irrévérencieux tout en utilisant les éléments du schéma narratif du conte de fées traditionnel: le personnage principal princier[1], la fée protectrice de la famille royale[2], les dons de cette fée au prince[3], la valorisation des qualités[4] de ce prince qui a l'entière admiration de son peuple et dont l'avenir semble prometteur[5], la prédiction d'un malheur qui menace le prince[6], le destin fatal qui poursuit inéluctablement le prince dont les amours sont contrariés par des agresseurs[7], l'épreuve que lui et celle qu'il aime doivent subir pour que les méfaits[8] dont ils sont victimes soient réparés, la réparation de ces méfaits[9] et le dénouement heureux.

On peut facilement s'imaginer tous les développements scabreux qu'appelle la situation grotesque que Crébillon met en place dans ce conte à travers le thème de l'impuissance. De plus, comme Hamilton, Crébillon pratique le travestissement burlesque lorsque, tout en pratiquant l'exaltation épique de ses héros royaux, il les met dans des situations ridicules. Il va sans dire que tout le texte est parsemé d'un humour imperturbable qui fait que le narrateur constate les situations les plus grotesques avec un manque de sympathie et une franchise qui frisent l'insolence. Ce sang-froid de l'auteur déprécie d'une certaine façon les héros et donne le ton au registre que le lecteur doit adopter, car la parodie n'est possible que s'il y a une certaine complicité entre l'auteur et son lecteur. Lorsque l'auteur crée une situation grotesque et ridicule à l'intérieur d'un schéma traditionnel de conte de fées, il dévalorise les personnages qui sont en situation de héros et ceux-ci deviennent victimes de cette situation grotesque. Ce qui fait que le lecteur se met résolument du côté de l'auteur pour se moquer (gentiment, peut-être) des personnages, au lieu de les plaindre ou de s'identifier à eux.

De même, dans *Tanzaï*, les deux héros passent par des épreuves qui sont de nature ambiguë. Et, pour augmenter encore plus l'ambiguïté, ils réagissent devant ces épreuves de façon tout à fait inattendue de la part des héros qui ont été présentés avec des caractérisques superlatives. Ainsi, Crébillon dévalorise ses héros quand il souligne leur faiblesse au moment où il les montre aux prises avec leur désir physique et leurs sens. Il subvertit l'image traditionnelle des amoureux à la vertu inébranlable quand il démontre la fragilité de cette vertu devant les désirs contradictoires au moment où ils se trouvent dans une situation où quelqu'un d'autre que leur conjoint cherche et réussit à les séduire. Donc, le dénouement "heureux" du conte n'est possible que grâce à la faillibilité de la vertu et au triomphe des sens. Ainsi, la tradition d'amour romanesque (élément central du conte de fée traditionnel), qui préconise une certaine virginité morale en ce qui concerne les héros, est presque tournée en dérision par le dénouement que Crébillon donne à *Tanzaï*. En effet, comme le dit si bien Philip Stewart: "Comme Tanzaï et Néadarné vont l'apprendre par leurs propres expériences aussi, l'amour est un jeu dont on se tire mieux si on s'y connaît, et qui après tout ne porte pas à conséquence[10]" puisque Tanzaï affirme faussement à sa femme que c'est en rêve qu'il a été désenchanté par la fée Concombre tandis que Néadarné lui cache sa nuit avec le génie Jonquille lorsqu'elle emploie une formule magique pour recouvrer une apparence de virginité. Ce dénouement "heureux" devient donc problématique quand on le compare au dénouement de n'importe quel conte de fées traditionnel du siècle précédent.

À sa parution, *Tanzaï* n'est pas perçu comme un conte de fées traditionnel, malgré les nombreux éléments de nature féerique incorporés dans le texte. Les témoignages recueillis démontrent clairement que les lecteurs de l'époque décodent facilement les allégories contenues dans ce texte et, qu'en plus, ce public arrive à goûter tellement cette écriture parodique qu'il finit par en raffoler. Ce public n'est donc pas dupe de la forme féerique utilisée par l'auteur de *Tanzaï* pour cacher sa satire. Ces vers que, selon Ravaisson, "On fit sur sa prison", établissent le fait que le public de l'époque ne se laisse pas tromper par le masque de la féerie dans ce conte: "Pour un conte de Cendrillon/Agencé de quelque broutille,/Notre pauvre ami Crébillon/Vient d'être mis à la Bastille[11]".

Ainsi, en 1735, un journaliste du *Journal littéraire*[12] atteste la grande célébrité que cet ouvrage apporte à Crébillon: "Crébillon le fils, auteur du *Conte de l'Écumoire* sous le titre de *Tanzaï et Néadarné, histoire japonaise*, a été mis à la Bastille par rapport à cet ouvrage". Il souligne aussi le rôle que jouent la présence de la sexualité et la satire des personnalités de l'époque dans cette condamnation: "Outre qu'il y règne une sorte d'obscénité, d'autant plus séduisante qu'elle est un peu voilée, on y maltraite les prêtres et on y désigne plusieurs dames de la cour sous des noms de fées. Entre autres, on croit y trouver deux duchesses de Bouillon et une de nos Princesses". Ici, il serait utile de s'arrêter un moment sur le mot "obscénité" puisque ce terme, tout comme le mot "obscène", sont constamment employés par les critiques lorsqu'ils parlent de *Tanzaï*. Selon le dictionnaire de Furetière, *obscénité* signifie *saleté, ordure, indécence, qualité de ce qui est obscène, soit dans les paroles, soit dans les actions*. Il est clair que lorsque ce journaliste parle de l'obscénité qui règne dans cet ouvrage, il fait principalement allusion aux mésaventures d'ordre sexuel de Tanzaï et de son épouse qui connaissent tous les deux l'impuissance sexuelle. Rappelons que ce héros devient impuissant pendant sa nuit de noces et son organe génital disparaît et que son épouse devient toute "bouchée" lorsqu'il redevient normal. Quoique Crébillon ne fasse pas de descriptions physiologiques de ces malheurs, il arrive quand même à transmettre son message avec beaucoup de décence. Donc, le reproche que ce critique lui fait ne se rapporte certainement pas à la nature ordurière et sale de la langue que l'auteur emploie pour parler des obstacles qui empêchent ses héros de jouir des plaisirs physiques de l'amour. On lui reprocherait plutôt sa hardiesse à mettre en scène une intrigue où la sexualité est le thème central.

Le journaliste décrit ensuite le sort réservé à cet ouvrage tendancieux: "Il doit être condamné au feu aujourd'hui ou demain par arrêt du Parlement avec le livre des *Princesses de Malabares*, qui dans un autre genre est encore plus pernicieux, puisqu'on y prêche le Déisme et l'indifférence en fait de religion". Et il précise que la condamnation de l'ouvrage par les autorités et l'incarcération de l'auteur font boomerang car cela éveille la curiosité du public, ce qui fait également monter le prix du livre: "Ces deux livres sont extrêmement courus et renchéris, à cause que le débit en est rigoureusement défendu. On les vend depuis deux jours un Louis d'or en cachette". Puisque le journaliste parle assez longuement de la satire de certaines personnalités et il précise que *Tanzaï* est condamné au même sort qu'un ouvrage dans lequel on prêche l'irréligion, on peut conclure que c'est, avant tout, l'irrévérence envers la religion et l'affront à certaines personnes que les autorités trouvent plus alarmants que l'"obscénité" que l'ouvrage contient.

De même, dans une lettre anonyme[13], datée du 2 décembre 1737 mais publiée en 1739, adressée au périodique *Bibliothèque française*, un lecteur fait un compte rendu des *Égarements du coeur et de l'esprit* de Crébillon, et il parle de la popularité de *Tanzaï*:

> Cet ouvrage n'est pas le premier fruit de sa plume. Il y a déjà plusieurs années qu'on lui en attribue un qui ne laissa pas de faire du bruit. C'était un *Conte japonais*, sous le titre de *Tanzaï et Néadarné*, ou *L'Écumoire* in 12, 2 vol., fort gros caractère.

Comme son confrère du *Journal littéraire*, ce journaliste commente la présence, dans l'ouvrage de Crébillon, d'éléments libertins: "Il était écrit d'un style agréable et amusant, mais les moeurs y étaient si peu respectées, que le lecteur le plus aguerri y trouvait de quoi rougir". Toutefois il n'attribue pas le mécontentement des autorités à cette présence de nature peu conformiste puisqu'il note aussi:

> Heureusement pour l'ouvrage, et malheureusement pour l'auteur, on vint à s'imaginer que le conte renfermait bien des allégories. L'auteur fut arrêté, son livre fut défendu, et Dieu sait avec quelle ardeur chacun s'empressa de le lire. Les libraires en profitèrent, et j'ai su qu'un exemplaire de ce conte avoit été vendu dans ce temps jusqu'à dix écus.

Ainsi, l'irrespect d'un auteur envers les autorités au pouvoir et envers certaines personnalités était considéré comme un acte beaucoup plus grave que la licence contenue dans son ouvrage. Donc, il semble que la sauvegarde de la moralité est, pour le pouvoir, de moindre importance que le maintien de l'ordre et de la soumission.

Les deux témoignages que nous avons cités indiquent aussi que le public s'intéresse particulièrement à cet ouvrage à cause même du fait qu'il est interdit. À la fin du siècle, Desessarts se souvient encore de ce succès de scandale quand il écrit: "ce roman, plein d'allusions satiriques et souvent intelligibles, le fit mettre à la Bastille, et n'en fut que plus couru[14]". L'interdit officiel donne ainsi au texte un certain cachet d'authenticité car le public reconnaît, dans l'interdiction des autorités, les craintes de celles-ci par rapport aux allusions faites par l'auteur. Ainsi, la curiosité du public le pousse à transgresser les lois de l'interdiction et ceci explique la popularité de l'ouvrage. En 1764, le marquis d'Argens parle des retombées de ce phénomène par rapport à la loi de l'offre et de la demande dans son roman épistolaire, les *Lettres juives*:

> La défense des livres est cependant un fort mauvais moyen pour les supprimer. Dès qu'on interdit la lecture d'un livre, tout le monde s'empresse à l'acheter. Le libraire en augmente le prix: il se vend beaucoup plus qu'il ne se vendait auparavant; et tel ouvrage aurait été imprimé dix fois, dont on n'aurait pas vendu deux cent exemplaires, si l'envie et la curiosité du public n'avaient point été excitées par les défenses des magistrats et des pontifes[15].

Puisque cet auteur estime qu'il est important de parler du rapport qui existe entre l'interdiction des autorités et la popularité du texte interdit, ceci laisserait croire qu'à l'époque, le nombre d'ouvrages interdits n'était pas négligeable. Quoiqu'il n'existe pas, à notre connaissance, d'étude quantifiée des ouvrages interdits au XVIIIe siècle, nous apprenons quand même de Daniel Roche que plus de 500 ouvrages sont rédigés entre 1750 et 1763 et plus d'un millier passé 1780 et que "les refus oscillent entre 10 et 30 %, selon les matières et les années"[16]. Les recherches de Roche démontrent également qu'au total, entre 1700 et 1779, 748 personnes ont été emprisonnées à la Bastille pour affaires de librairie et qu'un maximum d'arrestations est atteint en 1740 et 1741 avec plus de 45 internés[17].

Dans son ouvrage sur le conte, Raymonde Robert parle de la connivence qui existe entre l'auteur et le lecteur en ce qui concerne le code que celui-ci va utiliser au moment d'entreprendre la lecture d'un texte parodique. Ce critique écrit: "C'est dans le jeu des rapports du narrateur structurel au lecteur structurel que va s'instaurer la parodie du conte de fées". Elle ajoute que les auteurs parodiques du XVIIIe siècle profitent de "la situation particulière que la féerie met en place entre le narrateur et le lecteur du texte pour introduire la faille et installer les repères nécessaires au fonctionnement parodique"[18]. Il y a donc une sorte de complicité qui se noue entre l'auteur et le lecteur.

Crébillon noue cette complicité avec son lecteur dès la page de titre de son texte lorsqu'il affiche son intention ironique. En effet, les premières éditions de *Tanzaï* sont publiées à "Pékin, Chez Lou-Chou-Chu-La, Seul Imprimeur de Sa Majesté Chinoise pour les langues étrangères". Ce lieu de l'édition de fantaisie fait fonction de repère qui signale au lecteur la nature satirique du texte et lui permet d'entrer dans le jeu et de participer à la satire. Après ce premier clin d'oeil au lecteur, l'auteur lui donne une préface qui fait fonction d'indicateur de registre et annonce la satire. En effet, l'auteur signale au lecteur que cet ouvrage est "un des plus précieux monuments de l'antiquité" et il fait une genèse extravagante et fantaisiste du texte dont l'auteur est "Kiloho-éé, personnage illustre, antérieur à Confucius de plus de dix siècles" (TN, p.215).

Dans son édition de *Tanzaï*[19], Ernest Sturm remarque que "La préface de *L'Écumoire* est la seule partie du roman où soient employés, par force, des termes orientaux. Par la suite, le vocabulaire est volontairement dépouillé de toute couleur locale". En effet, l'histoire de ce conte se passe dans un pays de pure fiction: la "Chéchianée, pays aujourd'hui perdu par l'ignorance des géographes" (TN, p.219). Sturm note également que "Les Chéchianiens [...] révèlent des moeurs et des sentiments tout à fait conformes à ceux des contemporains de Louis XV" (Sturm, p.287). Ceci prouve que l'auteur n'avait aucune intention de maintenir l'illusion du décor oriental. Cette remarque peut également être appliquée à Hamilton qui ne se soucie guère de renforcer l'illusion du décor oriental dans ses deux contes qui ont l'orient pour décor. En effet, si l'auteur situe *Fleur d'Épine* dans l'état du Cachemire et ses environs, l'allusion à l'orient s'arrête là. De même, quoique le récit des *Quatre Facardins* se déroule dans un décor à la *Mille et une nuits* (puisque c'est le prince de Trébizonde, amant de Dinarzade, la soeur de Schéhérazade, qui raconte sa propre histoire), l'élément oriental est également absent de ce conte, sauf en ce qui concerne le décor du cadre de la narration. Cependant, contrairement aux personnages de Crébillon, ceux de Hamilton n'ont rien en commun avec les mondains de la société parisienne du XVIIIe siècle.

Donc, ce nouveau type de conte met en scène un orient de pure fantaisie, car ces pays lointains et ces coutumes étrangères ne sont que des inventions de l'imagination des auteurs qui ne se soucient jamais de se documenter sur le monde oriental/exotique qu'ils mettent en scène. Ils ne font également aucun effort vers un certain réalisme ou une authenticité de la couleur locale. Ce manque de documentation ne semble gêner personne car le décor oriental/exotique est une pure convention que le lecteur comprend. Dans sa présentation du *Sopha* de Crébillon, Albert-Marie Schmidt fait une remarque qui peut aussi bien s'appliquer aux autres contes de Crébillon, à Hamilton et à ceux qui ont essayé d'imiter les contes de Crébillon. Elle est d'avis que "Cette culture, qui use d'une rhétorique mondaine *masquée de bienséances*, aime les déguisements de tous ordres". Schmidt pense que lorsque Crébillon donne au *Sopha* une couleur orientale, "loin de rebuter les habitués des salons, auxquels il destine ses inventions" l'auteur flatte leurs manies. Elle ajoute qu'il "les confirme dans leur goût pour les sobriquets arabes, persans ou chinois d'où ils tirent la possibilité de médire de leurs prochains sans les nommer directement. Il les aide, en outre, à se transposer dans un royaume de féerie, à se mirer dans un miroir, orné de dépaysantes arabesques, où percevant leur image légèrement déformée, ils aient toute licence de se reconnaître, sans se voir contraints à se détester eux-mêmes par suite d'un excès de ressemblance"[20]. Ces commentaires nous aident à faire la lumière sur et mieux comprendre la célébrité de Crébillon auprès de ses lecteurs qui font partie de ce même cercle qu'il satirise de façon si impudente dans ses ouvrages.

Dans sa préface en trois chapitres à *Tanzaï*, Crébillon fait aussi la genèse fantaisiste de son texte dans le dessein de reproduire, par raillerie, les longueurs et les ridicules des textes qui, à force de détails sur les recherches érudites de leur auteur, essaient de persuader le lecteur quant à l'authenticité du texte. Sturm, qui commente ce pastiche de Crébillon, écrit que:

> L'historique de la transmission d'un pseudo-texte original figure au répertoire des formules romanesques les plus popularisées du XVIIIe siècle. Par l'accumulation parodique des étapes et par la déformation qui doit nécessairement s'ensuivre, il accentue la distanciation dont Crébillon cherche à imprégner sa création. Le livre rédigé au départ dans une langue chéchianienne imaginaire, fait l'objet de versions successivement japonaise, chinoise, hollandaise, latine, vénitienne et aboutit enfin à la rédaction française (Sturm, p.288).

Sturm est aussi d'avis que "Cette tradition en cascade pastiche une réalité historique, puisque la littérature orientale ne parvient souvent en France que de seconde ou de troisième main". À travers cette "accumulation parodique", Crébillon pratique donc le pastiche satirique d'une tradition littéraire et il signale en même temps au lecteur le code de lecture qu'il doit adopter. Cette "accumulation" nous rappelle également celle de Hamilton qui pratique, dans ses *Quatre Facardins*, le pastiche satirique de la tradition des tiroirs pour mieux souligner leur nature incohérente.

Comme Hamilton, Crébillon fait des commentaires dépréciatifs sur le genre du conte féerique. Ainsi, dans la section III de sa préface, l'auteur fait une esquisse de ses idées sur le genre romanesque. Il dénonce les "livres orientaux" qui "sont toujours remplis de fatras et de fables absurdes" et qui ont "un air bizarre, qui a pu plaire dans sa nouveauté, mais qui est trop rebattu aujourd'hui, pour que le lecteur lui trouvât des grâces" (TN, p.217). Il critique aussi la "stérilité d'imagination" des contes orientaux et déplore la présence de "ces êtres imaginaires" (TN, p.218) qui sont responsables du malheur aussi bien que du bonheur des héros. À travers ces commentaires, l'auteur indique à son lecteur qu'il considère le conte de fées et le conte oriental/exotique comme des genres dépréciés. Cependant, puisque la pratique du pastiche satirique l'exige, il renchérit sur ces mêmes "fatras" et "fables absurdes" qu'il condamne et il donne à son lecteur un conte de fées oriental/exotique. Cette stratégie ne peut donc que servir d'indice qui désigne son ouvrage comme un pastiche satirique.

De même, à la fin de sa préface, l'auteur dévalorise la tradition littéraire de l'éloge que les traducteurs font de leur propre travail. Il déclare que l'ouvrage "est écrit avec un soin, une netteté et une précision merveilleuse" et qu'il est "persuadé que Kiloho-éé est infiniment inférieur à cette traduction, quoique faite d'après une langue" qu'il n'entend presque pas (TN, p.218). Ainsi, il fait son propre éloge mais, en même temps, il mine cet éloge lorsqu'il proclame la supériorité de sa version traduite sur le texte original. La nature subversive de son discours est indéniable, d'autant plus qu'il avoue ne pas connaître la langue du texte original. Sturm soutient que Crébillon ridiculise la polémique de la fidélité de la traduction qui était, à l'époque "au premier plan de la querelle des Anciens et des Modernes" (Sturm, p.292). Et, encore une fois comme Hamilton, contraint par la nécessité de reproduire le texte modèle pour mieux le ridiculiser, il finit par mettre en pratique ce qu'il dénonce chez les autres lorsqu'il nous donne *Tanzaï*, un conte, en apparence, farfelu où abondent fées (bonnes et méchantes) et génies, sans oublier les métamorphoses, mauvais sorts, formules magiques, etc. Cependant, grâce au pacte que l'auteur conclut avec le lecteur au cours de la préface, celui-ci lit le texte dans le registre désiré par l'auteur. D'ailleurs, les témoignages de l'époque que nous avons cités plus haut prouvent amplement que le lecteur sait exactement ce que l'auteur attend de lui.

La subversion de la forme du discours narratif est présente à l'intérieur même du conte crébillonien. Ainsi, l'auteur donne à certains chapitres de son ouvrage des titres malicieux qui font fonction de signaux indicateurs à l'intention du lecteur et qui, par conséquent, minent la narration qui se déroule, malgré tout, selon un schéma traditionnel. Voici deux exemples de ces titres: "Qui fera bâiller plus d'un lecteur" (Ch. XXVII) et "Qui ne sert qu'à allonger l'ouvrage" (Ch. XXXI). Violaine Géraud est d'avis que Crébillon utilise ici l'auto-dérision dans une stratégie défensive puisqu'il "devance les railleurs en se raillant lui-même[21]". Elle rapporte aussi que Henri Morier classe ce procédé qui consiste à se critiquer pour prévenir ses détracteurs et les réduire au silence sous la rubrique "prospoièse"[22]. Ainsi, Crébillon pratique cette figure de style pour mieux attaquer et déprécier le discours ennuyeux et verbeux du genre déprécié qu'est le conte de fées. L'auteur remet aussi en cause la forme du discours romanesque au moment où, dans sa préface, il se met résolument du côté de "la régularité" et du "goût" lorsqu'il exprime sa désapprobation à l'égard des "auteurs que nous trouvons si arrangés". Ainsi, son appel au rejet de "l'extravagant" dans le discours romanesque invite à la vraisemblance et à la raison. Il a recours à un précepte de l'*Art poétique* d'Horace qui préconise la raison et la sagesse dépourvues de tout ennui. Il est aussi d'avis que ces ouvrages "arrangés" seraient "plus agréables, et mieux lus" s'ils péchaient "un peu plus contre les règles" (TN, p.218). Donc, il recommande que ses contemporains renoncent au traditionnel discours romanesque de nature extravagante par la forme aussi bien que par le fond, pour se diriger vers un discours où la raison et la vraisemblance seraient côte à côte avec l'utile et l'agréable. Cependant, et encore une fois pour les besoins du pastiche, il mine ses propres principes lorsqu'il pratique un discours extravagant dans son propre conte.

Ici, il serait pertinent de parler du pastiche de Marivaux que fait Crébillon dans *Tanzaï* à travers le personnage de la fée Moustache transformée en taupe. Cette taupe raconte, pendant trois chapitres, son histoire à Tanzaï et à Néadarné dans un style marivaudien qui imite le style de la narratrice du roman de Marivaux, *La Vie de Marianne*. Crébillon intitule ces trois chapitres comme suit: "Qui ne sera peut-être pas entendu de tout le monde" (Ch. XXIV), "Comme le précédent" (Ch. XXV) et "Qui ne dément pas les deux autres" (Ch. XXVI). Ces titres minent son propre discours puisqu'il signale au lecteur l'obscurité de ce discours. Le contenu de ces chapitres renforce la nature incompréhensible de ce discours car il pratique le style marivaudien avec tellement d'exagération qu'il donne un discours inintelligible. Ce faisant, il subvertit exprès ce style tout en le pratiquant. L'intention satirique de l'auteur apparaît encore plus clairement à travers plusieurs commentaires que Tanzaï fait à l'adresse de la taupe:

> Recommencez un peu ce que vous venez de dire, [...], que je meure si j'en ai entendu une syllabe. Quelle langue parlez-vous là? [...] Eh, comment faites-vous pour vous entendre? (TN, p.288)

> Mais quelle misère, [...], de se servir de ce maussade jargon! Vous restez deux heures sur la raison et sur l'esprit, pour ne me donner ni de l'un ni de l'autre (TN, p.290).

> Eh, une bonne fois pour toutes, Taupe mes amours, des faits et point de verbiage (TN, p.296).

Puisque les règles du pastiche satirique exigent que celui qui le pratique exagère, par dérision, les défauts qu'il ridiculise, Crébillon imite Marivaux en perfection.

Géraud, qui a étudié de près ce pastiche de Marivaux par Crébillon, trouve que l'auteur de *Tanzaï* singe quelques-uns des tics d'écriture de Marivaux (Géraud, p.149–154). Parmi les nombreux tics marivaudiens qu'elle relève, citons les "adjectifs substantivés, trait caractéristique de la 'nouvelle préciosité'[23]"[24], l'emploi des termes ayant à la fois un sens moral et un sens physique[25], la métaphore des âges et de la croissance[26], les "phrases en escaliers" (Deloffre, p.450) et "les leitmotive de l'oeuvre de Marivaux, la coquetterie féminine et la surprise de l'amour" (Géraud, p.151).

Crébillon finit par imiter si parfaitement le style de Marivaux que, selon D'Alembert, l'auteur de *La Vie de Marianne* en est la dupe:

Il [Marivaux] crut (car personne n'était plus aisé à tromper) qu'on avait voulu rendre hommage à sa manière d'écrire; il eut bientôt le malheur d'être désabusé, et ne pardonna pas à son critique cette double injure, ou plutôt il ne l'oublia jamais, car il était sans fiel, mais non sans mémoire[27].

D'Alembert a sans doute raison de souligner la naïveté du père de Marianne car il semble que celui-ci, contrairement à la plupart des lecteurs de l'époque, n'a pas pu immédiatement décoder les indices de Crébillon quant à ses intentions satiriques. D'autant plus que Crébillon avait, toujours à travers Tanzaï, clairement exposé ses idées sur ce que devrait être le style idéal de la narration. D'Alembert n'est pas le seul auteur de l'époque qui ait reconnu le pastiche satirique de Marivaux. En effet, dès 1744, l'abbé Desfontaines fait une remarque à ce sujet dans ses *Jugements sur quelques ouvrages nouveaux*[28]. Ce journaliste rapporte la tentative d'un auteur qui "avait essayé de perdre" Rousseau, "ce grand homme dont le talent supérieur faisait ombrage", en imitant son style et en contrefaisant "son pinceau". Desfontaines ajoute ensuite ceci: "Ce qui est bien plus facile que d'imiter les caractères de l'écriture, comme on le voit par le conte de *Tanzaï* où l'auteur s'est proposé de faire parler sa Taupe sur le ton de la Marianne d'un nouvel Académicien. Qui ne croirait pas que ce morceau est de M. M.?" Quoique Desfontaines soit d'avis que le pastiche d'un style est une pratique peu difficile, il reconnaît cependant que le pastiche de l'écriture marivaudienne pratiqué par Crébillon est tout à fait réussi.

Tanzaï déclare qu'il trouve les réflexions de Moustache "longues et déplacées" et il remarque que la fée a pris au moins trois heures à raconter une histoire qu'il aurait faite en un quart d'heure. Il est aussi d'avis que les réflexions qui sont occasionnées par des faits ne doivent pas anéantir le fond et qu'elles doivent être courtes afin que l'attention de l'auditeur ne s'écarte pas du fait principal de la narration. Il déplore également le fait que les mêmes idées soient "dites cent fois" parce qu'elles sont "différemment exprimées" sans toutefois être rendues "neuves" (TN, p.296). Dans ce même chapitre, Tanzaï reproche également à Néadarné de s'être laissé "infecter de ce mauvais goût" (TN, p.297). Visiblement, ces commentaires fonctionnent comme une critique que Crébillon fait de Marivaux. D'ailleurs, ces remarques ne plaisent pas à Marivaux car il se venge de Crébillon dans la quatrième partie de son *Paysan parvenu* qu'il rédige vers la fin de 1734. Dans cette partie du roman, Jacob, le héros, va à Versailles et il se trouve en compagnie de plusieurs voyageurs dont un vieil officier et un jeune auteur. L'officier parle à l'auteur de son dernier livre (il s'agit de *Tanzaï*) et il lui reproche ses "phrases allongées, lâches, et par là confuses, embarrassées". Et il conclut que l'auteur n'a pas "assez débrouillé" ses idées ou qu'il ne les a "pas mises dans un certain ordre"[29]. Ainsi, Marivaux retourne à Crébillon la même critique que ce dernier lui avait adressée à travers le verbiage de la fée Moustache.

Quant aux longues réflexions que Crébillon reproche à Marivaux, il en fait également dans *Tanzaï*, et de très longues, dans le chapitre qui s'intitule "Qui ne sert qu'à allonger l'ouvrage" (TN, p.320). Toutefois, si ce titre malicieux indique à son lecteur le code ironique qu'il faut adopter pour la lecture, les premières phrases de ce chapitre subvertissent l'ironie que signale le titre:

> On estime autant dans une histoire, des réflexions judicieuses, que des faits élégamment décrits. On a raison: si elles allongent le narré, elle prouvent la sagacité de l'auteur. En suivant ce principe, on peut se croire permis de réfléchir ici sur la situation de Néadarné.

Il semble qu'à travers cette pratique d'auto-raillerie, l'auteur se moque de son propre discours. En effet, l'auteur réfléchit si bien sur la situation de Néadarné que la moitié de ce paragraphe est consacrée à ses réflexions sur le comportement général des femmes devant la séduction. Il subvertit encore une fois sa propre écriture lorsqu'il termine ces réflexions avec ces paroles: "Suivant ce raisonnement, qui pourrait être de moitié plus court" (TN, p.321). Ainsi, il se moque de la nature verbeuse de son propre discours en remettant en cause le discours du roman d'analyse dont il pratique lui-même le discours.

Robert fait des commentaires intéressants sur cette tradition d'auto-parodie des auteurs du conte du XVIIIe siècle. Elle est d'avis que, quoique "les autres contes parodiques n'ont peut-être pas la richesse et la qualité de *L'Écumoire*; ils fonctionnent cependant tous sur le même schéma, remettant en cause, comme le récit de Crébillon, le sens clair et singulier du texte". Elle ajoute que tous ces auteurs se moquent "de leur propre discours, qu'ils tiennent par jeu et dans lequel la dérision n'épargne rien". Elle déclare aussi qu'"Avec les auteurs ultérieurs, avec Diderot, avec Voltaire, avec Laclos, les moyens de l'ambiguïté se perfectionneront; dialogue, narration ironique, roman épistolaire opéreront, avec encore plus d'efficacité, l'éclatement et la juxtaposition des points de vues contradictoires, le défi des interprétations multiples". Et elle arrive à la conclusion que le genre féerique "a joué son rôle dans la préparation de cette nouvelle attitude devant le texte" (Robert, p.452–453). Puisque Robert avance la thèse selon laquelle le conte crébillonien est le précurseur de l'éclatement que le discours romanesque traditionnel connaîtra plus tard dans le siècle, on pourrait, sans exagération, conclure que Crébillon est celui qui est à l'origine de cette "nouvelle attitude devant le texte".

Comme nous l'avons déjà dit, si Hamilton se contente de parodier le genre du conte oriental et le discours qui y est associé, tel n'est pas le cas chez Crébillon car *Tanzaï* est la parodie d'un genre aussi bien que la satire des autorités, politique et religieuse, et de la société de l'époque. Ce conte est principalement une attaque contre le pouvoir, le dogme catholique et la querelle qui oppose les théologiens. Toute cette querelle est mise en scène de façon si grotesque et irrévérencieuse et les autorités sont rabaissées à un niveau si ridicule que l'auteur est incarcéré à Vincennes à la suite de la publication de l'ouvrage. Malgré la narration de nature féerique et le dépaysement (la Chéchianée), l'intrigue de *Tanzaï* ramène le lecteur à une actualité immédiate que le lecteur de l'époque ne peut s'empêcher de reconnaître à travers la transposition que fait l'auteur. Ceci apparaît clairement dans l'extrait que voici du roman épistolaire d'Argens qui fait allusion à Crébillon:

> Le fils d'un célèbre poète fit, il y a quelque temps, une satire plus maligne qu'ingénieuse des désordres et des troubles que cause la dispute des jansénistes et des molinistes, dont je t'ai déjà parlé dans mes lettres précédentes. Il sentit l'effet de la colère des ennemis qu'il s'était attiré; et ce fut avec bien de la peine qu'il échappa à leur vengeance (Lettres juives, p.130–132).

Crébillon nous montre donc cette longue querelle qui oppose les jansénistes à l'autorité centrale à la suite de la proclamation, en 1713, par le pape Clément XI, de la Bulle *Unigenitus* par laquelle, sur les instances de Louis XIV, il prétend faire rentrer dans l'ordre un clergé et des fidèles qui cherchent à échapper à l'autorité centrale. La publication de cette Bulle suscite le mécontentement du clergé qui réaffirme son gallicanisme et celui du parlement qu'inquiète la soumission du roi à l'autorité du pape[30].

Lorsque *Tanzaï* est publié en 1734, cette querelle passionne toujours l'opinion publique. Le cardinal de Noailles, archevêque de Paris, est la figure centrale de l'opposition janséniste. On reproche à Louis XV sa soumission à l'égard de Fleury qui veut à tout prix faire reconnaître la Bulle comme loi de l'État. L'écumoire d'or, que la fée protectrice donne à Tanzaï et qui est dans la lignée des objets magiques du conte de fées, est reconnue par le public de l'époque comme la représentation symbolique de la Bulle *Unigenitus*[31]. L'actualité politique contribue donc grandement à la production littéraire de Crébillon qui est lui-même profondément influencé par l'atmosphère qui règne sur la scène littéraire. De plus, on comprend que les lecteurs de l'époque fassent un accueil enthousiaste à cet ouvrage à cause même de la nature de son contenu. L'acte de lecture de ce texte tendancieux donne au lecteur l'illusion de pratiquer une certaine insolence à l'égard des pouvoirs publics et de participer, avec l'auteur, à la subversion des autorités. Le lecteur a la satisfaction supplémentaire de savoir qu'il participe à cet acte subversif sans aucun risque de représailles. Par conséquent, l'acte de lecture de *Tanzaï* procure au public un plaisir presque pervers.

Les lecteurs de Crébillon essaient également de deviner, derrière les personnages de ce conte, les personnalités de l'époque. Le 5 décembre 1734, Mathieu Marais, avocat au parlement de Paris, écrit à son ami Bouhier, président à mortier du Parlement de Dijon, et il atteste que les autorités s'effraient de la hardiesse de l'ouvrage: "Nous avions des contes chinois qu'on attribue à Crébillon le fils. Ils sont défendus pour les obscénités et certains portraits dont on fait facilement des applications" (Ravaisson, p.165). Ce témoignage attribue l'interdiction de l'ouvrage à des "obscénités" aussi bien qu'à des "portraits" satiriques peints par l'auteur. Ce témoignage confirme que le public n'a pas beaucoup de mal à reconnaître les personnes qui sont visées par l'auteur. Nous avons retrouvé un autre témoignage de l'époque qui déclare que l'ouvrage est perçu comme une satire de la bulle papale aussi bien que comme celle de certaines personnalités de la cour. Il s'agit de l'abbé Le Blanc qui écrit ceci au président Bouhier le 3 janvier 1735:

> Vous avez su l'étrange réussite de *Tanzaï*, mauvais ouvrage à mon avis, [...] et ce qu'il y a de plus singulier, c'est qu'indépendamment de *L'Écumoire*, où on a reconnu la Constitution[32], on a voulu y trouver les portraits de toute la cour. Les uns trouvent que la fée Concombre ressemble à Mme du Maine, que le grand-prêtre Saugrénutio est le portrait de l'évêque de Rennes, que vous dirai-je (Ravaisson, p.167)?

Notons que Le Blanc qualifie la réussite de cet ouvrage d'"étrange" et de "singulier". Ce critique n'arrive pas à comprendre le rapport directe qui existe entre le succès de l'ouvrage qu'il trouve "mauvais" et les thèmes qui y sont traités. De plus, il s'étonne de constater que le public se fait un devoir d'essayer d'identifier les personnes qui y sont satirisées. Nous reparlerons plus tard de la perception que certains lecteurs ont de cet ouvrage lorsque nous discuterons de la nature sexuelle de son contenu.

Quant au personnage de Saugrénutio dont on prétend reconnaître la véritable identité, Sturm émet l'hypothèse que son portrait est plus subtilement composé. Ce critique est d'avis que "Crébillon retient, pour les juxtaposer, les traits qui caractérisent le mieux les divers prélats mêlés à la querelle janséniste" (Sturm, p.313). Par contre, c'est bien la duchesse du Maine[33] que Crébillon ridiculise à travers le personnage de la fée Concombre dont la vieillesse et la toute petite taille rappellent aux lecteurs de l'époque l'épouse du duc du Maine, fils légitimé de Louis XIV et de Madame de Montespan. Sturm voit se dessiner la brillante cour de Sceaux, constituée de fidèles de la duchesse du Maine, à travers l'évocation de l'île des Cousins, domaine de l'hideuse et lubrique fée Concombre (Sturm, p.323). Les commentaires de Robert[34] sur ce sujet semblent confirmer le témoignage de Le Blanc. L'association de cette princesse et de la féerie est donc un fait établi, ce qui explique la facilité avec laquelle le lecteur de l'époque décode l'indice de la satire que l'auteur lui laisse entrevoir. La duchesse du Maine n'est pas la seule personnalité féminine de l'époque à être tournée en ridicule par Crébillon. Les extraits du tome 22 du *Journal littéraire* cités plus haut mentionnent "deux Duchesses de Bouillon". Sturm a pu reconnaître, à travers une réflexion[35] de *Tanzaï*, une allusion malicieuse à cette duchesse de Bouillon dont les amours avec l'acteur Grandval sont, en 1732, de notoriété publique (Sturm, p.323).

L'originalité de *Tanzaï* ne vient pas seulement de sa critique de la société contemporaine à travers la frivolité de la féerie. Cet ouvrage se trouve aussi être le premier à introduire un élément érotique dans ce nouveau genre qu'est le conte crébillonien. Dans ce texte, l'auteur explore, en profondeur, la nature complexe de l'affectivité et de la sexualité au moment où Tanzaï et sa femme doivent avoir recours à un double adultère pour mettre fin à leur enchantement. Plusieurs critiques modernes qui étudient l'esthétique du conte du XVIIIe s'accordent pour dire que c'est bien Crébillon qui introduit le thème érotique dans ce genre. Jacques Barchilon est d'avis que l'auteur "passe pour l'un des maîtres du conte licencieux[36]". Quant à Robert, elle n'hésite pas à dire que *Tanzaï* est "en effet le premier à introduire le libertinage des moeurs dans la féerie" et que "La manière dont il opère, ainsi que son contenu psychologique, vont fournir aux conteurs ultérieurs un modèle dont ils useront largement" (Robert, p.255). L'originalité de Crébillon est également prouvée par le répertoire des contes parodiques et licencieux que Robert publie dans son ouvrage (Robert, p.222–223). En effet, à la tête de ce tableau chronologique, se trouvent les contes de Hamilton que Robert classe dans la catégorie des contes parodiques. Ces ouvrages sont suivis de *Tanzaï* qui est le premier ouvrage que Robert catalogue comme conte licencieux. Sturm est également d'avis que "La grande audace de *L'Écumoire* réside dans l'exploration de la partie inavouée de l'être, domaine où l'esprit et le désir cherchent refuge et se dissimulent" (Sturm, p.15) et que "Crébillon désintègre le mythe littéraire de l'amour parfait dès le premier regard" (Sturm, p.28).

Des témoignages de l'époque révèlent que cet ouvrage obtient auprès du public un succès mitigé. En effet, si certains lecteurs de *Tanzaï* sont offusqués d'y voir des allusions à la sexualité, d'autres semblent se raffoler de sa lecture. Parmi ceux qui sont outragés par l'allure libre que prend la plume de Crébillon se trouvent le président Bouhier et ses correspondants, l'avocat parisien Marais et l'abbé Le Blanc. Henri Duranton, l'éditeur de la correspondance littéraire de Bouhier, le décrit en ces termes: "Potentat de l'aristocratie de robe, membre de l'académie, [...] il incarne l'idéal de la magistrature savante et humaniste au moment où se manifestent les premiers signes de déclin. [...] il a eu la passion de l'érudition[37]". Quant à Marais, il est, selon Duranton, "un homme du XVIIème siècle, mal à l'aise en face des nouvelles tendances". L'éditeur de sa correspondance avec Bouhier ajoute que "La première fierté de sa vie est d'avoir dans sa jeunesse fréquenté chez le vieux Boileau, pour qui il nourrit un culte respectueux"[38]. Puisque les goûts de Bouhier le portent aussi vers le XVIIe siècle, il est naturel que ces deux correspondants se comprennent parfaitement et qu'ils se perçoivent comme les gardiens d'une tradition qui disparaît devant l'assaut de l'esprit nouveau et de tout ce que cet esprit charrie avec lui. Duranton résume ainsi la situation de Bouhier et de ses correspondants en ce siècle qui voit naître une nouvelle mentalité:

> Le vieil humanisme se meurt. L'esprit de l'*Encyclopédie*, auquel ils restent sourds, est en train de naître et c'est par son négatif, ce sentiment d'une décadence qu'ils perçoivent, dans le naïf pronostic qu'ils établissent de la mort de toute bonne littérature, entendons de l'érudition desséchée en qui eux voient la seule véritable vie (Secousse, p.10).

Comme nous l'avons cité plus haut, dans une de ses lettres à Bouhier, Marais dit que *Tanzaï* contient des "obscénités". Il est normal que cet homme du XVIIe siècle qui idôlatre Boileau, rende un jugement pareil sur un ovrage qui, selon toute probabilité, se heurte brutalement à ses attentes esthétiques. Marais réprouve encore une fois cet ouvrage dans sa correspondance du 14 décembre 1734 qu'il adresse à Bouhier. En effet, il qualifie cet ouvrage de "livre fou [...] dont le sujet est très obscène". Dans cette même lettre, il affirme que "les femmes trouvent le livre admirable" malgré "la plus cruelle satire que l'on ait faite" (Marais, v.13, p.204) d'elles. Marais atteste ainsi la grande importance de la contribution des Parisiennes à la célébrité de l'ouvrage de Crébillon.

Georges May rapporte les propos d'un autre critique de l'époque qui s'étonne de cette attitude paradoxale des lectrices du XVIIIe siècle. May cite Desfontaines qui, en 1735, déplore l'indulgence des femmes qui "donnent la vogue à des livres où l'on tourne presque toutes leurs pensées du côté du plaisir grossier, où l'on empoisonne toutes leurs actions, où l'on révèle toutes leurs faiblesses [...], où enfin le coeur de toutes les femmes malignement anatomisé, n'offre aux yeux du lecteur que de la corruption et de la turpitude". Il conclut en regrettant que les femmes soient "peu sensibles sur l'honneur de leur sexe" et qu'il soit "si aisé de les éblouir"[39]. Ces témoignages nous laisseraient également comprendre qu'en général, les femmes de l'époque sont très ouvertes à la nouveauté puisqu'elles ne se laissent même pas influencer par la satire de leur sexe que contient cet ouvrage nouveau. Le grand dévouement des femmes à un ouvrage dans lequel elles sont satirisées est des plus déconcertants. Cette contradiction apparente nous surprend beaucoup. Est-ce que les femmes de l'époque s'intéressent particulièrement à ces ouvrages par curiosité et justement parce qu'ils dissèquent le coeur féminin avec précision et vérité? Est-ce que cette façon d'anatomiser le coeur féminin permet aux femmes de se voir avec lucidité et de découvrir les profondeurs secrètes de leur propre personne? Ou bien, est-ce plutôt le grand scandale provoqué par cet ouvrage qui pousse les femmes à en prendre connaissance? D'autre part, May qui a exploré la prédilection des femmes du siècle des Lumières pour le genre du roman, a une toute autre explication. Il est d'avis que le snobisme est responsable de la popularité de l'oeuvre romanesque auprès des femmes[40]. Si l'on accepte la thèse de May, on pourrait avancer que les femmes choisissent délibérément, et par pur snobisme, de passer sur leur portrait peu flatteur que Crébillon en fait dans ses ouvrages.

L'esprit conservateur de Bouhier devient évident dans sa lettre du 22 décembre 1734 lorsqu'il commente l'incarcération de l'auteur en ces termes: "La disgrâce du fils de notre Crébillon paraît bien méritée. Il est juste de réprimer la licence effrontée de tous ces corrupteurs de l'esprit et des moeurs, qui ne respectent ni Dieu ni les hommes" (Marais, v.13, p.209). On ne s'étonne pas de ce que ce gardien des traditions est d'accord avec la punition infligée à ce corrupteur qu'est Crébillon. Bouhier fait finalement connaissance avec *Tanzaï* vers le 28 décembre, lorsqu'il signale à Marais qu'il a lu "un extrait très long et très circonstancié" de l'ouvrage, ce qui lui fait dire "qu'il n'y a rien de plus fou, ni de plus extravagant". Son hostilité à cet ouvrage est évidente lorsqu'il écrit:

> Mais comment peut-on goûter un tel livre et s'intéressser pour l'auteur? Cela me fait croire que quelque fée enchanteresse a fasciné tous les esprits et corrompu tous les coeurs. Mais qui est-ce qui nous fournira l'*écumoire* pour écumer tant de sottises? (Marais, v.13, p.210)

Bouhier manifeste son étonnement et son indignation devant le goût de ses contemporains pour ces "sottises". Il n'arrive pas à comprendre cette nouvelle vague qui provoque une nouvelle attitude à l'égard d'une esthétique nouvelle. Toute cette affaire lui paraît tellement bizarre qu'il ne peut qu'avoir recours à la féerie pour l'expliquer.

Si Marais condamne la licence de *Tanzaï*, il faut toutefois remarquer à son crédit qu'il reconnaît certaines bonnes qualités à l'ouvrage. En effet, le 2 janvier 1735, il fait ces commentaires dans une lettre à Bouhier:

> On aura beau avoir un extrait de l'*Histoire Japonaise*, il faut tenir le livre pour en connaître le style qui est bon et qui est du ton de la bonne compagnie, mais compagnie, licencieuse et folle. L'*Écumoire* est une belle étrenne pour le public, mais ces auteurs sont de vrais écumeurs qu'il faudrait détruire comme des pirates des moeurs ou des mers (Marais, v.13, p.214).

Puisque ce témoin soutient que le style de l'ouvrage est du "ton de la bonne compagnie", il établit qu'en fait, Crébillon est en train de reproduire le discours du beau monde. D'autre part, la pointe d'humour dont Marais fait preuve à travers son jeu de mots ("pirates des moeurs ou des mers"), n'arrive pas à cacher sa grande hostilité contre les auteurs, "pirates des moeurs". Lorsque Bouhier parvient à lire l'ouvrage de Crébillon dans son intégralité, il a une réaction analogue à celle de son ami Marais. En effet, le 10 janvier, il rapporte à son correspondant qu'il a enfin lu *Tanzaï* et que "quoiqu'on ne puisse nier qu'il n'y ait quelques endroits assez bien tournés, surtout en ce qui concerne le génie Jonquille", il ne se résoudra jamais à donner son approbation "à cet impertinent ouvrage", même s'il doit "être condamné au supplice de l'écumoire" (Marais, v.13, p.220).

L'indignation de Bouhier est tellement grande à la lecture de *Tanzaï* qu'il ne peut s'empêcher de faire encore une déclaration outrée à un autre correspondant parisien, l'abbé Le Blanc, le 8 janvier. Il écrit à Le Blanc qu'il rougit pour leur siècle "des applaudissements qu'osent même donner les femmes à un ouvrage de cette espèce", "d'autant plus, qu'il n'y a guère plus d'esprit que de moeurs, et que tout y est pitoyable, à quelques endroits près, qui sont assez joliment tournés"[41]. Il faut préciser que Bouhier fait ici allusion aux Parisiennes car, le 3 janvier, Le Blanc lui avait parlé, en ces termes, de la popularité de cet ouvrage parmi les femmes de la capitale:

> Vous avez su l'étrange réussite de *Tanzaï*, mauvais ouvrage à mon avis, mais qui prouve bien à quel degré nos moeurs sont dépravées, puisqu'il ne doit cette fortune qu'aux femmes; elles ont prôné partout un livre qu'elles n'auraient pas osé lire il y a trente ans, [...]. Paris est fou, et l'on a fait bien de l'honneur à cet ouvrage; le bon goût est expiré; il faut faire maintenant des sottises pour réussir (Ravaisson, p.167).

Comme Marais, cet adversaire des philosophes atteste l'engouement des femmes pour *Tanzaï*. De plus, sa réflexion selon laquelle les femmes n'auraient pas osé lire un ouvrage pareil "il y a trente ans", laisse entendre qu'il y a une différence très marquée entre la lecture des femmes du Grand Siècle et celle des femmes du XVIIIe siècle. Le fait que Le Blanc utilise le verbe "oser" nous amène à réfléchir sur les habitudes des lectrices. Il choisit de dire que les femmes du siècle précédent "n'auraient pas osé lire" ce genre d'ouvrage au lieu de dire qu'elles "n'auraient pas voulu lire" ce genre de livres. Est-ce que ce choix de mots laisserait entendre que, selon Le Blanc, les femmes du siècle précédent étaient moins audacieuses dans leurs lectures? Devrait-on également comprendre que ces femmes auraient lu ce genre de livres si elles étaient plus entreprenantes? De plus, il semble que Le Blanc accuse les femmes d'être responsables des moeurs "dépravées" de cette société. Car si elles avaient continué de ne pas oser lire des ouvrages pareils, "le bon goût" ne serait pas "expiré".

Cette disparition du "bon goût" que Le Blanc semble tellement regretter n'est-elle pas en fait ce que Hans Robert Jauss décrit comme un "des moments de l'histoire où des oeuvres littéraires ont provoqué l'effondrement des tabous de la morale régnante[42]"? Jauss voit ce moment comme l'incarnation de "cette fonction spécifique de *création sociale* que la littérature a assumée, concourant avec les autres arts et les autres puissances sociales, à émanciper l'homme des liens que lui imposaient la nature, la religion et la société". Cette disparition dont parle Le Blanc incarnerait donc ce moment propice où tombent les tabous que le XVIIe siècle avait mis en place et auxquels Le Blanc et ses amis sont tellement attachés. De plus, il est clair que ce sont les femmes qui ont beaucoup contribué à cet effondrement des tabous.

Bouhier est tout particulièrement intrigué par la célébrité que *Tanzaï* connaît auprès des femmes. On pourrait presque dire que la réussite de l'ouvrage auprès du beau sexe le hante. En effet, le 14 janvier, il écrit ceci à un ami, le marquis de Caumont, qui mène une vie provinciale à Avignon: "on se l'arrache, et les dames, qui jurent de ne l'avoir pas lu, savent tout ce qui est dedans, comme par inspiration[43]". Il n'est pas inutile de s'attarder un moment sur cette dernière remarque de ce témoin. Si l'on en croit Bouhier, les femmes essaient de jouer une espèce de comédie en feignant publiquement de ne pas avoir lu l'ouvrage malgré leur parfaite connaissance de son contenu. Ce témoin n'est pas le seul à faire une remarque pareille puisqu'en 1736, l'abbé François Cartaud de la Vilate fait lui aussi brièvement allusion au "succès de *Tanzaï* lu incognito de presque toutes nos dames[44]". Puisque les Le Blanc et les Bouhier de l'époque sont offusqués par le choix de lectures des femmes, il ne faut pas s'étonner de ce que les lectrices du XVIIIe siècle lisent incognito *Tanzaï*.

Il aurait été éclairant d'essayer d'étudier en profondeur cette popularité dont jouit *Tanzaï* auprès des femmes de l'époque. Les témoignages de ces critiques masculins ne laissent aucun doute sur la grande prédilection des femmes pour l'ouvrage de Crébillon. Cependant, nous n'avons retrouvé aucun témoignage féminin de l'époque qui puisse éclairer les raisons pour lesquelles ce public féminin goûte particulièrement le texte crébillonien. D'autre part, les réflexions que Georges May fait dans *Les Mille et une nuits d'Antoine Galland ou le chef-d'oeuvre invisible*[45] nous aident à mieux comprendre les facteurs qui contribuent à l'attraction qu'ont les femmes de l'époque pour ce genre. May considère que la cause de cette attraction remonte à "leur statut social, et, en particulier, au genre d'éducation auquel elles ont alors accès". Ce critique est d'avis que, puisque l'étude du latin était exclue de l'éducation des femmes, celles-ci n'étaient pas particulièrement partisanes des "arguments fondés sur les grands modèles anciens". Rappelons que le genre du conte de fées est, à l'époque aussi bien que de nos jours, jugé inférieur, donc marginalisé, puisqu'il ne se conforme pas aux règles traditionnelles qui régissent les grands genres littéraires. Par conséquent, on pourrait déduire que le succès du conte auprès des femmes s'explique par ce que Bernard Magne décrit comme "leurs affinités particulières avec des modèles culturels acquis à l'école du monde et non au collège ou à l'Université[46]".

Il serait intéressant d'essayer d'explorer la possibilité de l'existence d'un rapport entre le goût des femmes de l'époque pour *Tanzaï* et la grande popularité de cet ouvrage auprès du public en général. Si on se fie à ce que l'abbé Raynal écrit dans ses *Nouvelles littéraires* en 1747 ou 1748, il est possible d'affirmer qu'il existait bel et bien un certain rapport entre le goût des femmes pour cet ouvrage et son grand succès auprès du public. Ce journaliste écrit: "L'usage s'introduit en France de faire répandre les ouvrages de bel esprit par les femmes à la mode; ce qui a fait dire que les livres se vendent plus comme autrefois sous le manteau, mais sous la jupe[47]". Puisque les dames raffolent de *Tanzaï*, qu'elles sont réputées connaître par coeur, il nous est permis de conclure que leur engouement a beaucoup contribué au succès de cet ouvrage. Ce témoignage du journaliste du *Journal littéraire* nous éclaire également sur l'appartenance sociale de ces ferventes de Crébillon: "Plusieurs de nos dames de Cour et autres Galantes sont folles du conte de *L'Écumoire*[48]". Puisque ces "dames de Cour et autres Galantes" se trouvent aussi être celles qui donnent le ton à la bonne compagnie, s'étonnerait-on encore qu'il y ait eu trente-deux éditions de *Tanzaï* entre 1734 et 1789[49]?

Nous avons toutefois retrouvé les commentaires dépréciatifs d'un critique féminin qui exprime une réprobation virulente à l'égard de cet ouvrage. Il s'agit du témoignage de Madame du Deffand qui fait deux brèves allusions à *Tanzaï* dans sa correspondance avec Walpole. Puisque Madame du Deffand est, peut-être, une des rares femmes de l'époque à ne pas avoir bonne opinion de cet ouvrage, il serait intéressant d'explorer la nature de sa désapprobation. Dans le chapitre où nous avons étudié Crébillon par rapport à Hamilton, nous avons cité et commenté une allusion que Madame du Deffand fait à l'oeuvre de Crébillon en 1769. Nous avons démontré que ce critique porte un jugement hatif et bref sur l'oeuvre de l'auteur sans prendre la peine de justifier, avec preuves à l'appui, sa remarque peu flatteuse. Le deuxième commentaire de Madame du Deffand date de mars 1777 et est plus long, ce qui nous permet de mieux sonder la nature de son hostilité envers Crébillon. Elle écrit à Walpole:

> Ah! mon Dieu, mon Dieu, il faut que mon goût pour vous soit à toute épreuve, pour en conserver après les aveux que vous me faites! Aimer Crébillon, et nommément *L'Écumoire*! *Les lettres de la Marquise*, etc., ne sont qu'abominables; mais je sais bien pourquoi vous les aimez, parce qu'elles s'accordent à l'opinion qu'en général vous avez des femmes. [...] Rayez-moi sur tous les points dans la peinture que Crébillon fait des femmes; c'est un faquin qui n'a jamais vécu qu'avec des espèces[50].

Il serait pertinent de préciser que Madame du Deffand fait ici allusion à des ouvrages qui ont paru plus de quarante ans plus tôt. Puisque cette lectrice de Crébillon se rappelle très bien de ces ouvrages après toutes ces années, cela semble indiquer que, qu'on le goûte ou qu'on le trouve mauvais, on n'oublie pas facilement l'oeuvre de Crébillon. Pour mieux comprendre cette hostilité de Madame du Deffand, il est nécessaire de connaître certains faits qui concernent ses rapports avec Horace Walpole, son correspondant. Madame du Deffand fait la connaissance de Walpole en 1765, au cours d'un voyage que l'auteur brittanique fait à Paris. Cette rencontre donne lieu à une longue et fidèle correspondance qui commence en 1766 pour se terminer quinze ans plus tard, à la mort de Madame du Deffand. Cette dernière est déjà une vieille dame malade (elle est âgée de soixante-huit ans) au moment où elle fait la connaissance de Walpole qui est son cadet de vingt ans. Cela ne l'empêche pas d'avoir des sentiments très tendres, allant même jusqu'à la passion, pour son correspondant qui se refuse à partager sa passion.

La relation ambiguë qui existe entre ces deux correspondants donne souvent lieu à des échanges épistolaires qui font appel à certains référents romanesques. Ainsi, dès 1768, Madame du Deffand parle de son indignation d'apprendre que son ami la voit comme "un personnage des romans de Crébillon". Puisqu'elle ajoute que Walpole prend son amitié pour "une passion effrénée et indécente" (Walpole, v.4, p.162), on peut en déduire qu'elle fait ici allusion à Madame de Lursay, un personnage des *Égarements du coeur et de l'esprit*, qui tombe amoureuse d'un jeune homme dont elle aurait pu être la mère. Par la suite, Madame du Deffand proteste plusieurs fois avec indignation contre ces accusations de Walpole. En effet, en 1769, elle reproche à son ami de voir en elle une incarnation de ce qu'elle appelle dédaigneusement, les "honnêtes dames de Crébillon" (Walpole, v.4, p.182). Elle parle aussi de l'humiliation que ce rapprochement lui fait subir. Cinq ans plus tard, elle lui rappelle qu'il avait "interprété cet attachement à la manière des romans de Crébillon" et qu'elle lui avait paru comme "une vieille extravagante". Elle lui reproche également d'avoir "songé" au "ridicule et même à la honte d'une telle liaison" (Walpole, v.6, p.113).

Donc, lorsque Madame du Deffand s'acharne sur Crébillon en le traitant de "faquin qui n'a vécu qu'avec des espèces", elle veut établir à tout prix que Crébillon ne peut pas faire une peinture fidèle des femmes vertueuses car il ne les connaît pas du tout. Selon elle, l'auteur ne connaît et ne peint qu'une catégorie de femmes, notamment les "espèces". Puisque Crébillon ne fréquente pas, et donc ne connaît pas, les femmes honnêtes comme elle, Madame du Deffand laisse entendre qu'aucun rapprochement ne doit être fait entre les personnages féminins de Crébillon et elle-même. Il est clair qu'elle veut absolument être perçue par son correspondant comme une femme vertueuse qui n'a rien en commun avec les "espèces". Son obstination à se défendre devient compréhensible si on se rappelle que, pendant sa jeunesse, elle avait ouvertement mené une vie libertine. Ce train de vie de débauches débute après qu'elle se sépare de son mari en 1720. Son premier amant est le Régent. Son comportement pendant cette période où elle entre dans le cercle du Régent et affiche sa liaison en participant ouvertement aux orgies organisées par son amant et ses roués, indique qu'elle ne se soucie guère de préserver sa réputation. Benedetta Craveri est d'avis que "D'après le peu que nous en disent les chroniques du temps, elle ne se contente pas de faire fi des préjugés, son comportement suggère une volonté de dégradation[51]". Par conséquent, l'hostilité de Madame du Deffand envers Crébillon vient principalement de son désir de convaincre Walpole que, malgré son lourd passé, elle est maintenant une femme honnête et ne ressemble pas aux libertines de Crébillon. Rappelons qu'elle avait elle-même confessé cette liaison de jeunesse à Walpole lorsqu'elle l'avait décrite comme "des amours de quinze jours" (Craveri, p.14).

L'attitude condamnatoire de certains critiques envers *Tanzaï* persiste jusque vers la fin du siècle car, en 1772, Sabatier de Castres écrit ceci: "Est-il facile de bien écrire, quand on fait parler le vice? Non: et les ouvrages de M. de Crébillon en sont la preuve: *Tanzaï, Le Sopha*, etc. n'ont pas même le mérite du style[52]". Contrairement à Marais et Bouhier qui reconnaissent certains mérites au style de Crébillon, ce critique voit une corrélation directe entre le style et le contenu. Il n'essaie même pas d'étudier le style de l'auteur et il limite son appréciation en invoquant la prééminence de ce qu'il appelle "le vice". Le peu de respect que Crébillon témoigne envers la morale est quelque chose qui revient souvent sous la plume des critiques. Ainsi, en 1777, Mayeul-Chaudon écrit dans un chapitre consacré aux romans: "Les gens de bien auraient désiré qu'il eût plus respecté la vertu dans son *Sopha*, dans son *Tanzaï*[53]".

Et, pour clore cette série de critiques réprobatrices, nous reproduisons le jugement sévère de celui qui est le plus mal placé pour condamner l'oeuvre de Crébillon: le marquis de Sade. Dans son *Idée sur le roman* (1800), Sade reproche à l'épicurisme des auteurs du début du siècle d'avoir changé le "ton du roman". Il estime que les écrivains de "ce siècle perverti par le Régent" trouvent plus simple d'amuser les femmes "ou de les corrompre, que de les servir ou de les encenser". Lorsque Sade ajoute que ces auteurs "créèrent des événements, des tableaux, des conversations plus à l'esprit du jour", il les disculpe, dans une certaine mesure, des accusations qu'il dirige lui-même contre eux. Car il atteste que ces auteurs ne faisaient que reproduire les tendances qui étaient à la mode dans cette société. Sade est également d'avis que ces auteurs "enveloppèrent du cynisme, des immoralités, sous un style agréable et badin, quelquefois même philosophique, et plurent au moins s'ils n'instruisirent pas". Parmi ceux qu'il propose comme exemples de ce type d'auteur, il cite Crébillon: "Crébillon écrivit *Le Sopha, Tanzaï, Les Égarements du coeur et de l'esprit*, etc. Tous romans qui flattaient le vice et s'éloignaient de la vertu; mais qui, lorsqu'on les donna, devaient prétendre aux plus grands succès"[54].

Il serait ici intéressant d'explorer l'attitude paradoxale de Sade quant à la mise en scène du vice et de la vertu dans le genre romanesque. Ces commentaires d'Octave Uzanne sondent très bien ce paradoxe: "Les théories de Sade ont la valeur d'un paradoxe en délire; il prétend peindre le vice tel qu'il existe, et toutes ses doctrines semblent condensées dans cette merveilleuse épigraphe:

On n'est pas criminel pour faire la peinture,
Des bizarres penchants qu'inspire la nature[55]".

En effet, dans cet essai théorique sur le roman, Sade déclare qu'il "prête au vice des traits trop odieux" parce qu'il ne veut pas "faire aimer le vice" (p.48–49). Et il reproche à Crébillon et à Dorat[56] d'avoir "le dangereux projet de faire adorer aux femmes les personnages qui les trompent". Il estime qu'il est lui-même plus moral que ces deux auteurs puisqu'il rend ses "héros qui suivent la carrière du vice, tellement effroyables, qu'ils n'inspireront bien sûrement ni pitié ni amour". Lorsque Sade persiste à dire que, contrairement aux ouvrages de Crébillon et de Dorat, qui "portent la mort dans leur sein" parce qu'ils entourent le crime "de roses", il ne peindra "les crimes que sous les couleurs de l'enfer", il essaie en fait de justifier l'extraordinaire entassement de scènes d'horreur dans ses propres ouvrages. Nous sommes d'avis que la dénonciation de Sade lui sert tout simplement à se disculper des accusations dirigées contre lui par le public et à rapporter l'attention de ce public sur la nature peu morale des "pernicieux ouvrages" (p.48) de ses confrères.

Obscénité, vice, licence, dépravation, corruption, impertinence, sottise, extravagance, folie: tels sont les termes appliqués à *Tanzaï* par tous ces critiques que nous avons cités. Il est clair que toutes ces condamnations sont dues à la présence de la sexualité dans le texte de Crébillon. Pour mieux comprendre ce mouvement collectif d'indignation, suivons tout d'abord la pensée de Robert. Ce critique remarque qu'une "approche directe et sans arrière-pensées perverses de la sexualité dans la passion amoureuse se trouve totalement exclue de toute une partie de la production narrative des XVIIe et XVIIIe siècles". Elle déclare qu'il existe bien à cette époque des textes "particulièrement paillards" et, comme exemple, elle cite *L'Histoire comique de Francion* de Charles Sorel. Elle ajoute qu'au XVIIe et au XVIIIe siècles, l'alternative se présente ainsi: quand un texte choisit le registre de l'amour sentimental, il s'interdit d'introduire la sexualité; quand au contraire, c'est le registre physiologique qui s'impose, il se trouve, *ipso facto*, dévalorisé du point de vue des valeurs spirituelles. Robert est d'avis que la sexualité n'en est pas pour autant absente des textes qui font jouer l'amour dans le cadre idéal de la passion absolue. Ce critique constate aussi que c'est au niveau implicite que l'expression de la sexualité se trouve limitée. Et elle conclut qu'il y a souvent dans les ouvrages de ces deux siècles, une référence indirecte à "un désir jamais nommé mais toujours en cause". Ainsi, lorsque Crébillon met en scène la sexualité à travers les thèmes de nature érotique tels que l'impuissance, la séduction, l'adultère, etc., il pratique ce que Robert décrit comme "un discours à double entente où rien n'est jamais nommé explicitement, mais où les évocations les plus hardies et les plus précises ne laissent aucun doute au lecteur averti" (Robert, p.136–137).

Les réflexions de Robert jettent une lumière nouvelle sur la réaction violente de ceux qui critiquent la présence de la sexualité dans les ouvrages de Crébillon. La condamnation de la plupart d'entre eux semble être le résultat direct de ce que Jauss appelle l'"écart esthétique" (Jauss, p.53), c'est-à-dire "la distance entre l'horizon d'attente préexistant" chez le lecteur et l'oeuvre nouvelle. Le lecteur de cette époque a une certaine attente quant aux règles du jeu et à la poétique du conte. Comme Jauss le souligne, "une oeuvre littéraire ne se présente pas comme une nouveauté absolue surgissant dans un désert d'information; [...], son public est prédisposé à un certain mode de réception" (Jauss, p.50). Ainsi, les contes bon enfant du siècle précédent et les contes parodiques, mais somme toute, dépourvus d'érotisme, de Hamilton créent chez le public de 1734 une certaine attente. Alors que la parodie d'un genre est devenue, grâce à l'oeuvre de Hamilton, une des caractéristiques constitutives du conte du XVIIIe siècle, tel n'est pas le cas en ce qui concerne la sexualité. La présence de la sexualité dans *Tanzaï* provoque chez le lecteur de cette époque cet écart esthétique qui va à l'encontre de son expérience familière par rapport au genre du conte. Ceci amène un bouleversement de l'"horizon d'attente" du lecteur qui, à son tour, provoque soit l'acceptation de l'ouvrage (si le lecteur réoriente son attente), soit la désapprobation et le rejet. Dans le cas de la réception de *Tanzaï*, il est certain que l'adoption de l'ouvrage par certains lecteurs (et, surtout par la plupart des lectrices) de l'époque est une indication que ces lecteurs réussissent à surmonter le premier choc causé par le bouleversement de leur horizon d'attente, à se libérer des contraintes et des préjugés imposés par l'esthétique du siècle précédent et du conte hamiltonien et à renouveler leur perception de l'esthétique du conte. D'autre part, la réaction condamnatoire des lecteurs tels que Marais, Bouhier, etc., indique que ceux-ci ne se remettent pas du choc causé par le bouleversement de leur horizon d'attente. Il n'y a pas, chez eux, de changement d'horizon car ils n'arrivent pas à réorienter leur perception de l'esthétique du conte et à accepter cette nouvelle esthétique, ce qui les amène naturellement à rejeter l'ouvrage avec indignation.

Il n'est pas inutile de noter que la plupart de ces mêmes critiques qui blâment la licence de Crébillon s'accordent quand même à dire que *Tanzaï* a un succès fou auprès des lecteurs. Nous avons retrouvé les commentaires de deux témoins de l'époque qui essaient d'analyser les raisons de ce succès. Dans un ouvrage publié en 1769, Bricaire de la Dixmerie disserte sur le roman et le conte satirique qu'il classe dans la catégorie du roman allégorique:

> Des romans, qu'on pourrait, peut-être, appeller des Allégories, mais fertiles en tableaux hardis et voluptueux, animés d'un coloris brillant et séducteur, s'emparèrent aussi de tous les suffrages. On peut même dire qu'ils les captivèrent. Il eût été honteux de ne pas savoir par coeur *Tanzaï* et *Le Sopha*. *Angola*, qui vint après, fit aussi la plus grande fortune. Le goût de la morale semble aujourd'hui avoir prévalu; mais ces piquantes productions ne sont pas, toutefois, oubliées. Elles occupent dans les bibliothèques le même rang que certains tableaux dans le cabinet de l'amateur. Il ne les offre point à tous les regards, il les couvre d'un voile, mais il va souvent lui-même tirer ce voile[57].

Comme beaucoup d'autres témoignages de l'époque, celui-ci atteste la célébrité unanime ("tous les suffrages") de ce nouveau type de conte que crée Crébillon. Puisque ce critique affirme qu'il "eût été honteux de ne pas savoir par coeur" les deux premiers contes de l'auteur, cela indique que ces ouvrages étaient entrés dans la légende et que le bon ton exigeait la lecture et peut-être même la récitation de ces contes. De plus, ce commentateur nous éclaire sur le déclin de la popularité de ces ouvrages qui est attribué au "goût de la morale". Puisque les lecteurs se tournent désormais vers des ouvrages qui respectent les règles de la morale, les ouvrages de Crébillon ne sont quand même pas oubliés car ils sont prisés par l'amateur qui s'y connaît et qui les considère comme des ouvrages de choix. Nous ne pouvons que conclure que c'est sans doute les qualités esthétiques de ces ouvrages que le fin connaisseur goûte particulièrement.

Même La Harpe qui, en 1799, dans son *Lycée ou Cours de littérature ancienne et moderne*[58], remarque que les ouvrages de Crébillon n'ont pas "d'autre mérite que celui de *Tanzaï*, l'art si facile à gazer des obscénités", reconnaît leur grande popularité à leur parution et il donne les raisons de leur célébrité: "ces productions agréables et frivoles eurent l'avantage de l'à-propos. Elles parurent dans un temps où les mauvaises moeurs étaient de mode dans un certain monde qui donnait le ton". Ce dernier commentaire est d'importance pour la reconstitution de l'ambiance de l'époque car La Harpe établit que "les mauvaises moeurs étaient de mode" dans la haute société de l'époque. Ainsi, il fait indirectement l'apologie de la production de ce que Sade condamne comme des "romans qui flattaient le vice et s'éloignaient de la vertu". Le succès de l'ouvrage libertin de Crébillon est donc lié au goût de ses lecteurs pour une certaine façon de vivre libertine. La Harpe confirme également que la mise en scène satirique de certains événements de l'actualité contribue beaucoup au succès de *Tanzaï* à l'époque de sa parution: "*Tanzaï*, qui n'est en ce genre qu'un libertinage d'esprit, eut de plus, dans sa naissance, le piquant de l'allusion et de la satire. On crut y voir l'allégorie d'une bulle fameuse, dont on a tant parlé, et dont on ne parle plus". Le pastiche satirique de Marivaux par l'auteur de *Tanzaï* ne passe pas inaperçu de La Harpe car il rapporte que le public "crut y voir" "la critique du style de Marivaux, que l'auteur parut contrefaire très heureusement dans la fée Moustache; car il est aussi aisé de contrefaire le mauvais style que difficile d'imiter le bon". Ainsi, la satire de l'actualité et la mode des "mauvaises moeurs", alliées à la nouveauté de l'évocation de la sexualité, provoquent chez certains lecteurs de *Tanzaï* une réorientation de l'expérience esthétique qui est, à son tour, responsable de l'acceptation, l'appropriation et l'appréciation de cette nouvelle esthétique du conte.

Nous allons maintenant essayer d'étudier les témoignages de quelques-uns des appréciateurs de ce nouveau type de conte. Voltaire est parmi ceux qui goûtent beaucoup le plaisir de la satire crébillonienne. En effet, le 4 janvier 1735, il écrit au comte d'Argental:

> L'Histoire japonaise m'a fort réjoui dans ma solitude; je ne sais rien de si fou que ce livre, et rien de si sot que d'avoir mis l'auteur à la Bastille. Dans quel siècle vivons nous donc? On brûlerait apparemment La Fontaine aujourd'hui[59].

Voltaire ressent naturellement beaucoup de sympathie pour ce confrère qui, comme lui-même, transgresse les forces de la censure et devient la victime des autorités. De plus, quoiqu'il n'ose le dire ouvertement, Voltaire goûte sans aucun doute plus particulièrement la satire religieuse que Crébillon met en place dans son ouvrage. Il semble que le public de l'époque trouve une certaine filiation entre les deux auteurs. Voltaire lui-même en témoigne dans une lettre datée du 10 décembre 1734 et adressée au comte d'Argental: "Je n'ai point vu le conte du jeune Crébillon. On dit que si je l'avais fait, je serais brûlé: c'est tout ce que j'en sais" (Voltaire, v.3, p.334). La sympathie de Voltaire à l'égard de Crébillon devient encore plus évidente dans une lettre datée du premier janvier 1735, lorsqu'il fait ces réflexions sur l'incarcération de Crébillon:

> J'apprends avec beaucoup de plaisir que M. de Crébillon est sorti de ce vilain séjour où on l'avait fourré. Il a donc vu

Cet horrible château, palais de la vengeance
Qui renferme souvent le crime et l'innocence.

Le roi le nourrissait et lui donnait le logement; je voudrais qu'il se contentât de lui donner la pension. J'admire la facilité avec laquelle on dépense douze ou quinze cents livres par an, pour tenir un homme en prison et combien il est difficile d'obtenir une pension de cent écus. Si vous voyez le grand enfant de Crébillon, je vous prie, monsieur, de lui faire mille compliments pour moi et de l'engager à m'écrire (Voltaire, v.4, p.1).

Les commentaires de l'auteur établissent l'ampleur de la crainte des autorités devant la grandissante liberté de parole des auteurs de l'époque. Il semble que la lecture de *Tanzaï* ait charmé Voltaire puisqu'il parle de nouveau du plaisir que l'ouvrage lui a procuré lorsqu'il écrit à son ami Berger le 12 janvier 1735: "J'ai lu l'Histoire japonaise. Je ne sais si je vous l'ai mandé. Je souhaite que l'Histoire de Portugal soit aussi amusante" (Voltaire, v.4, p.9). Voltaire fait ici référence à l'*Histoire générale de Portugal* (1735) de La Clède, un de ses amis. Cet ouvrage n'a rien d'amusant car il s'agit d'un véritable livre d'histoire, à l'opposé de *Tanzaï* qui porte ironiquement le sous-titre d'*Histoire japonaise*. On se demande si l'auteur fait ici une allusion ironique au contenu peu divertissant, et donc ennuyeux, de l'ouvrage de La Clède.

Voltaire parle souvent de Crébillon en termes paternels et affectueux dans sa correspondance avec ses amis. Ainsi, le 29 mai 1732, il l'appelle "Le fils du pauvre Crébillon, frère aîné de Radamiste et encore plus pauvre que son père" (Voltaire, v.2, p.322). Le 11 avril 1733, il le prénomme "Ce grand lévrier de Crébillon fils" (Voltaire, v.3, p.50). Le 26 janvier 1735, il le désigne comme "ce grand enfant" (Voltaire, v.4, p.17) et le 21 juillet 1739, Voltaire écrit à Prault: "Si vous voyez le père du *Sopha*, je suis son ami pour jamais" (Voltaire, v.9, p.195). Cette dernière remarque indique que non seulement Voltaire avait lu *Le Sopha* à l'époque où cet ouvrage circulait sous le manteau, mais encore que l'ouvrage lui avait beaucoup plu puisqu'il envoie à son auteur les assurances de son amitié.

La Mettrie est, parmi ceux qui apprécient beaucoup Crébillon, celui qui fait également un rapprochement entre l'écriture de Voltaire et celle de l'auteur de *Tanzaï*. Dans ses *Essais sur l'esprit et les beaux esprits* (1742), il estime qu'"'En général, le style de cet écrivain [Crébillon] est charmant" et que "Voltaire seul écrit mieux que lui, et *Les Confessions* si vantées ne sont pas comparables à *Tanzaï*, et à certaines peintures du *Sopha*, et à quelques caractères des *Égarements*[60]". Fréron, celui-là même qui avait la réputation de tremper sa plume dans le fiel avant d'écrire ses commentaires sur les oeuvres de la plupart des auteurs de l'époque et qui, neuf ans plus tard, critiquera acerbement *Les Heureux Orphelins* de Crébillon, fait gracieusement l'éloge de *Tanzaï* dans une livraison de novembre 1745 de ses *Lettres de Madame la Comtesse de *** sur quelques écrits modernes*[61]. Ce journaliste se plaint de l'abondance, à l'époque, de la production romanesque qu'il décrit comme des "informes productions de leur [les auteurs] bizarre cerveau" et il conclut son jugement en disant qu'à l'exception de "*Tanzaï, Le Siège de Calais, Les Confessions de Comte de* *** par M. Duclos, et quelques autres en très petit nombre", tous les romans modernes ne sont qu'"un déluge de contes de fées, d'historiettes, d'aventures misérables, d'insipides recueils et de puériles fictions, dont Paris est inondé tous les ans". Il est intéressant de noter que l'exigeant Fréron accorde à *Tanzaï* une place privilégiée parmi des ouvrages choisis. De plus, l'ouvrage de Crébillon est le seul conte cité par le journaliste. Nous remarquerons également que, malgré son grand mépris pour les contes de fées, Fréron fait une exception pour *Tanzaï*. Ceci indique clairement que le critique considère que cet ouvrage est supérieur aux autres contes "dont Paris est inondé".

Malgré la sévérité de certains critiques à l'égard des thèmes présents dans *Tanzaï*, plusieurs d'entre eux admettent quand même la bonne qualité du style de Crébillon. Ainsi, Meister, qui fait la nécrologie de Crébillon dans la *Correspondance littéraire* de juin 1777, est d'avis qu'"Il y a beaucoup de folies, mais beaucoup plus d'imagination et d'originalité dans *Tanzaï et Néadarné*" (CL, v.11, p.480). De même, dans une lettre à Bouhier, Marais reconnaît qu'"il faut tenir le livre pour en connaître le style qui est bon" (Marais, v.13, p.214). Et son correspondant de réitérer sa condamnation de "cet impertinent ouvrage" tout en soulignant qu'on ne peut "nier qu'il n'y ait quelques endroits assez bien tournés" (Marais, v.13, p.220) dans le conte. Quant à l'abbé de Voisenon, malgré sa critique des "romans très libres et sans imagination" de Crébillon, il admet que *Tanzaï* est une exception[62].

Déjà en 1743, Prévost crée, pour ses lecteurs du *Pour et Contre*, cette délicieuse allégorie qui aborde certains aspects de l'ouvrage, résume sa portée et décrit sa fortune:

> *Tanzaï* en naissant a pensé étrangler son père; et lui a coûté la liberté. Quel monstre est-ce donc que ce Tanzaï? On en fait une description fort extraordinaire. Il a l'air enjoué, dit-on, fin, poli, lascif; il semble qu'il ne pense qu'à rire et à badiner. On le prendrait pour un enfant aimable et libertin. Mais au lieu de mains, il a, dit-on, deux griffes, qu'il cache le mieux qu'il peut, et dont il ne manque point d'égratigner tout ce qui l'approche. Il est trop méchant, il ne vivra pas. Quoiqu'il en soit, il est toujours fâcheux qu'une créature si aimable ait des griffes. La Nature est bien injuste, de mêler à ses plus jolis ouvrages quelque difformité qui les défigure. Otez les griffes à Tanzaï, et son petit air lascif qui blesse quelquefois par l'excès, on se réjouira de sa naisssance, et on lui souhaitera bien des frères qui lui ressemblent[63].

Il n'y a aucun doute que Prévost est séduit par l'ouvrage, cette "créature si aimable". Cependant, il regrette ses "griffes", c'est-à-dire le persiflage que l'auteur

56

y a mis et que Prévost considère comme une "difformité" qui défigure ce joli ouvrage. Ce critique est également choqué par la présence de la sexualité dans l'ouvrage puisqu'il déplore le "petit air lascif qui blesse quelquefois par l'excès".

Cette étude de la fortune de *Tanzaï* révèle plusieurs choses. Tout d'abord, le lecteur n'est pas dupe de sa forme féerique car il décode facilement l'indice de la satire que l'auteur lui laisse entrevoir. L'hostilité des autorités à la suite de sa publication joue un rôle important dans l'énorme succès que l'ouvrage connaît auprès du public. De plus, les femmes contribuent en grande partie à ce succès phénoménal. Ce succès est également imputé à la présence, dans l'ouvrage, de la satire des événements de l'actualité et des personnalités.

Le succès de *Tanzaï* est tel que ses personnages entrent dans la vie publique du siècle. En effet, Sturm rapporte que l'image de la vieille et laide Concombre "impressionne fortement les contemporains de Crébillon" (Sturm, p.326–327). Il ajoute qu'on l'évoque lorsque le duc de Nivernais se trouve le témoin involontaire d'un tête à tête entre l'insatiable Mademoiselle de Charolais et le comte de Coigny: "Malgré votre art et votre adresse/À réparer/Ce qu'une prochaine vieillesse/A pu gâter,/Ma muse qui trop s'évertue,/Ne peint ici/Ce qu'à Concombre, toute nue,/Vit Tanzaï./La ressemblance en est frappante,/En certains points;/D'une huile jaune et dégoûtante/J'ai des témoins:/Deux mille à qui Coigny succède/Diront ici/Tout ce qu'à la fée qui l'obsède,/Dit Tanzaï". Le personnage de la fée Moustache, transformée en taupe, demeure également dans les recoins de la mémoire des contemporains. En effet, dans sa correspondance privée, Madame de Graffigny[64] fait allusion à une Madame de Stainville comme *Taupe Ma Mie*, le même surnom que Tanzaï donne à la fée Moustache.

Il semble aussi que le goût du public pour une certaine façon de vivre libertine contribue grandement à la bonne réception de la présence de la sexualité dans cet ouvrage. Finalement, la plupart de ceux qui condamnent l'ouvrage s'accordent quand même pour faire l'éloge du style de l'auteur. Ce qui fait que le succès de *Tanzaï* ne doit guère nous surprendre.

Notes

1 Tanzaï, prince de la grande Chéchianée.

2 Barbacela, "protectrice déclarée de sa maison depuis un temps immémorial" (TN, p.219).

3 Elle "le doua en même temps de tous les avantages qui peuvent élever un mortel à la plus haute perfection" (TN, p.220). Plus tard, cette fée fournit au héros un objet magique, "une écumoire d'or de trois pieds de long, et dont le manche rond était de trois pouces de diamètre" (TN, p.230) qui est censé l'aider à conjurer un mauvais sort. Le jour de son mariage, le héros doit enfoncer, par force et sans pitié, cet objet dans la bouche d'une vieille femme et il doit obtenir du grand-prêtre Saugrénutio qu'il consente à avaler l'écumoire.

4 "Il savait tout sans avoir rien appris" (TN, p.220).

5 "Aimé des peuples qu'il devait un jour gouverner, l'objet des attentions de la grande fée Barbacela, l'admiration de toute la terre, rien ne paraissait manquer à son bonheur" (TN, p.220).

6 "Cependant il était né avec un coeur tendre, et il ne lui était pas permis d'aimer. La fée, sur je ne sais quels accidents dont le prince était menacé s'il aimait, ou s'il se mariait avant que sa vingtième année fût accomplie, lui avait expressément défendu l'un et l'autre, jusques au temps où le destin le laissait maître de lui-même: ces ordres étaient précis, et il était aussi dangereux pour Tanzaï d'y contrevenir, qu'il lui était difficile de s'y soumettre" (TN, p.220–221).

7 La vieille avale le manche de l'écumoire mais le grand-prêtre s'y refuse obstinément.

8 Le soir de ses noces, le héros devient impuissant. Ce malheur est suivi par la disparition de ses organes génitaux qui sont remplacés par l'écumoire qui se fixe sur sa personne. Après la guérison du héros, c'est au tour de sa femme de subir un sort identique car elle est complètement "bouchée".

9 Le héros est guéri à la suite d'une horrible et épuisante nuit passée dans le lit de la vieille, laide et lubrique fée Concombre. Quant à la princesse, elle est désenchantée après une nuit passée dans les bras de Jonquille, un génie libertin. Saugrénutio finit par capituler quand on lui promet la dignité de patriarche.

10 Philip Stewart, *Le Masque et la parole: le langage de l'amour au XVIIIe siècle* (Paris: José Corti, 1973), 156–157.

11 François Mollien Ravaisson, *Archives de la Bastille, Documents inédits recueillis et publiés par François Ravaisson, Règne de Louis XIV et de Louis XV (1709 à 1772)* (Paris: 1881), 12:165.

12 *Journal littéraire* 22, no. 2 (1735): 471–472.

13 *Bibliothèque française* 28, no. 8 (1739): 139–140.

14 Nicolas Toussaint Le Moyne Desessarts, *Les Siècles littéraires de la France ou Nouveau dictionnaire historique, critique et bibliographique de tous les écrivains français, morts et vivants, jusqu'à la fin du XVIIIe siècle* (Paris: 1800), 2:231.

15 Jean Baptiste de Boyer d'Argens, *Lettres juives ou Correspondance philosophique, historique et critique, entre un Juif voyageur en différents états de l'Europe, et ses correspondants en divers endroits. Augementées de nouvelles lettres et de quantité de remarques* (La Haye: Pierre Paupie, 1764), 1:129–130.

16 Daniel Roche, "La Censure", in *Histoire de l'édition française*, édition par Henri-Jean Martin et Roger Chartier (Paris: Promodis, 1984), 2:83.

17 Daniel Roche, "La Police du livre", in *Histoire de l'édition française*, édition par Henri-Jean Martin et Roger Chartier (Paris: Promodis, 1984), 2:87–88.

18 Raymonde Robert, *Le Conte de fées littéraire en France de la fin du XVIIe à la fin du XVIIIe siècle* (Nancy: Presses Universitaires de Nancy, 1982), 204.

19 Ernest Sturm, éd., *L'Écumoire ou Tanzaï et Néadarné, histoire japonaise* de Claude Prosper Jolyot de Crébillon (Paris: Nizet, 1976), 287.

20 Albert-Marie Schmidt, introduction au *Sopha* de Claude Prosper Jolyot de Crébillon (Paris: Union Générale d'Éditions, 1966), 12.

21 Violaine Géraud, *La Lettre et l'esprit de Crébillon fils* (Paris: SEDES, 1995), 121.

22 Henri Morier, *Dictionnaire de poétique et de rhétorique* (Paris: PUF, 1981); cité par Violaine Géraud dans *La Lettre et l'esprit de Crébillon fils* (Paris: SEDES, 1995), 121.

23 Il s'agit ici d'un terme utilisé par Frédéric Deloffre, dans son ouvrage *Une Préciosité nouvelle, Marivaux et le marivaudage* (Paris: Armand Colin, 1967) pour désigner le style de Marivaux.

24 "le tendre est effectif dans le fond" (TN, p.288).

25 "se noyer dans l'enjouement"(TN, p.289), "débrouiller le tumulte de [ses] idées" (TN, p.309), "la nature soufflerait sur le sentiment et ne manquerait pas de l'éteindre" (TN, p.312).

26 "si nous étions restés plus longtemps l'un avec l'autre ce soir-là, nos désirs se seraient couchés moins enfants qu'ils ne firent" (TN, p.291).

27 Jean Le Rond D'Alembert, *Histoire des membres de l'Académie française, morts depuis 1700 jusqu'en 1771, pour servir de suite aux Éloges imprimés et lus dans les séances publiques de cette Compagnie* (Paris: Chez Moutard, 1787), 6:84.

28 *Jugements sur quelques ouvrages nouveaux* 1 (1744): 52–53.

29 Pierre Carlet de Marivaux, *Le Paysan parvenu* (Paris: Garnier-Flammarion, 1965), 186.

30 Sturm précise que, comme la fée Barbacela, le cardinal de Fleury préside aux destinées du royaume en 1726 lorsqu'il devient ministre d'État. Avant même de parvenir à ce poste, il a fait de l'acceptation de la Bulle Unigenitus une affaire d'État. Le durcissement de sa politique entraîne, à partir de 1730, la reprise de l'opposition parlementaire et une vive agitation dans l'opinion publique parisienne (p.296).

31 Sturm soutient que la publication de *Tanzaï* en 1734 coïncide avec la recrudescence de l'agitation intérieure, alors que par conséquence directe du mariage de Louis XV, Fleury engage le pays dans la guerre de Succession de Pologne. Il est aussi d'avis que l'association noces royales-écumoire à imposer-péril à conjurer trouve une résonnance immédiate auprès du public nourri de littérature pamphlétaire (p.21).

32 Terme souvent employé pour désigner la Bulle *Unigenitus*.

33 La duchesse du Maine est âgée de 58 ans au moment où paraît *Tanzaï*. Cette petite-fille du Grand Condé avait hérité de la petite taille si caractéristique de la descendance des Condé.

34 Robert précise qu'à Sceaux comme à Versailles, on ne se contente pas de raconter des histoires merveilleuses, on prétend les vivre. Elle ajoute qu'un des divertissements les plus appréciés de la duchesse du Maine est "de jouer le rôle de la fée Ludovise dans une mise en scène complètement décalée par rapport au réel" (p.344).

35 "Il [Tanzaï] crut enfin qu'une divinité brillante lui accordait l'honneur de sa couche, que ce cas n'était pas étrange, et qu'une déesse s'abaissait moins en descendant jusques à un prince, que quantité de femmes titrées à qui l'amour et l'extravagance font faire tous les jours des pas plus choquants" (TN, p.255).

36 Jacques Barchilon, *Le Conte merveilleux français de 1690 à 1790* (Paris: Honoré Champion, 1975), 98.

37 Henri Duranton, éd., *Lettres de Denis-François Secousse*, vol. 1 de la *Correspondance littéraire du président Bouhier* (Saint-Étienne: Université de Saint-Étienne, 1976–1988), 7.

38 Henri Duranton, éd., *Lettres de Mathieu Marais*, vols. 8–14 de la *Correspondance littéraire du président Bouhier* (Saint-Étienne: Université de Saint-Étienne, 1976–1988), 8:7–9.

39 *Observations sur les écrits modernes* 1 (1735): 335–336; cité par Georges May dans *Le Dilemme du roman* (Paris: PUF, 1963), 218.

40 May écrit que les femmes "pouvaient seules dans une société conformiste [...] se permettre—suprême élégance et bienheureux snobisme—d'afficher en littérature un non-conformisme salutaire, qui finit bien entendu par subir le sort commun, et par se transmuer en mode. [...] lorsque la critique est assez authentiquement réactionnaire pour juger la production des écrivains contemporains d'après les critères dérivés de chefs-d'oeuvre vieux d'un demi-siècle [...], la conséquence en est quelquefois que loin de ralentir le courant contre lequel elle lutte, ses arguments finissent par l'accélérer. C'est ainsi que, pensant flétrir immédiatement le roman en le condamnant sans appel à la seule clientèle du sexe, nos contempteurs communs du roman et des femmes ne parvinrent qu'à la formation contre eux-mêmes d'une coalition invincible de leurs adversaires méprisés"; Georges May, *Le Dilemme du roman* (Paris: PUF, 1963), 227.

41 H. de Châteaugiron, éd., *Lettres du président Bouhier à l'abbé Le Blanc*, vol. 4 des *Mélanges publiés par la société des bibliophiles français* (Genève: Slatkine Reprints, 1970), 19.

42 Hans Robert Jauss, *Pour une esthétique de la réception*, édition par Jean Starobinski, traduction par Claude Maillard (Paris: Gallimard, 1978), 81.

43 Henri Duranton, éd., *Lettres du marquis de Caumont*, vols. 6–7 de la *Correspondance littéraire du président Bouhier* (Saint-Étienne: Université de Saint-Étienne, 1976–1988), 6:75.

44 François Cartaud de la Vilate, *Essai historique et philosophique sur le goût* (Paris: De Maudouyt, 1736), 63.

45 Georges May, *Les Mille et une nuits d'Antoine Galland ou le chef-d'oeuvre invisible* (Paris: PUF, 1986), 187–190.

46 Bernard Magne, *Crise de la littérature française sous Louis XIV: humanisme et nationalisme* (Paris: Champion, 1976), 1:525.

47 Maurice Tourneux, éd., *Correspondance littéraire, philosophique et critique par Grimm, Diderot, Raynal, Meister, etc.* (Paris: Garnier Frères, 1877–1882), 1:153.

48 *Journal littéraire* 22, no. 2 (1735): 472.

49 Hans-Günter Funke, *Crébillon fils als moralist und gesellschaftskritiker* (Heidelberg: Carl Winter Universitätsverlag, 1972), 137.

50 W. S. Lewis et Warren Hunting Smith, éds., *Horace Walpole's Correspondence with Madame du Deffand and Wiart*, vols. 3–8 de *The Yale Edition of Horace Walpole's Correspondence*, édition par W. S. Lewis (New Haven: Yale UP, 1937–1983), 4:414.

51 Benedetta Craveri, *Madame du Deffand et son monde*, traduction par Sibylle Zavriew (Paris: Seuil, 1987), 14.

52 Antoine Sabatier de Castres, *Les Trois siècles de notre littérature, ou Tableau de l'esprit de nos écrivains depuis François I jusqu'en 1772* (Amsterdam et Paris: 1772), 1:324.

53 Louis Mayeul-Chaudon, *Nouvelle Bibliothèque d'un homme de goût ou Tableau de la littérature ancienne et moderne, étrangère et nationale, dans lequel on expose le sujet, et l'on fait connaître l'esprit de tous les livres qui ont paru dans tous les siècles, sur tous les genres, et dans toutes les langues; avec un jugement court, précis, clair et impartial, tiré des journalistes les plus connus, et des critiques les plus estimés de notre temps* (Paris: 1777), 4:77.

54 Donatien Alphonse François Sade, *Idée sur les romans* (Genève: Slatkine Reprints, 1967), 22–23.

55 Octave Uzanne, préface à *Idée sur les romans* de Donatien Alphonse François Sade (Genève: Slatkine Reprints, 1967), xx.

56 Claude Joseph Dorat (1734–1780).

57 Nicolas Bricaire de la Dixmerie, *Les Deux âges du goût et du génie français, sous Louis XIV et sous Louis XV; ou Parallèle des efforts du Génie et du Goût dans les sciences, dans les arts et dans les lettres, sous les deux règnes* (La Haye: Chez Lacombe, 1769), 367.

58 Jean François de La Harpe, *Lycée ou Cours de littérature ancienne et moderne* (Paris: Emler Frères, 1829), 14:238–240.

59 Theodore Besterman, éd., *Voltaire's Correspondence* (Genève: Institut et Musée Voltaire, 1953–1965), 4:6.

60 Julien Offray de La Mettrie, "Portrait de Mr. de C*** le fils", in *Essais sur l'esprit et les beaux esprits* (Amsterdam: Frères Bernard, 1742), 24. L'auteur fait ici allusion aux *Confessions du comte de* *** (1742), ouvrage de Charles Pinot Duclos (1704–1772), qui avait eu beaucoup de succès à l'époque.

61 *Lettres de Madame la Comtesse de* *** *sur quelques écrits modernes* 1, no. 10 (1745): 133.

62 Claude-Henri de Fusée de Voisenon, "Anecdotes littéraires, historiques et critiques sur les auteurs les plus connus", in *Oeuvres complètes de M. l'abbé de Voisenon de l'Académie française* (Paris: Moutard, 1781), 4:83.

63 *Le Pour et Contre* 5, no. 70 (1734): 225–226.

64 Françoise d'Issembourg d'Happencourt, dame de Graffigny, *Correspondance de Madame de Graffigny*, édition par English Showalter (Oxford: The Voltaire Foundation Taylor Institution, 1985), 1:74 and 1:89.

Chapitre 3

Le Sopha, conte moral

Le Sopha, conte moral de Crébillon, rédigé en 1737 mais publié en 1742, n'est pas moins couru du public de l'époque. Selon Hans-Günter Funke[1], ce conte est édité vingt-quatre fois entre 1742 et 1789. La première publication est suivie de cette missive du chancelier d'Aguesseau datée du 22 mars 1742 et adressée au cardinal de Fleury, ministre de Louis XV:

> On est instruit que Crébillon fils, nonobstant les défenses qui lui avaient été faites de faire imprimer un livre intitulé *Le Sopha*, l'a fait imprimer, et de plus l'a distribué dans une grande quantité de maisons, à Paris et dans les Provinces.
>
> Outre que ce livre est par lui même très contraire aux bonnes moeurs, l'auteur est dans une contravention manifeste aux arrêts-ordonnances du roi et règlements de la librairie, n'ayant eu ni privilège, ni permission pour l'impression de cet ouvrage[2].

D'Aguesseau termine son billet en demandant au ministre d'approuver "qu'il soit expédié un ordre de Roi qui exile Crébillon fils à trente lieues de Paris". Cette lettre mentionne également que le chancelier désire, à travers cet exemple, "contenir la licence des auteurs". Cette requête donne effectivement lieu à un ordre du roi qui entraîne l'exil de Crébillon de Paris. Cet ordre est ensuite révoqué le 8 juillet 1742, après plusieurs démarches de l'auteur. En fait, de l'aveu de Crébillon lui-même, cet ouvrage avait été rédigé en 1737. En effet, en mai 1742, dans une lettre adressée à Feydeau de Marville, lieutenant général de police, pour protester contre l'ordre d'exil, l'auteur écrit: "Vous n'ignorez pas, monsieur, que l'ouvrage qui me fait actuellement voyager, a été composé il y a près de cinq ans" (Funke, p.325). Madame de Graffigny parle également du *Sopha* (mais sans citer le titre) le 3 mai 1739, dans une lettre adressée à son ami François-Antoine Devaux. Voici ce qu'écrit la romancière: "Le livre de Crébillon est imprimé, mais on a tiré si peu d'exemplaires qu'il est impossible d'en avoir. On dit qu'il fait parler les sophas, les fauteuils, etc.[3]". Et, comme nous l'avons déjà mentionné, le 21 juillet 1739,

Voltaire appelle l'auteur "le père du *Sopha*", ce qui prouve que l'ouvrage circulait déjà sous le manteau bien avant sa publication officielle en 1742.

Comme *Tanzaï*, ce conte de Crébillon est également critiqué en raison de la présence de la sexualité. En 1742, la *Bibliothèque française*[4] fait un compte rendu des *Confessions du comte de **** de Duclos. Le journaliste critique beaucoup ce roman à cause de "L'ennui que cause le récit des bonnes fortunes qu'on y lit". Il déclare ensuite qu'"On pourrait appliquer presque toute cette critique à un autre roman non moins fêté qui a paru cette année. Il est intitulé, *Le Sopha*". Il faut noter que ce journaliste confirme que l'ouvrage de Crébillon connaît un grand succès à sa parution. Néanmoins, la popularité de l'ouvrage n'empêche pas le critique de le condamner car il conseille: "Si vous ne l'avez point lu, ne le lisez point. Son auteur est Crébillon le fils". Il parle ensuite de ce qu'il considère comme les défauts de l'ouvrage: "Un misérable jargon, et des peintures licencieuses ont fait tout le mérite de ce livre, où les femmes sont cruellement maltraitées". Ces commentaires attestent que la sexualité est un des éléments qui ont contribué au succès de l'ouvrage. De plus, il est clair que ces éléments sont précisément ceux que la morale condamne. Ainsi, le goût du public n'est pas du tout en corrélation avec la morale régnante. Le journaliste termine son compte rendu avec ce jugement sur Crébillon: "L'auteur qui a de l'esprit n'a, selon moi, rien produit qui vaille depuis le premier tome de son *Meilcour*, dont je vous ai autrefois parlé".

Comme le roman de Duclos, *Le Sopha* est ce que Jean Sgard appelle, "une enquête sociale" et "un roman *à liste*"[5]. En effet, c'est l'histoire d'Amanzéi dont l'âme est condamnée à se réincarner dans des sophas. Cette âme ne sera délivrée qu'au moment où un couple vierge et amoureux se donnera mutuellement "ses prémices" sur le sopha dans lequel elle réside. Ainsi, à mesure qu'Amanzéi voyage de sopha en sopha, il livre au lecteur une succession de tableaux de moeurs où sont explorées, en profondeur, toutes les variations des rapports amoureux. L'auteur peint un tableau composé d'"accouplements hypocrites ou honteux" aussi bien que "des amours innocentes et authentiques" qui "Quand elles existent, elles font toujours figure de contre-exemple"[6].

Dans ce conte, l'auteur met en scène, pour la plupart, une bonne compagnie oisive, raffinée et cultivée qui est, bien sûr, modelée sur la société parisienne de l'époque. Quant aux éléments féeriques, ils sont complètement absents de ce conte, à l'exception de la présence de l'âme d'Amanzéi qui voyage de sopha en sopha. De plus, à l'opposé de *Tanzaï*, l'histoire que raconte Amanzéi n'a rien en commun avec le schéma du conte de fées traditionnel. Il en est de même des personnages du *Sopha* qui sont ni princes, ni fées, ni génies, mais des êtres humains qui, à l'exception d'une courtisane, appartiennent tous à la haute société. D'ailleurs, les critiques de l'époque ne font aucune allusion à la féerie lorsqu'ils parlent de l'ouvrage. Il est clair que ce public comprend très bien que, chez Crébillon, la féerie n'est qu'une affabulation que l'auteur utilise pour faire la peinture critique de sa société et arriver à ses fins.

Comme dans *Tanzaï*, l'auteur emploie dans *Le Sopha* plusieurs techniques pour signaler à son lecteur le code à adopter pour la lecture de ce conte. Ainsi, les premières éditions de l'ouvrage ont, sur la page de titre, ce fantaisiste lieu d'impression qui indique l'intention ironique de l'auteur: "À Gaznah, de l'imprimerie du Très Pieux, Très Clément et Très Auguste Sultan des Indes, an de l'Hégire 1120". Plus tard, les éditions de 1749 à 1774, sont publiées à "Pékin, chez l'imprimeur de l'Empereur". De nouveau, comme dans *Tanzaï*, Crébillon donne à certains chapitres des titres dénigrants qui indiquent son intention ironique. Le premier chapitre qui s'intitule: "Le Moins ennuyeux du livre" ancre le récit dans cette tradition du démantèlement du discours narratif que nous avons déjà observé chez Hamilton et dans *Tanzaï* et que Robert désigne comme "la nouvelle attitude devant le texte[7]". L'auteur pratique, encore une fois, cette remise en cause de son propre discours à travers les titres d'autres chapitres du *Sopha* qui s'intitulent: "Meilleur à passer qu'à lire" (Ch. 5), "On trouvera la façon de tuer le temps" (Ch. 10), et "Qui n'amusera pas ceux que les précédents ont ennuyés" (Ch. 15). De même, l'antinomie évidente qui existe entre le titre du troisième chapitre et son contenu est une indication certaine que l'auteur taquine son lecteur. En effet, ce chapitre, qui a pour titre: "Qui contient des faits peu vraisemblables", parle des frasques adultères d'une fausse dévote et ne contient certainement rien de ces faits invraisemblables qu'on retrouve dans les contes de fées.

Comme Hamilton dans *Fleur d'Épine* et *Les Quatre Facardins*, Crébillon écrit *Le Sopha* selon la formule des *Mille et une nuits* car *Le Sopha* est le récit qu'un sultan se fait faire par un de ses courtisans. Dans son *Introduction*, l'auteur présente Schah-Baham, sultan des Indes et petit-fils de ce "magnanime Schah-Riar, de qui l'on a lu les grandes actions dans *Les Mille et une nuits*, et qui, entre autres choses, se plaisait tant à étrangler des femmes et à entendre des contes" (S, p. 549). Cette première référence irrévérencieuse et comique au personnage des *Mille et une nuits* est un signe infaillible de l'intention parodique de l'auteur par rapport à ce texte que Hamilton avait déjà parodié. De nouveau, à l'imitation de Hamilton qui avait fait de son Schahriar une version travestie du sultan des *Mille et une nuits*, Crébillon pratique le travestissement lorsqu'il fait de Schah-Baham une peinture qui a un relent d'insolence à l'égard de ce souverain qui est, à l'intérieur du cadre de la narration, le destinataire du conte. Ainsi, l'auteur décrit ironiquement le sultan comme "bon et commode mari" (S, p.549), "l'homme de son siècle qui possédât le mieux l'histoire de tous les événements qui ne sont jamais arrivés" et "le prince du monde le plus ignorant" (S, p.550). Pour souligner l'extrême ignorance de ce souverain ridicule, Crébillon rapporte malicieusement que le recueil des *Milles et une nuits* est "le seul livre qu'il eût jamais daigné lire" (S, p.549).

Puisque nous n'avons retrouvé aucun commentaire de l'époque qui laisse entendre que *Le Sopha* contienne des allusions satiriques à l'égard des événements spécifiques de l'actualité française, nous sommes dans l'impossibilité de savoir avec certitude si, comme *Tanzaï*, cet ouvrage met en scène des événements de l'époque. Toutefois, il est certain qu'à travers l'image dépréciée de Schah-Baham que Crébillon projette en insistant sur sa balourdise, il dévalorise l'autorité sans toutefois trop insister sur cet article. Dans son *Introduction*, Crébillon reproduit, à l'intention du lecteur, un portrait de ce souverain tel que "l'a dépeint dans sa grande histoire des Indes" un "auteur contemporain de ce prince" (S, p.550–551). Ce contre-éloge du souverain commence avec cette déclaration qui donne le ton au reste de l'ouvrage: "Schah-Baham, premier du nom, était un prince ignorant et d'une mollesse achevée". En effet, cet "auteur" consacre les deux premiers paragraphes de sa présentation aux faiblesses de ce souverain bête qui "ne comprenait jamais bien que les choses absurdes et hors de toute vraisemblance". Et, tout le long du récit que lui fait Amanzéi, le sultan interrompt souvent le conteur avec des remarques qui ne font que confirmer son manque d'intelligence. Ces interventions de Schah-Baham sont, sans aucun doute, inspirées du *Bélier* de Hamilton où l'imbécile géant Moulineau interrompt tout le temps celui qui lui fait le récit d'un conte.

Crébillon emprunte aux *Mille et une nuits* et à Hamilton la technique du récit second à l'intérieur du récit premier sans pour autant se contenter de pratiquer une simple imitation. Il perfectionne cette technique lorsqu'il met en place une structure d'emboîtement des dialogues et des discours. En effet, le cadre de la narration et le récit d'Amanzéi se superposent et se recouvrent en plusieurs occasions. *Le Sopha* est constitué d'un récit (l'histoire d'Amanzéi) à l'intérieur d'un autre récit-cadre (la présentation du sultan et de sa sultane qui écoutent et commentent le récit d'Amanzéi). Cependant, si le récit d'Amanzéi traite "des réalités de l'amour, des plaisirs, des mystères, des aveux, des misères qui se partagent dans un lit" (Sgard, p.i), le récit-cadre est le lieu où l'auteur pratique principalement la subversion du conte et de son discours et la discrète dépréciation du pouvoir. En effet, l'intervention de l'auditoire d'Amanzéi (il s'agit presque toujours du sultan) dans le courant de sa narration, met en cause certains aspects du genre du conte et du discours romanesque. Les interruptions du sultan, suivies des commentaires de la sultane, donnent lieu à une double lecture du récit du conteur car le sultan et la sultane ont chacun une perspective différente quant à l'appréciation du récit. En effet, à plusieurs reprises, le sultan s'impatiente contre le conteur quand celui-ci s'écarte des faits pour faire ce que le sultan appelle de la "morale", des "chiennes de réflexions", des "dissertations" et des "discours" qui l'"ennuient furieusement" (S, p.556, p.565, p.626, p.661). En revanche, la sultane est souvent en désaccord avec son époux sur ces écarts du conteur car elle apprécie le "fait dialogué" quand le conteur en donne un au cours de son récit (S, p.661). Elle goûte également beaucoup la description des "idées tumultueuses" qui occupent le coeur et l'esprit des personnages et celle des faiblesses d'un personnage féminin devant la passion (S, p.607, p.626). Elle comprend également la fonction, dans le récit, de ce qu'elle appelle des "temps de repos", c'est-à-dire l'alternance des faits peu intéressants avec ceux qui sont plus intéressants afin d'éviter l'ennui qui pourrait en résulter si "les choses étaient toujours au même degré d'intérêt" (S, p.643). Ainsi, Crébillon glisse, à travers les remarques diamétralement opposées du sultan et de la sultane, des réflexions sur la technique et l'esthétique de la narration. À leur tour, ces réflexions témoignent de la multiplicité de lecture.

Christiane Mervaud constate que ces interventions des deux narrataires du *Sopha* proposent une double lecture des événements qu'Amanzéi raconte. Elle est d'avis que ces deux interprétations, presque toujours antinomiques, ont pour seul point commun d'être critiques à l'égard du conteur. Elle ajoute que "La narration se fait en incluant sa propre mise en cause, se développant à des niveaux différents, en imposant des changements de ton ou de points de vue, guettée par de perpétuelles fractures, suivant une ligne tortueuse et brisée"[8]. L'auteur utilise cette espèce de mise en abîme pour pousser le lecteur à réfléchir sur le fonctionnement de cette structure d'emboîtement. Ce qui fait Mervaud dire que *Le Sopha* "prend place dans ces oeuvres du dix-huitième siècle qui, s'interrogeant sur les possibilités de la fiction, contraignent le lecteur à prendre ses distances pour mieux assumer le sens de ce qu'il lit" (Mervaud, p.195).

Puisque le récit de ce conte n'est pas fait volontairement, car il est demandé, exigé même, par ce prince, il y a une sorte de subversion dans cette association d'un pouvoir déprécié (le sultan imbécile) à la production forcée d'un genre tout aussi déprécié (le conte). L'auteur parle aussi du désoeuvrement et de l'ennui qui règnent dans la cour de ce souverain. Et il introduit la broderie et la découpure, activités tenues en haute estime par le sultan, comme métaphores du bavardage inutile dont est faite la fiction du conte de fées car ce désoeuvrement qui règne dans cette cour donne lieu à l'appréciation des contes extravagants. Ainsi, Crébillon déprécie l'autorité en l'associant à l'imbécillité, au manque d'activité, physique aussi bien que mentale, et au mauvais goût en ce qui concerne un genre extravagant qui n'a aucune utilité. Crébillon introduit ses réflexions sur le conte dès le troisième paragraphe de son *Introduction* où il fait une apologie du conte. Il émet l'opinion que les personnes "vraiment éclairées, au-dessus des préjugés" sont les seules "qui sachent combien ces sortes d'ouvrages sont utiles à la société" et qui sachent que "l'on doit d'estime, et même de vénération aux gens qui ont assez de génie pour en faire". L'auteur condamne "le vulgaire" qui n'apprécie pas les "importantes leçons" des contes, leurs "grands traits d'imagination" et leurs "idées riantes" (S, p.549). Mais, dans cette même *Introduction*, Crébillon fait une critique acerbe du conte à travers les paroles de la sultane qui est d'ailleurs présentée comme une personne intelligente et la seule qui, dans cette cour, connaisse et soutienne le mérite. En effet, la sultane est d'avis qu'il n'y a rien de "plus puéril, de plus absurde" que "ces misérables fables" qui ne méritent même pas de porter le nom d'"ouvrage". Elle déplore le fait que "la vraisemblance est toujours violée" dans ce genre qui s'appuie "sur un faux et frivole merveilleux" pour mettre en scène des "êtres extraordinaires" et des "objets ridicules" (S, p.552). Ce discours nous rappelle la critique du conte que fait l'auteur/le traducteur de *Tanzaï* dans la préface de cet ouvrage et il souligne également la nature multiple de la lecture.

Quant au goût du sultan pour les contes, l'auteur nous apprend que ces ouvrages sont les "objets perpétuels de son étonnement et de sa vénération, et dont il était défendu sur peine de la vie, de faire la critique" (S, p.551). Puisque l'admirateur des contes nous est présenté comme un être incapable de penser et l'intelligente sultane est celle qui critique l'invraisemblance et la puérilité de ce genre, il est clair que l'auteur déprécie le conte traditionnel (c'est-à-dire féerique) à travers l'image dépréciée du souverain. Toutefois, quand l'auteur donne à son lecteur *Le Sopha*, un texte qu'il désigne comme "conte", il démontre, à travers l'absence dans cet ouvrage de la féerie et de l'invraisemblance, que sa production n'est pas dans la lignée des contes que la sultane critique. Cette interprétation de l'intention de Crébillon est justifiée si on la juxtapose à l'éloge du conte que fait Crébillon dans le troisième paragraphe de l'*Introduction*. Rappelons que, dans cet éloge, l'auteur souligne que le conte est utile à la société et qu'il y déplore le fait qu'un être vulgaire soit incapable d'apprécier les leçons de ce genre. Donc, si Crébillon donne à son lecteur un conte dépourvu de féerie, en quoi consiste le but de l'auteur et l'utilité du *Sopha*?

La réponse à cette question peut être devinée à la fin de l'ouvrage. Pour mieux souligner que son conte n'a aucune affinité avec le recueil des *Mille et une nuits*, Crébillon laisse le mot de la fin au sultan qui dit en soupirant: "Ah! Ma grand-mère! [...], ce n'était pas ainsi que vous contiez!" (S, p.718). Cette exclamation d'insatisfaction indique très clairement que le conte que Crébillon donne à son public ne plaît pas à ce sultan qui veut "des événements singuliers, des fées, des talismans" (S, p.553) puisqu'il est friand de contes extravagants comme ceux que contait Schéhérazade. Puisque, dans son *Introduction*, l'auteur déclare qu'un être vulgaire n'est pas capable d'apprécier les leçons utiles que le conte contient, on ne peut que conclure que, contrairement aux contes appréciés par le sultan, l'ouvrage de Crébillon renferme des leçons utiles que des êtres stupides n'arriveront jamais à comprendre. Ce qui nous amène à conclure que le conte de Crébillon aurait, sous le masque de l'exotisme et de la frivolité, un but moral et utilitaire.

Un témoignage de l'auteur lui-même nous éclaire considérablement sur la réception du *Sopha* à l'époque aussi bien que sur plusieurs facettes de cet ouvrage. Le 23 février 1742, Crébillon adresse une lettre (Funke, p.323) à Lord Chesterfield pour lui annoncer la parution du *Sopha* et il y parle longuement de son ouvrage. Crébillon signale à son correspondant que son ouvrage "réussit, mais ce n'est pas sans contradictions". Selon l'auteur, toutes les femmes s'offensent du personnage de Zulica, "une mondaine dépravée" (Sgard, p.iv). Il déclare également que "C'est sur ce morceau que tombent les plus vives critiques". Crébillon rapporte que ses lecteurs sont d'avis qu'il ne connaît pas les femmes puisqu'ils disent que l'auteur en donne un portrait falsifié. Toujours selon Crébillon, les lecteurs trouvent que le personnage de Zulica "n'est pris ni dans la nature, ni dans la vraisemblance". L'auteur fait part à Chesterfield de ses frustrations lorsqu'il remarque que les femmes n'ont aucune objection à ce qu'on peigne leur côté tendre et faible. Mais, il suffit qu'un auteur leur donne "des moeurs odieuses", qu'on imagine "qu'elles sont fausses, que quelque autre motif que le sentiment puisse les déterminer, qu'enfin en moins d'une heure on en puisse triompher", celui-ci devient alors "le plus noir des hommes". Ces remarques de l'auteur nous rappellent beaucoup la réaction de Madame du Deffand devant la peinture des personnages féminins de l'auteur, réaction que nous avons déjà commentée dans le chapitre sur *Tanzaï*. Crébillon établit également que, comme Madame du Deffand le fera plus tard, les femmes de l'époque refusent d'accepter les portraits vraisemblants d'elles que peint Crébillon. L'auteur déplore le fait que son honnêteté à donner une image aussi ressemblante que possible de certains aspects peu flatteurs de la femme lui attirent la défaveur de ce sexe. De plus, il affirme que cette façon honnête de peindre les femmes "ne s'est jamais vu". Ceci laisserait entendre qu'aucun auteur avant lui n'avait eu la hardiesse de dévoiler la véritable nature des femmes et la dépravation de certaines mondaines.

Un commentaire que fait Palissot[9] sur la peinture des femmes par Crébillon confirme que l'auteur a une parfaite connaissance de ce sexe. En effet, Palissot est d'avis que "Personne, M. de Marivaux lui-même, n'a pas mieux connu les femmes du grand monde. Ce dernier les a peintes souvent avec fidélité, mais un peu trop bourgeoisement". L'emploi de l'adverbe "bourgeoisement" par Palissot fait sans doute allusion à la peinture des moeurs peu raffinées des mondaines que Crébillon fait dans ses ouvrages. Palissot ajoute que Crébillon a représenté les femmes "telles qu'elles sont encore" et qu'il s'est "mêlé seulement à leurs travers une teinte de philosophie qui ne leur a pas fait gagner en décence ce qu'elle leur a fait perdre en agrément". Ces dernières remarques nous rappellent ce commentaire que Mairobert fait sur Crébillon au moment où il annonce la mort de l'auteur: "Enfin, pour le peindre, il suffit de dire qu'on l'avait surnommé le *Philosophe des femmes*[10]". Du Coudray confirme également ce titre de *Philosophe des femmes* dans sa nécrologie de Crébillon dans lequel il écrit: "Il ne m'appartient pas de juger cet écrivain, qui était connu dans le monde littéraire sous le nom de *Philosophe des femmes*[11]". Nous sommes d'avis que ce titre voulait simplement dire que l'auteur connaissait à fond les femmes.

L'auteur aborde un autre aspect de son roman que, selon lui, la critique lui reproche: les longueurs dans la partie où il met Zulica en scène. Il accorde gracieusement que cette critique est "raisonnable", qu'il a eu tort de trop retarder le "faux aveu de Zulica" et qu'il n'a "pas pu éviter d'ennuyer". Il juge son écriture d'un oeil lucide lorsqu'il confesse que "quelque fidèle que soit la peinture, lorsqu'elle ne donne que des idées désagréables, ou qu'elle fatigue, le peintre n'est qu'un maladroit". Ensuite, Crébillon arrive à l'absence de la féerie dans son conte lorsqu'il déclare qu'un "reproche encore très sérieux" qu'on lui fait, "c'est d'avoir promis un conte, et de donner un livre où l'on trouve de la morale, et la peinture de la vie humaine". Il semble que ce public préfère de beaucoup se réfugier dans le monde illusoire et chimérique du conte de fées plutôt que de faire face à une recréation de la vie humaine dans toute sa laideur morale. Et l'auteur arrive à la conclusion que "Des idées bizarres et folles, des enchantements, des coups de baguette, voilà ce qu'on attendait". Il s'excuse ensuite de "n'avoir pas été aussi frivole" qu'il semblait "l'avoir fait croire". Ses remarques établissent définitivement que le masque de la féerie n'est chez lui qu'un prétexte pour donner une peinture fidèle de sa société et faire la morale. Ce plaidoyer de Crébillon affirme donc que son conte contient une morale, ce qui justifie également le sous-titre du *Sopha: conte moral*. Sgard est d'avis que cette morale se tire de l'amour même car "c'est à un niveau 'moral' qu'il [Crébillon] prétend observer les variétés de l'amour" (Sgard, p.i). Ce critique ajoute que "pour Crébillon, il n'est qu'une seule vertu, qui est la sincérité en amour" et que "les aventures libertines qui nous sont proposées apparaissent comme autant de déviances ou d'erreurs irrémédiables" (Sgard, p.iii).

Dans cette même lettre, Crébillon fait une remarque qui en dit long sur son refus d'endormir ses lecteurs avec des ouvrages qui flattent leur désir de vivre dans un monde de rêve d'où est bannie toute trace de la réalité. En effet, il écrit qu'il "ménage trop peu les femmes, les sots et les fripons, pour que tous ensemble n'aient pas cherché" à le nuire. Ainsi, l'auteur avoue que, dans *Le Sopha*, sa satire vise principalement ces trois catégories de ces contemporains. Et il ajoute: "Plus courtisan, moins rustre, j'aurais vraisemblablement trouvé plus d'approbateurs". Ainsi, l'auteur pense que son public le condamnerait moins s'il flattait un peu plus ses contemporains. Cependant, il est assez honnête pour admettre qu'il se trompe peut-être en ce qui concerne ses critiques. Et il confesse:

> peut-être aussi ne le crois-je que par amour-propre; car on est si sot quand on est auteur; on a une vanité si facile à blesser; tant de ressources en même temps contre l'humiliation; qu'il serait très possible que je me crusse les ennemis, lorsque je n'aurais eu que les juges du monde les plus équitables.

Ces commentaires laissent percer une certaine humilité chez cet auteur qui avoue sa propre vulnérabilité qui viendrait de sa "vanité si facile à blesser". De plus, il reconnaît qu'il se peut qu'il juge ses critiques un peu trop sévèrement.

Quelques mois plus tard, en mai 1742, pendant son exil, l'auteur écrit à Feydeau de Marville, lieutenant général de police, pour réfuter ce que ses critiques lui reprochent et il aborde le problème de la licence et de la portée morale de son ouvrage. Dans cette lettre, Crébillon parle des difficultés qu'un auteur rencontre lorsqu'il s'agit de peindre des moeurs libertines dans le but de les dénoncer. En effet, il souligne "qu'il était difficile de traiter un pareil sujet plus modestement". Il concède que "dans quelques endroits", il a donné à sa plume "un peu trop de liberté". Cependant, il précise que "l'on voit aisément dans beaucoup d'autres" qu'il a "évité les détails qui semblaient inséparables d'un fonds de cette nature". Il parle ensuite du contenu moral de son ouvrage:

> un des plus grands vices du livre, et celui peut-être que l'on m'a le plus aigrement reproché, a été cette morale que j'ai tâché d'y répandre partout; avec moins de sagesse, j'aurais vraisemblablement trouvé plus de lecteurs,

ou moins de critiques: mais ce n'a pas été l'avantage qui m'a flatté le plus;
et j'ai mieux aimé plaire moins, que de ménager le vice, ou de ne le
montrer que sous des formes séduisantes (Funke, p.325).

Ici, l'auteur déclare, ou prétend, avoir eu un but moral au cours de la rédaction de
son ouvrage. Il reparle de l'hostilité du public en ce qui concerne ce contenu moral
et réaffirme que sa "sagesse" est responsable de sa défaveur auprès du public.
Crébillon souligne aussi qu'il ne flatte pas le vice et qu'il ne s'éloigne pas de la
vertu non plus. Lorsqu'il nie avoir montré le vice "sous des formes séduisantes",
il contredit le jugement que Sade fait sur sa peinture du vice[12]. En effet, une étude
du *Sopha* démontre que l'opinion de Sade est, dans une certaine mesure, justifiée.
Car si Crébillon donne des tableaux libertins dans le seul but de dénoncer les
moeurs libres, il ne souligne cependant jamais la vertu en tant qu'un autre mode de
vie. Ainsi, la morale que Crébillon déclare avoir voulu répandre dans son ouvrage
est, selon nous, presque imperceptible, sinon inexistante, dans *Le Sopha*.

Dans sa lettre à Chesterfield, l'auteur fait aussi cette déclaration curieuse: "Une
chose singulière, que j'oubliais de vous dire, c'est que les femmes n'y ont pas
trouvé assez d'obscénités". Et il répète la même chose au lieutenant de police: "Ce
n'a pas été, je l'avoue, une médiocre consolation pour moi, d'entendre dire que les
dames n'y trouveraient pas assez d'obscénités"[13]. Si l'on en croit ce que Crébillon
a entendu dire, les femmes de l'époque seraient avides d'"obscénités" et donc, c'est
leur nature débauchée, et non pas son ouvrage, qu'on devrait condamner. On est
en droit d'avoir de la suspicion à l'égard de ce témoignage de l'auteur fondé sur
des ouï-dire. On ne peut s'empêcher de se demander si l'auteur n'essaie pas de se
disculper de la nature libertine de son ouvrage en dirigeant l'attention du public sur
la débauche présumée de ses lectrices. D'autre part, nous nous rappelerons que
Tanzaï, dont l'intrigue évoque la chose sexuelle d'une manière assez brutale et
directe, avait connu un immense succès auprès des femmes. De même, *Le Sopha*
est une suite de tableaux libertins qui mettent en scène des couples qui n'ont
d'autre désir que de satisfaire leur sens. Puisque ces ouvrages sont très prisés par
les femmes, cela voudrait-il nécessairement dire que les lectrices sont avides
d'obscénités et que le goût des femmes de l'époque n'étaient peut-être pas aussi
raffiné et délicat qu'on le puisse croire? Par ailleurs, est-ce qu'on ne pourrait pas
également conclure que les femmes étaient peut-être tout simplement curieuses de
prendre connaissance de ces nouveaux ouvrages qui font preuve de beaucoup de
hardiesse? Car faire une lecture par simple curiosité ne veut pas forcément dire
qu'on y prenne du plaisir. D'autre part, si l'on se rapporte à la thèse de Georges
May[14] selon laquelle les femmes du XVIIIe siècle ont une prédilection particulière
pour le roman par pur snobisme, on pourrait aussi avancer que c'est peut-être par
snobisme que les femmes sont tellement avides de voir la sexualité dans les
ouvrages de fiction.

Le journaliste de la *Bibliothèque française* fait encore une déclaration qui jette
une lumière nouvelle sur toute cette question:

Je ne sais quel est le motif du déchaînement qu'on remarque dans nos romanciers contre les femmes. Il semble qu'ils prennent à tâche de les humilier. En vérité, il y a de l'ingratitude dans ce procédé. Ils devraient avoir plus d'égards pour un sexe infiniment respectable par lui-même, et auquel ils doivent d'ailleurs le principal succès de leurs ouvrages. Je ne vous dirai rien de plus de celui de Crébillon (p.328).

Le commentaire que fait ce journaliste sur le lien entre le succès du roman et les femmes est d'importance pour notre connaissance de la fortune du roman au XVIIIe siècle. Au cours de notre étude de la réception de *Tanzaï*, nous avions abordé cette question lorsque nous avions parlé de la grande contribution des femmes en ce qui concerne la célébrité de cet ouvrage, et ce malgré le fait que plusieurs critiques y voyaient la satire des femmes. Nous avions aussi constaté, qu'à l'époque, c'était les femmes qui lançaient la mode du roman[15]. Le journaliste de la *Bibliothèque française* ajoute un autre élément à notre connaissance lorsqu'il témoigne que le succès de ce genre est principalement dû aux femmes. Ainsi, *Tanzaï* est parmi un grand nombre de romans qui doivent leur succès aux femmes.

Nous pouvons donc conclure que non seulement les femmes ont, à l'époque, beaucoup contribué à faire du roman un genre à la mode mais aussi que le lectorat de ce genre se composait, pour la plupart, de femmes. Ce journaliste nous apprend également que les romanciers de l'époque étaient perçus comme des auteurs qui s'acharnent sur les femmes[16]. Le lien direct qui semble exister entre le mauvais traitement des femmes par les romanciers et l'engouement de ces mêmes femmes pour les ouvrages dans lesquels elles sont maltraitées est des plus surprenants. S'il est vrai que les romanciers de l'époque se plaisent à humilier les femmes dans leurs ouvrages, il aurait été tout à fait normal de voir les lectrices condamner ces ouvrages. Cependant, il semble que les femmes ont une réaction tout à fait contraire. Donc, est-ce que les femmes de l'époque sont inconscientes de cette situation? Se peut-il que ce ne soit que les hommes qui s'en aperçoivent? Ou bien, est-ce que les femmes lisent ces ouvrages par curiosité et dans le seul but de prendre connaissance de la peinture que les auteurs contemporains y font d'elles? De plus, puisque *Le Sopha* et *Tanzaï* connaissent une certaine popularité grâce au scandale qu'ils provoquent, est-ce que ce succès de scandale ne serait pas la raison qui pousserait les femmes vers ces ouvrages? Ou, comme nous l'avons avancé dans notre étude de la réception de *Tanzaï*, les femmes auraient cette attitude déconcertante par snobisme? Car comment expliquer leur grande contribution à la popularité d'un genre dans lequel elles sont maltraitées?

Les rares témoignages de l'époque qui nous viennent directement des lectrices du *Sopha* n'indiquent rien qui puisse laisser croire que les femmes de l'époque étaient soit contentes ou mécontentes de la peinture que l'auteur fait d'elles dans son ouvrage. En effet, Marie Louise Denis, nièce de Voltaire, parle du *Sopha* d'une façon qui atteste que cet ouvrage était bien lu par les femmes. Toutefois, ce témoignage ne nous dit rien sur l'opinion que les femmes avaient de l'ouvrage de

Crébillon. Le 16 octobre [1746?], Madame Denis écrit à Baculard d'Arnaud: "Sans *Le Sopha*, il y a quatre jours que je vous aurais écrit. Mais deux femmes qui ne l'avaient jamais lu me l'ont volé et ne font que de me le rendre[17]". S'il est clair que Madame Denis sacrifie sa correspondance personnelle à la lecture de l'ouvrage de Crébillon, il n'y a cependant rien dans la déclaration de cette lectrice qui laisse percer l'effet que cette lecture fait sur elle. D'autre part, il est clair que cet ouvrage exerce une grande attraction sur les femmes de l'époque puisqu'elles se donnent du mal pour pouvoir le lire.

Madame Denis et ses amies ne sont pas les seules à lire l'ouvrage de Crébillon. Dans son ouvrage sur Madame Geoffrin[18], Ségur rapporte que *Tanzaï* et *Le Sopha* étaient parmi les livres de chevet de cette célèbre salonnière de l'époque. Il paraît que cette dame, de même qu'un de ses fameux correspondants royaux, en l'occurrence la grande Catherine II de Russie, apprécient particulièrement le personnage de Schah-Baham. En effet, cette impératrice, protectrice des philosophes et des artistes français, écrit ceci le 6 avril 1766, dans une lettre adressée à sa bonne amie, Madame Geoffrin: "Je vous suis bien obligée, madame, de l'amitié que vous marquez pour Schah-Baham, c'est une ancienne connaissance que j'affectionne; je n'ai plus le temps d'en faire de pareilles, parce qu'à présent l'on me fait trop de contes pour que j'aie le plaisir d'en lire" (Ségur, p.458). Donc, quoiqu'il est certain que Madame Geoffrin et l'impératrice de Russie sont des ferventes du sultan de Crébillon, leur témoignage n'apporte aucune lumière sur la question qui nous intéresse car elles ne mentionnent rien sur le mauvais traitement des femmes par l'auteur. Au contraire, ces deux lectrices semblent être sous le charme du personnage crébillonien.

Comme le prouvent amplement les témoignages que nous avons cités plus haut, *Le Sopha* est très "fêté" à sa parution. Comme c'était le cas pour *Tanzaï*, l'interdit officiel a sans doute part au succès de l'ouvrage. Comme *Tanzaï*, cet ouvrage de Crébillon obtient auprès du public un succès mitigé puisque, s'il plaît à beaucoup, il y en a d'autres qui, comme d'Aguesseau, trouvent qu'il est "très contraire aux bonnes moeurs". Selon les témoignages de l'époque, il est certain que *Le Sopha* met en scène, sous le couvert d'un exotisme de pacotille, la réalité des moeurs de la bonne compagnie parisienne. D'ailleurs, Palissot en témoigne également: "*Le Sopha*, que les connaisseurs délicats regarderont toujours comme le chef-d'oeuvre de ces romans, où l'on a peint les hommes *tels qu'ils sont*" (Palissot, p.9). Puisque les moeurs libertines étaient à la mode, les lecteurs qui pratiquaient cette mode étaient sans doute charmés par cette nouveauté littéraire qui peint si bien leur mode de vie. Outre cela, les portraits des différents personnages et les vignettes libertines ont sans doute contribué à rendre intéressante la lecture de l'ouvrage.

Il y a également la possibilité que la popularité du *Sopha* soit due à ces descriptions des personnages de l'ouvrage qui rappellent à ce public, si friand de potins et de divertissements, certaines personnalités de l'époque. Au cours de ses recherches, un critique moderne, Pierre Lièvre, a retrouvé un témoignage de l'époque qui reconnaît deux personnalités de la haute société parisienne sous le masque de deux personnages du *Sopha*. Dans son article "Crébillon a-t-il menti?"[19], Lièvre affirme avoir consulté le journal d'Henri Alexandre de Catt, un Suisse, qui vécut auprès de Frédéric II de Prusse à partir de 1758 et qui fut le secrétaire de ce souverain pendant vingt-quatre ans. Selon Lièvre, Catt, qui avait l'habitude de consigner les propos de Frédéric II dans son journal, transcrit ces paroles du souverain le 26 juin 1759: "Il mihi commentavit *Le Sopha*. Mazulhim est Richelieu et Nassès, qui persifle, est le duc de Nivernais". Donc, selon le souverain de Prusse, Mazulhim est le portrait du duc de Richelieu, l'incarnation même du parfait libertin du XVIIIe siècle. Et Nassès est celui du duc de Nivernais, beau-frère de Maurepas, le ministre d'État qui, le 22 mars 1742, c'est-à-dire juste après la parution du *Sopha*, contresigna l'ordre qui exilait Crébillon de Paris. Lièvre est d'avis que cette indication est précise car on le tient de Frédéric II qui était "un homme informé des choses françaises". Ainsi, la mise en scène des aventures libertines de deux personnalités très connues du beau monde parisien contribue, sans aucun doute, en grande partie au succès de scandale de l'ouvrage.

Aussi étonnant que cela puisse paraître, le personnage de Schah-Baham trouve grâce aux yeux de certains critiques qui condamnent l'ouvrage. Ainsi, dans sa correspondance littéraire datée du 15 octobre 1776 et adressée au comte André Shuvalov, La Harpe résume les productions de Crébillon et il condamne *Le Sopha* comme un ouvrage dont le fonds est "très frivole" et qui a "fort peu d'imagination". Toutefois, il concède que l'ouvrage a certaines qualités:

> Mais il y a de la gaîté, de la volupté, des tableaux séduisants, quoique faciles à tracer, et un art de gazer les obscénités fait pour plaire beaucoup au sexe qui ne demande pas mieux que de les voir à travers un voile qui le dispense de rougir. Le caractère d'un imbécile sultan qui croit avoir dit un mot fin chaque fois qu'il a dit une grossièreté ou une bêtise, et l'entretien d'un Dervis et d'une Dévote qui tout en exaltant leur âme sur la vertu finissent par en manquer, sont ce qu'il y a de mieux fait dans cette production légère, infiniment au dessous de tous nos bons romans[20].

Le commentaire que La Harpe fait sur les femmes qui ne demandent pas mieux que de voir les obscénités à travers un voile nous rappelle la remarque de l'auteur selon laquelle les femmes trouvent qu'il n'y a pas assez d'obscénités dans son ouvrage. Si on confronte les commentaires de Crébillon avec ceux de La Harpe, on se rend compte que les deux hommes s'accordent à dire que les femmes aiment bien les obscénités. On se demande si ces deux hommes ne seraient pas quelque peu misogynes. La remarque de La Harpe va un peu plus loin car il déclare, de manière catégorique, que les femmes ont trouvé un moyen très commode de goûter les obscénités littéraires. En effet, selon La Harpe, l'auteur qui pratique "l'art de gazer les obscénités" n'aurait pu faire mieux pour aider les femmes à savourer, sous une apparence de décence, ces obscénités sans être dans l'obligation de rougir.

Lorsqu'en 1777, La Harpe annonce la mort de Crébillon à son correspondant de marque, il parle de nouveau du personnage du sultan qu'il qualifie de "caractère meilleur" parce qu'"il a de la vérité et du comique, et qu'un grand qui veut entendre finesse à tout, et qui prend ses sottises pour des épigrammes, est un original dont les copies ne manqueront jamais[21]". Et, deux ans plus tard, ce critique écrit encore ceci dans son *Lycée*[22]: "Si les jeunes gens, les hommes oisifs, lisent encore quelquefois par désoeuvrement *Le sopha*, *Tanzaï*, *Les Égarements*, ces productions futiles inspirent peu d'estime". Néanmoins, il trouve que "Sans le personnage de Schabaham, qui est plaisant, *Le Sopha* n'aurait pas d'autre mérite que celui de *Tanzaï*, l'art si facile de gazer des obscénités". Il ajoute que "C'est d'ailleurs bien peu de chose que l'idée de faire raconter des aventures amoureuses par un homme qui a été sopha. Ces aventures sont communes, et le langage est très incorrect. Il n'y a, dans cet ouvrage et dans les autres du même auteur, ni invention, ni intérêt, ni style". On se demande ce que La Harpe veut dire lorsqu'il qualifie les aventures du *Sopha* de "communes". Puisque Crébillon était celui qui avait introduit la sexualité dans les contes, La Harpe ne fait sans doute pas allusion à la présence de cet élément dans le livre de fiction comme quelque chose qui n'était pas une rareté. Est-ce que le critique voudrait peut-être dire que ces aventures sont communes parce qu'on en voit tellement, et de réelles, dans certains cercles du beau monde parisien? Ou bien, est-ce que La Harpe emploie l'adjectif commun comme ce qui a trait au peuple, c'est-à-dire vulgaire, grossier et bas? Puisque le critique fait une remarque sur les "obscénités" que l'ouvrage contient et il continue avec la condamnation du langage qu'il trouve "très incorrect", on pourrait avancer la thèse que La Harpe est d'avis que ces aventures grossières ne devraient pas figurer dans une oeuvre littéraire. Dans le reste de son *Lycée*, La Harpe ne parle presque pas de *Ah quel conte!* l'autre ouvrage de Crébillon où Schah-Baham est présent. Il y fait allusion une seule fois et en termes qui laissent que trop voir son mépris pour la production crébillonienne: "Il ne faut pas parler des autres brochures de Crébillon, du *Sylphe*, d'*Ah quel conte!* des *Lettres de la Duchesse*, des *Lettres athéniennes*, etc., etc., toutes productions oubliées" (*Lycée*, p.240).

Parmi les lecteurs du *Sopha* se trouve également un jeune homme dont le corps est livré aux flammes et qui est accompagné de cet ouvrage dans ses derniers moments. En effet, le 7 juillet 1766, Voltaire écrit une lettre dans laquelle il raconte l'exécution du chevalier de La Barre. Ce jeune homme de dix-neuf ans avait été faussement accusé d'avoir commis des crimes de blasphème et d'impiété sur le passage d'une procession. Voltaire rapporte que le parlement de Paris le condamne "à avoir la langue et le poing coupés, la tête tranchée et à être jeté dans les flammes, le tout après avoir subi la question ordinaire et extraordinaire". L'auteur rapporte aussi que le jeune homme est brûlé avec ses livres

qui consistaient dans les *Pensées philosophiques*, *Le Sopha* de Crébillon, des *Lettres sur les miracles*, le *Dictionnaire philosophique*, deux petits volumes de Bayle, un discours de l'empereur Julien grec et français, un abregé de *L'Histoire de l'Église* de Fleuri et *L'Anatomie de la messe* (Voltaire, v.62, p.242).

Après cette exécution, Voltaire réclame la réhabilitation de La Barre et elle sera décrétée bien plus tard par la Convention. La présence du *Sopha*, l'unique texte de fiction parmi ces ouvrages condamnés au feu, est une indication certaine de la portée morale de cet ouvrage et de la perception que les autorités en avaient. Il n'est pas inutile de rappeler que les *Pensées philosophiques* (1746) de Diderot furent condamnées au feu par le Parlement peu après leur publication et que le *Dictionnaire philosophique portatif* de Voltaire, instrument de propagande conçu en 1752, est publié en 1764, au grand scandale des autorités. Il est clair que certains parlementaires considèrent les ouvrages des philosophes comme la source de l'attitude du chevalier. Voltaire est tellement secoué et terrifié d'apprendre que son ouvrage a été trouvé chez la victime, qu'il s'affole et passe en Suisse. Puisque *Le Sopha* est condamné au même titre que ces ouvrages philosophiques redoutés par les autorités, il est clair que cet ouvrage de Crébillon est perçu par les autorités comme un texte subversif, dangereux et qui menace de détruire l'ordre établi. Tout cet épisode prouve que cet ouvrage n'est pas un simple conte de fées frivole créé dans le but de divertir et d'amuser, mais qu'il a toute une dimension cachée que le lecteur averti doit découvrir. Par conséquent, est-ce qu'on exagérerait si on disait que Crébillon a, comme les Lumières de son siècle, contribué à éclairer l'esprit de ses contemporains?

Si certains condamnent *Le Sopha*, d'autres en parlent avec bienveillance. Ainsi, l'abbé de Voisenon, qui est d'avis que Crébillon "a de l'esprit et point de génie", admet qu'"il y a de l'esprit, et même de la philosophie dans quelques chapitres[23]" du *Sopha*. Ce commentaire prouve, encore une fois, que l'ouvrage a une certaine profondeur qui n'est pas évidente à première vue. Quant à l'abbé Desfontaines, il est tout admiration pour Crébillon puisqu'il qualifie son ouvrage d'"admirable" et il classe l'auteur parmi "ces hommes rares" qui sont "si difficiles sur leurs ouvrages[24]". L'abbé Raynal est aussi parmi ceux à qui *Le Sopha* plaît beaucoup. En 1749, il parle de cet ouvrage en termes très élogieux dans un numéro de ses *Nouvelles littéraires*, lorsqu'il qualifie l'ouvrage d'"ingénieux et célèbre roman de Crébillon fils" (CL, v.1, p.305). Il semble que ce critique a également une bonne opinion de *Tanzaï* car dans le numéro du 10 août 1750 des *Nouvelles littéraires*, il fait allusion à l'auteur en ces termes: "le plus voluptueux de nos écrivains" et "le charmant auteur de *Tanzaï*" (CL, v.1, p.457).

Grimm est également un grand admirateur du *Sopha*, quoique ce ne soit pas le cas en ce qui concerne les autres ouvrages de l'auteur. En effet, le premier juillet 1754, il écrit ceci dans sa *Correspondance littéraire*:

> Je regarde son *Sopha* comme un chef-d'oeuvre, de tous les ouvrages d'esprit que je connaisse le seul peut-être qu'on ne se lasse jamais de relire; et dans ce roman, outre quelques situations très intéressantes, la

conversation de Mazulhim et de Zulica, et ensuite de Nassès, qui survient, me paraît un morceau qui n'aura jamais de copie, comme il a été sans modèle. J'avoue que je ne fais pas le même cas de *Tanzaï*, ni des *Égarements de l'esprit et du coeur*, autres ouvrages de notre auteur, quoiqu'ils portent tous son cachet, et qu'ils aient singulièrement le mérite d'être écrits avec une légèreté, une rapidité, une finesse que peu d'écrivains ont connues (CL, v.2, p.372).

On ne peut s'empêcher de penser à ce que La Harpe avait dit sur la nature commune des aventures amoureuses du *Sopha* lorsqu'on voit la remarque de Grimm selon laquelle l'épisode de la conversation entre Zulica, Nassès et Mazulhim est "un morceau qui n'aura jamais de copie, comme il a été sans modèle". Puisque Grimm, qui était critique littéraire de profession, souligne la nouveauté et l'originalité de la création crébillonienne, on ne peut que conclure que La Harpe faisait sans doute allusion au caractère grossier de ces aventures. Précisons aussi que, malgré son peu d'admiration pour les autres ouvrages de Crébillon, Grimm n'hésite pas à faire l'éloge de la "légèreté", la "rapidité" et la "finesse" exceptionnelles de l'écriture crébillonienne.

Ainsi, l'étude de la réception du *Sopha* démontre que, comme *Tanzaï*, cet ouvrage de Crébillon a un succès énorme auprès du public. Encore une fois, la prédilection des femmes pour ce texte et l'interdit officiel contribuent grandement à ce succès. Cette étude révèle également la complexité de la psychologie féminine. En effet, selon Crébillon et même certains critiques, les lectrices ont une grande avidité pour ce que l'époque appelle les "obscénités", mais, modestie oblige, elles préfèrent les voir couvertes d'un voile, ce qui leur permet de jouir à leur aise du plaisir de leur lecture. De plus, la satire des femmes que font les romanciers de l'époque n'empêchent aucunement celles-ci de promouvoir le genre du roman. L'étude de cette réception nous révèle donc un phénomène curieux: le lectorat de cet ouvrage qui satirise les moeurs libertines fait preuve d'une attitude singulière lorsqu'il goûte en particulier la satire de ses propres moeurs. Albert Marie Schmidt a sans doute raison lorsqu'elle remarque que l'auteur utilise le décor oriental pour aider ses contemporains "à se mirer dans un miroir, orné de dépaysantes arabesques, où percevant leur image légèrement déformée" ils ont "toute licence de se reconnaître, sans se voir contraints à se détester eux-mêmes par suite d'un excès de ressemblance"[25]. De plus, l'épisode de l'exécution du chevalier de La Barre indique que *Le Sopha* est considéré par les autorités comme un texte aussi subversif et dangereux que les ouvrages des philosophes. Finalement, comme dans le cas de *Tanzaï*, les critiques qui condamnent *Le Sopha* s'accordent quand même pour dire du bien du style de Crébillon.

Notes

1   Hans-Günter Funke, *Crébillon fils als moralist und gesellschaftskritiker* (Heidelberg: Carl Winter Universitätsverlag, 1972), 137.

2   François Mollien Ravaisson, *Archives de la Bastille, Documents inédits recueillis et publiés par François Ravaisson, Règne de Louis XIV et de Louis XV (1709 à 1772)* (Paris: 1881), 12:224.

3   Françoise d'Issembourg d'Happencourt, dame de Graffigny, *Correspondance de Madame de Graffigny*, édition par English Showalter (Oxford: The Voltaire Foundation Taylor Institution, 1985), 1:469.

4   *Bibliothèque française* 35, no. 2 (1742): 317–328.

5   Jean Sgard, préface au *Sopha* de Claude Prosper Jolyot de Crébillon (Paris: Desjonquères, 1984), iii.

6   Stéphane Pujol, "Un Meuble bavard", introduction au *Sopha, conte moral* de Claude Prosper Jolyot de Crébillon, in *Oeuvres de Crébillon*, édition par Ernest Sturm (Paris: François Bourin, 1992), 545.

7   Raymonde Robert, *Le Conte de fées littéraire en France de la fin du XVIIe à la fin du XVIIIe siècle* (Nancy: Presses Universitaires de Nancy, 1982), 453.

8   Christiane Mervaud, "La narration interrompue dans *Le Sopha* de Crébillon", *Studies on Voltaire and the Eighteenth Century* 249 (1987): 185.

9   Charles Palissot de Montenoy, *Le Nécrologe des hommes célèbres (1767–1782) ou Le Nécrologe des hommes célèbres de France, par une société de gens de lettres*, (Paris: Knapen, 1778), 13:10–11.

10   Louis Petit de Bachaumont, Mathieu François Pidansat de Mairobert et Moufle d'Angerville, *Mémoires secrets pour servir à l'histoire de la république des lettres en France, depuis 1762 jusqu'à nos jours, ou Journal d'un observateur, etc.* (Londres: John Adamson, 1777–1789), 10:100.

11   Alexandre Du Coudray, *Lettre au public sur la mort de Messieurs de Crébillon, censeur royal; Gresset, de l'Académie française; Parfaict, auteur de L'Histoire du théâtre français* (Paris: Chez Durand , 1777), 4.

12 "Crébillon écrivit *Le Sopha, Tanzaï, Les Égarements du coeur et de l'esprit,* etc. Tous romans qui flattaient le vice et s'éloignaient de la vertu" et "je n'ai pas comme Crébillon et Dorat, le dangereux projet de faire adorer aux femmes les personnages qui les trompent": Donatien Alphonse François Sade, *Idée sur les romans* (Genève: Slatkine Reprints, 1967), 23 et 48.

13 Selon le dictionnaire de Furetière, à l'époque, *obscénité* signifie *saleté, ordure, indécence, qualité de ce qui est obscène, soit dans les paroles, soit dans les actions.* Et *obscène* signifie *indécent, sale, impudique, lascif, déshonnête, qui blesse la pudeur soit en paroles, soit en actions, ou en représentations.*

14 Georges May, *Le Dilemme du roman* (Paris: PUF, 1963), 224–227. Voir le chapitre 2 où nous avons donné une longue citation de l'hypothèse de May.

15 En effet, en 1747, Raynal écrit ceci dans ses *Nouvelles littéraires*: "L'usage s'introduit en France de faire répandre les ouvrages de bel esprit par les femmes à la mode; ce qui a fait dire que les livres se vendent plus comme autrefois sous le manteau, mais sous la jupe" (Maurice Tourneux, éd., *Correspondance littéraire par Grimm, Diderot, Raynal, Meister, etc.* (Paris: Garnier Frères, 1877–1882), 1:525).

16 Voir le chapitre 2 où nous avons cité Desfontaines, un autre critique de l'époque, qui dit exactement la même chose.

17 Theodore Besterman, éd., *Voltaire's Correspondence* (Genève: Institut et Musée Voltaire, 1953-1965), 16:88.

18 Marquis Pierre de Ségur, *Le Royaume de la rue St.-Honoré, Madame Geoffrin et sa fille* (Paris: Calman Lévy, 1897), 107.

19 Pierre Lièvre, "Crébillon a-t-il menti?", *La Revue de Paris* (Avril 1934): 867–881.

20 Jean François de La Harpe, *Letters to the Shuvalovs*, édition par Christopher Todd, Studies on Voltaire and the Eighteenth Century, vol. 108 (Oxford: The Voltaire Foundation, 1973), 85.

21 Jean François de La Harpe, *Correspondance littéraire adressée à Son Altesse Impériale Mgr. Le Grand-Duc, aujourd'hui Empereur de Russie, et à M. le comte André Schowalow, chambellan de l'Impératrice Catherine II, depuis 1774 jusqu'à 1789*, vol. 10 des *Oeuvres de La Harpe* (Paris: Verdière, 1820), 429.

22 Jean François de La Harpe, *Lycée ou Cours de littérature ancienne et moderne* (Paris: Emler Frères, 1829), 14:239.

23 Claude-Henri de Fusée de Voisenon, "Anecdotes littéraires, historiques et critiques sur les auteurs les plus connus", in *Oeuvres complètes de M. l'abbé de Voisenon de l'Académie française* (Paris: Moutard, 1781), 4:83.

24 Pierre François Guyot Desfontaines, *Lettre sur les derniers discours prononcés à l'Académie française* (Paris: 1743), 3.

25 Albert-Marie Schmidt, introduction au *Sopha* de Claude Prosper Jolyot de Crébillon (Paris: Union Générale d'Éditions, 1966), 12.

Chapitre 4

Ah quel conte!

Le dernier conte de Crébillon est publié en deux fois, à la fin de 1754 et en avril 1755. Puisque le répertoire de Raymonde Robert[1] indique qu'aucun conte parodique ou licencieux n'est publié après *Ah quel conte!*, il est certain que cet ouvrage clôt la mode du conte satirique parodique pseudo-oriental que Crébillon avait inaugurée en 1734 avec la publication de *Tanzaï*. Le dernier conte de l'auteur ne connaît pas le même succès que ses deux précédents contes. En effet, selon Hans-Günter Funke[2], *Ah quel conte!* n'est édité que cinq fois entre la date de sa première parution et 1789. Il se peut que l'une des raisons de cet insuccès soit sa longueur. En effet, ce conte occupe plus de cinq cents pages dans l'édition in-douze de 1779 que nous avons consultée.

Ah quel conte! a beaucoup d'affinités avec *Tanzaï* et *Le Sopha* car, tout en continuant avec la tradition de la parodie de l'écriture féerique, ce conte réunit en lui seul tout l'esprit de subversion dirigé contre le domaine littéraire, politique et social. Cet ouvrage est dans la tradition du *Sopha* puisque l'auteur reprend le même procédé narratif de la technique du récit second à l'intérieur du récit premier. En effet, il s'agit toujours d'un conte que le sultan Schah-Baham se fait faire. C'est le vizir Moslem qui a la responsabilité de distraire son maître avec la narration d'un conte. Comme dans *Le Sopha*, le sultan interrompt le conteur à plusieurs reprises et ces interruptions donnent l'occasion à l'auteur de provoquer, à l'intérieur du récit-cadre, un véritable débat sur certains procédés de la narration, de susciter la réflexion chez son lecteur et ainsi de souligner les possibilités multiples de la lecture.

Toujours comme dans *Le Sopha*, Crébillon prend une distance parodique à l'égard de son sultan qui est un travestissement de son prédécesseur littéraire, le sultan des *Mille et une nuits*. De plus, l'auteur pratique la raillerie de l'autorité suprême, en l'occurrence le chef d'État, lorsqu'il tourne en dérision la personne du souverain à travers son personnage, le prince Schézaddin, qui a le coup de foudre pour une oie dont il voudrait faire sa reine. L'auteur fait encore preuve d'insolence en rabaissant littéralement la cour au niveau de basse-cour lorsqu'il met en scène un roi métamorphosé en autruche et sa cour composée de volatiles de toutes espèces.

Ce conte a plusieurs choses en commun avec *Tanzaï*: le semblant de schéma traditionnel du conte de fées, la présence d'éléments féeriques dans le récit et la mise en scène de certains thèmes qui sont de rigueur pour le conte crébillonien. Le conte que fait Moslem a tous les éléments du conte de fées traditionnel car il abonde en fées, génies, métamorphoses, coups de baguettes, etc. Il s'agit de l'histoire du prince Schézaddin, roi du royaume d'Isma, qui possède "toutes les vertus dont on loue les Rois pendant leur vie, sans avoir aucun des vices qu'on ne leur trouve qu'après leur mort" (AQC, p.4). Ce prince, né romanesque, croit au coup de foudre. Tout-ou-Rien, une jolie fée, protectrice du royaume d'Isma, tombe amoureuse du prince et emploie une ruse pour se faire aimer de lui. Elle se fait voir au prince plusieurs fois en rêve avant de se présenter devant lui et le prince devient amoureux d'elle car il croit que c'est sa destinée de l'aimer.

Crébillon dévalorise ce héros princier lorsqu'il le met aux prises avec ses désirs érotiques intenses qui le mènent à la liaison de nature peu platonique avec cette fée qui n'est pas à sa première aventure galante. Les deux vivent une grande passion jusqu'au jour où la fée apprend la vérité à Schézaddin. L'aveu de la tromperie de la fée provoque la déception et la colère du prince qui se lasse d'elle. Le prince finit par quitter la fée qui lui promet une vengeance. Pendant une partie de chasse, Schézaddin et Taciturne, son favori, se retrouvent dans un bal dont l'assemblée est faite de volatiles tels que les autruches, les grues, les oies et les dindons qui sont en habits de bal et qui parlent. Il s'agit en fait d'un roi et de sa cour qui ont été métamorphosés à la suite d'un enchantement qui se terminera au moment où ce roi trouvera "un Prince assez imbécile pour vouloir épouser" (AQC, p.469–470) sa fille. Le roi autruche raconte au prince l'histoire de son enchantement. Cette histoire est intercalée en forme de tiroir à l'intérieur du conte que Moslem fait à Schah-Baham. Une reine, transformée en grue, fait à Taciturne l'histoire de sa vie et ce récit est également inséré à l'intérieur du conte de Moslem.

Le prince Schézaddin tombe amoureux de la princesse Manzaïde, métamorphosée en oie, dont il réussit à voir momentanément la forme humaine. Schézaddin se heurte à l'opposition de son peuple, de son Sénat et de sa Chambre des Communes qui ne veulent pas entendre parler du mariage de leur prince avec une oie. Le projet du prince devient donc une affaire d'État qui est débattue au Sénat et à la Chambre des Communes. Cette situation donne à l'auteur le prétexte de peindre un portrait peu flatteur du climat politique avec force harangues, démêlés, polémiques, intrigues de cour, etc. L'opposition finit par accéder aux désirs du prince qui court vers son oie bien-aimée pour lui annoncer leur bonheur prochain. Mais il apprend qu'elle a été enlevée par un dindon rival, le prince des Sources Bleues. Il va donc à la recherche de la princesse tout en tremblant pour la vie de celle-ci car il craint qu'un de ses sujets ne la prenne pour un vulgaire oiseau de basse-cour et la mange. Le conte s'arrête ici puisque l'auteur n'a jamais donné la suite de cet ouvrage.

Cet ouvrage marque un tournant en ce qui concerne la fortune des contes de Crébillon. En effet, les commentaires de la critique de l'époque démontrent qu'elle n'est pas favorable à ce conte. Même Raynal et Grimm, qui, dans le passé, avaient été très indulgents envers Crébillon, rendent un jugement très sévère sur cet ouvrage. Malgré sa déception avec *Ah quel conte!* Raynal fait quand même le compte rendu des quatre premières parties dans la livraison de décembre 1754 des *Nouvelles littéraires*[3]. Il commence son article avec ce jugement peu flatteur sur les deux derniers ouvrages de l'auteur: "M. de Crébillon fils a voulu enlever la tache que son dernier roman [*Les Heureux Orphelins*] avait faite à sa réputation, et je crois qu'il n'a fait que l'étendre davantage par celui qu'il vient de mettre au jour sous ce titre: *Ah quel conte!*". Ainsi, nous apprenons que ces deux ouvrages de l'auteur ne connaissent pas le même succès que ses précédents ouvrages. Raynal introduit ensuite *Ah quel conte!*: "C'est un roman de fées et une continuation du *Sopha*. C'est toujours l'imbécile Schahbaham, à qui on conte une histoire dont voici l'idée". Et il raconte ensuite l'histoire du conte. Il continue son article avec ces remarques: "La narration est interrompue par les impertinentes réflexions du sultan qui joue le même rôle que dans *Le Sopha*, sauf qu'il est d'un ridicule comique dans *Le Sopha* et qu'il n'est qu'un bavard plat et trivial dans celui-ci". Puisque Raynal réduit les interventions du sultan aux "impertinentes réflexions", il est clair qu'il n'entrevoit pas l'importance et la fonction de ces interventions quant au débat sur les procédés de la narration. Crébillon souligne l'imbécillité du sultan dans le seul but de la mettre en contraste avec les propos intelligents de la sultane qui émet des réflexions profondes sur le genre du conte, sur le statut du narrateur et sur le discours romanesque en général. Rappelons que Crébillon avait déjà adopté cette technique dans *Le Sopha*.

Raynal fait ensuite des remarques sur le style "toujours embarrassé" de l'auteur. Et il ajoute que "Ce sont des phrases longues, hérissées de petites parenthèses mises bout à bout, et qui font perdre haleine". Ces remarques de Raynal rejoignent l'opinion d'autres critiques de l'époque qui font des commentaires similaires sur le manque de clarté de l'écriture de Crébillon. Déjà en 1743, deux auteurs de l'époque parlent de la particularité de son style. Dans un essai sur les romans, Aubert de La Chesnaye Des Bois déclare que Crébillon exagère le raffinement de son écriture jusqu'au point de l'inintelligibilité: "Il cherche tous les jours à se surpasser par l'invention et par le style. Mais l'affectation qu'il a quelquefois de vouloir trop plaire, me paraît être un défaut, puisqu'elle le jette dans le raffinement et que le raffinement le conduit souvent à ne se pas faire entendre[4]". Quant au marquis d'Argens, quoiqu'il déclare que le "style de M. de Crébillon le fils est quelquefois guindé", il essaie de faire une espèce d'apologie de cette écriture complexe lorsqu'il constate que "Peut-être est-ce la faute du siècle, beaucoup plutôt que la sienne. Il est pourtant très vrai qu'il s'en faut bien qu'il donne dans les excès où sont tombés quelques beaux esprits de ces derniers temps, qui ont changé un *Chou* en *Phénomène potager*, et un *Sergent* en *Exploit ambulant*"[5]. Donc, selon d'Argens, Crébillon ne serait pas vraiment responsable des singularités que contient son écriture car il ne serait qu'en train de reproduire la langue d'un certain cercle de sa société. Plus tard, en 1763,

Bachaumont qualifiera les propos de l'auteur de "rompus" et d'"entortillés"[6] et en 1777, Mairobert condamnera son "jargon inintelligible" (Bachaumont, v.10, p.100). Il est évident que ces critiques n'apprécient pas le "raffinement" trop poussé de Crébillon et qu'ils auraient préféré une écriture plus simple qui aurait été plus claire, donc plus accessible. Toutefois, il semble que l'"affectation" à laquelle un des critiques fait allusion, ne soit en fait que le parler naturel de Crébillon. Lorsque Meister fait la nécrologie de Crébillon dans la *Correspondance littéraire* de juin 1777, il écrit que "Sa conversation n'était ni très facile, ni très piquante. Elle avait souvent de la pesanteur. Il faisait de longues phrases et les faisait avec prétention. Il portait ce caractère jusque dans l'intimité des coteries où il vivait le plus habituellement" (CL, v.11, p.481). Il semble donc que le style "embarrassé" de Crébillon reflète son propre parler aussi bien que celui de certains "beaux esprits" dont parle le marquis d'Argens. Ceci nous amène donc à conclure que Crébillon circulait sans aucun doute dans une société choisie qui pratiquait une langue dont le raffinement était poussé à l'extrême.

Néanmoins, Raynal concède qu'il y a "quelques traits assez brillants, des morceaux voluptueux agréablement touchés" dans ce dernier conte de l'auteur. Toutefois, il déplore "qu'on trouve de temps en temps des images un peu libertines que M. de Crébillon voudrait masquer et qu'il enveloppe d'une gaze trop épaisse et d'une obscurité qui arrête les imaginations les plus exercées sur tous les raffinements de l'amour, ou de ce qu'on prend pour lui". S'il est clair que ce critique regrette la présence de ces "images un peu libertines", il semble que ce n'est pas le cas en ce qui concerne la présence de la "gaze" et de l'"obscurité". L'utilisation, par Raynal, de l'adverbe *trop* semble plutôt indiquer qu'il regrette l'étendue de cette gaze et de cette obscurité qui freinent son imagination ou, comme il préfère dire, "les imaginations".

À la fin de son article critique, Raynal exprime le regret que l'auteur soit "resté tant au-dessous de lui-même" et il spécule sur les raisons de cette performance médiocre. Il se demande si l'esprit de l'auteur "montrerait-il la corde, ou est-ce que trois ou quatre ans de séjour loin de Paris l'auraient rouillé à ce point?". Raynal fait ensuite preuve de perspicacité lorsqu'il parle du genre qui arrive à son point de saturation: "Ou plutôt, n'est-ce pas que le genre qu'il a traité n'est pas susceptible d'une variété infinie et que les détails voluptueux, les jouissances, les petites épigrammes sur les moeurs, sur la galanterie actuelle, sur les femmes, etc., qui en sont la base, sont bientôt épuisées, et qu'un auteur qui a réussi dans un certain nombre de romans est obligé de revenir sur lui-même ou de faire du mauvais?". Ces commentaires de Raynal révèlent également une certaine indulgence pour les insuffisances de Crébillon puisque le critique essaie, par une série de questions, de chercher des raisons qui expliqueraient cette production peu brillante de l'auteur et qui justifieraient sa mauvaise production.

En effet, l'accueil peu enthousiaste que le public fait à ce conte indique que les lecteurs commencent à se lasser de ce genre. Comme nous l'avons déjà indiqué, le répertoire de Robert indique que ce conte est le dernier d'une série de productions occasionnées par l'engouement du public pour le conte à la manière de Crébillon. Ainsi, la mode finissante de ce genre est en grande partie responsable de l'impopularité de cet ouvrage. De plus, comme le souligne Raynal, l'épuisement des éléments "qui en sont la base", amène l'appauvrissement d'un genre qui n'est plus susceptible d'être renouvelé. En effet, une étude de tous les contes crébilloniens publiés entre 1734 et 1754 démontre qu'il y a, dans tous ces ouvrages, une grande récurrence de certains thèmes et motifs qui sont eux-mêmes de nombre limité. Ainsi, la constante mise en scène de ces thèmes et motifs finissent par appauvrir le genre qui finit par atteindre le point culminant de sa saturation.

Palissot[7] explore, de façon très intéressante, le problème de l'épuisement du talent de Crébillon dans sa nécrologie de l'auteur. Il émet l'opinion qu'un "écrivain, tel que M. de Crébillon, devait cesser d'écrire de bonne heure". Il rapporte aussi que les lecteurs de Crébillon manquent d'indulgence envers lui car "la mauvaise fortune", qui a retenu l'auteur trop longtemps dans la carrière, "n'est pas regardée comme une excuse, du moins par le public sévère". Palissot parle ensuite des difficultés matérielles des auteurs lorsqu'il regrette que Crébillon n'ait pas obtenu le fauteuil académique de son père: "L'Académie française, en le choisissant, comme elle l'aurait dû, pour remplacer son illustre père, lui eût épargné le malheur de travailler pour vivre". Palissot fait ensuite des réflexions très intéressantes sur le rôle important que la Cour peut jouer pour empêcher l'appauvrissement de la littérature nationale: "Les grâces de la Cour sont ordinairement réservées à ceux des gens de lettres qui jouissent des honneurs du Louvre. C'est même aujourd'hui ce que ces honneurs ont de plus réel. Ces grâces répandent sur eux une certaine aisance qui les empêche de flétrir leurs premiers lauriers". Ainsi, les embarras pécuniaires de Crébillon seraient, en partie, responsables de ses "lauriers flétris".

Lorsque, quelques semaines plus tard, apparaissent la cinquième, sixième et septième partie de *Ah quel conte!*, Raynal en donne de nouveau un compte rendu qu'il termine avec ces reproches: "C'est sur cette situation, qui présente des images singulièrement indécentes, que se termine le septième volume". Les images "indécentes" auxquelles Raynal fait ici allusion se trouvent dans cette partie du conte où le prince doit se changer en oie pour voir la forme humaine de la princesse. Quoique rien n'est décrit de façon directe et claire, Crébillon réussit quand même à donner des scènes chargées d'érotisme. En effet, on "voit" des images comme suit: le bec du prince cherche la bouche de la princesse (AQC, p.529), le prince utilise ensuite son bec pour ouvrir le corset de la princesse (AQC, p.531) et il finit par écarter sa tunique et une couverture qui couvre le corps, qu'on présume nu, de celle-ci (AQC, p.538). De plus, une allusion à l'aventure de Jupiter qui "força Léda à partager ses feux" (AQC, p.540) ne laisse aucun doute sur les intentions et les actions peu chastes du prince. Ainsi, l'indécence dont Raynal parle est en fait une scène érotique que l'auteur réussit à transmettre à travers un langage très convenable qui laisse quand même deviner certaines choses sans toutefois en parler ouvertement. Cependant, malgré ses reproches, ces dernières parties du conte trouvent quand même grâce aux yeux de Raynal puisqu'il loue les qualités esthétiques de l'écriture crébillonienne: "les trois derniers [volumes] sont écrits avec plus de facilité que les autres, et on trouve plus de détails agréables" (CL, v.2, p.210).

Le jugement de Grimm sur *Ah quel conte!* ne diffère guère de celui de Raynal quant à la qualité de l'ouvrage. Le premier décembre 1754, Grimm commence son compte rendu des quatre premières parties de ce conte avec cette déclaration qui laisse pressentir le jugement sévère qui va venir: "*Ah quel conte!* M. de Crébillon peut-il choisir un si mauvais titre!" Toutefois, il semble que la présence du sultan rachète l'ouvrage aux yeux de Grimm qui déclare: "N'importe, voyons, nous retrouverons le bonhomme Schahbaham, qui nous a fait tant de plaisir dans *Le Sopha* avec la sultane, et puis le vizir qui fait le conte, lequel est souvent interrompu par les profondes réflexions de Schahbaham". Ce critique raconte ensuite tout le contenu de ces quatre parties, il fait des observations peu flatteuses et il annonce que l'ouvrage n'est pas bien accueilli du public: "Il faudra voir ce que tout cela deviendra. Il me paraît que ce roman réussit peu. Le premier volume est long et ennuyeux". Toutefois, il reconnaît qu'"il y a des choses heureuses dans le second; beaucoup de gaîté et d'extravangance dans le troisième; quelque bonnes plaisanteries dans le quatrième, qui contient le commencement de l'histoire du roi autruche". Mais, malgré ces qualités, il conclut: "en général, ce dernier volume est mauvais. Je ne parle pas du genre; il est si mauvais qu'à peine est-il pardonnable d'y exceller" (CL, v.2, p.450–451).

Comme nous l'avions constaté dans le premier chapitre du présent travail[8], Grimm considère le conte comme un genre dans lequel les moeurs ne "sont guère respectées" et dont "les plus grandes ressources" sont "la frivolité, le persiflage, la licence". Cependant, les remarques qu'il fait en juillet 1754 démontrent aussi qu'il concède que Hamilton et Crébillon sont les seuls conteurs qui aient réussi à donner des ouvrages "supportables", c'est-à-dire décents. Puisque Grimm dit également ceci de Crébillon: "Je regarde son *Sopha* comme un chef-d'oeuvre, de tous les ouvrages d'esprit que je connaisse, le seul peut-être qu'on ne se lasse jamais de relire", il faut croire que son jugement sévère à l'égard de *Ah quel conte!* indique que ce critique éprouve une très grande déception à la lecture du dernier conte de l'auteur. On se demande qu'est-ce qui serait responsable de cette attitude de Grimm. Serait-ce cette "indécence" dont parle Raynal et que nous avons commentée plus haut? Ou serait-ce tout simplement les marques de l'appauvrissemnt du talent de l'auteur auquel Raynal et Palissot ont fait allusion?

Quelques années plus tard, en novembre 1768, au cours d'un compte rendu dépréciatif des *Lettres de la Duchesse de *** au Duc de ****, roman épistolaire de Crébillon, Grimm se souvient d'avoir fait l'éloge de l'auteur. Cependant, il refuse d'admettre que Crébillon ait jamais donné de bons ouvrages lorsqu'il écrit: "je ne puis m'empêcher de prendre mauvaise opinion d'un homme qui n'a employé toute sa vie qu'à composer des ouvrages licencieux et méprisables". Et il met ce qu'il considère désormais comme une louange mal placée du *Sopha*, sur le compte de sa propre jeunesse: "quand jadis son *Sopha* me parut si charmant, je crains que ma jeunesse ne m'ait rendu bien indulgent" (CL, v.8, p.207). Cette critique virulente montre que Crébillon est désormais en défaveur auprès de Grimm qui n'a aucune intention de revenir sur son jugement sévère de l'auteur.

Lorsqu'en 1777 Meister, le remplaçant de Grimm, fait la nécrologie (CL, v.11, p.479–481) de l'auteur, il déclare que Crébillon "semble avoir voulu suppléer à la faiblesse de son génie" par "l'extrême frivolité" des sujets qu'il a traités. Cependant, Meister atténue sa critique lorsqu'il reconnaît que "Quelque léger, quelque frivole que soit le goût qui domine dans tous les écrits de M. de Crébillon, on ne saurait lui refuser le mérite d'avoir créé un genre de romans qui lui appartient". Ce commentaire est d'importance pour notre thèse car il établit, encore une fois, que la critique de l'époque considère Crébillon comme le créateur d'un nouveau genre. Il est également intéressant de souligner que, malgré sa condamnation de la frivolité de l'oeuvre crébillonienne, Meister rend justice à la créativité de l'auteur.

Quand paraissent la cinquième, sixième et septième partie de l'ouvrage, Grimm ne prend même pas la peine de faire un compte rendu du récit. Il se contente de faire une remarque qui laisse percer sa condamnation: "Ces derniers volumes ont été trouvés encore plus mauvais que les premiers". Comme Raynal, Grimm est d'avis que *Ah quel conte!* n'est pas digne de l'auteur du *Sopha* et que l'ouvrage ne fait que nuire à la réputation de l'auteur: "Si M. de Crébillon en fût tenu à son *Sopha*, il aurait joui probablement de la grande réputation que cet ouvrage lui avait donnée. Une femme de beaucoup d'esprit a très bien dit à ce sujet que rien n'avait tant prouvé la stérilité de cet auteur que sa fécondité même" (CL, v.2, p.465).

Lorsque Grimm annonce la parution de la huitième partie du conte, il n'en fait toujours pas de compte rendu. Cependant, il résume son opinion qui, encore une fois, trahit sa déception: "C'est toujours la même chose. Ce qu'il y a de mieux, c'est la fin de ce volume-ci. *Vous êtes singulièrement revenu sur ce conte-là, dit la sultane, vous le trouviez si admirable? Que voulez-vous que j'y fasse? répondit Schahbaham, j'en entends dire du mal par tout le monde, et je me conduis à cet égard d'après ce que dit un grand philosophe: qu'il vaudrait encore mieux avoir tort avec tout le monde que d'avoir raison tout seul*" (CL, v.3, p.11). La déclaration que le sultan fait sur le conte et selon laquelle il en entend "dire du mal par tout le monde" nous paraît comme quelque chose d'assez curieuse. En effet, on dirait que le personnage de Crébillon fait une réflexion sur la mauvaise fortune du texte de fiction qui lui a permis d'exister. On se demande si ce ne serait pas l'auteur qui, à travers son personnage, signale à son lecteur qu'il ne donnera plus de conte puisqu'il se rend bien compte que le genre arrive à son épuisement.

Sept ans après cette remarque, Grimm ne démord toujours pas de son opinion. En effet, le 15 août 1762, il annonce qu'un éloge de Crébillon père (décédé le 17 juin 1762), qui avait paru dans le *Mercure de France* de juillet et qui était "sifflé dans tout Paris, comme il le mérite" est de Crébillon fils. Il fait ensuite des remarques qui indiquent que, selon lui, à l'exception du *Sopha*, tout ce que Crébillon a écrit, a beaucoup nui à sa réputation d'auteur. En effet, il constate qu'"il y a peu d'auteurs aussi déchus de leur réputation littéraire que cet unique rejeton de l'illustre et barbare poète tragique Crébillon". Et il ajoute que "Si M. de Crébillon le fils avait eu la sagesse de ne jamais écrire que *Le Sopha*, il aurait passé pour un homme bien singulier" (CL, v.5, p.146). Le dictionnaire de *Furetière* donne l'explication suivante pour le mot *singulier*: *Qui est seul, unique, hors de comparaison, rare, excellent. Le phoenix est un oiseau singulier, qui est seul de son espèce.* Il n'est pas inutile de préciser que, malgré sa condamnation virulente de la plupart des derniers ouvrages de Crébillon, Grimm reconnaît quand même que l'auteur du *Sopha* est un écrivain "unique, hors de comparaison, rare, excellent" et le "seul de son espèce". Il émet la même opinion un an plus tard, à l'occasion de la parution d'un dialogue de Crébillon, *Le Hasard du coin du feu, dialogue moral*. Grimm porte un jugement extrêmement défavorable sur l'ouvrage et il réitère son point de vue critique lorsqu'il écrit: "Si M. de Crébillon n'avait jamais fait que *Le Sopha*, on aurait dit: Quel dommage que cet auteur n'ait pas continué à écrire! Il a continué, mais pour se perdre de réputation" (CL, v.5, p.306).

Comme Grimm, Raynal et Palissot, Jean Henri Samuel Formey, secrétaire perpétuel de l'Académie Royale de Prusse, s'aperçoit également d'un certain appauvrissement dans la producton de Crébillon. En 1756, il parle de l'auteur dans son *Conseils pour former une bibliothèque peu nombreuse, mais choisie*[9]. Formey parle des différents goûts et lorsqu'il arrive au "troisième goût", il écrit que "c'est celui de M. de Crébillon le fils". Mais il déclare: "je n'entreprends pas de le définir. Qu'on en cherche l'idée dans *L'Écumoire*, *Le Sopha*, *Grigri* et *Atalzaïde*. Les deux derniers sont d'une autre main, et inférieurs, surtout le dernier". Formey exprime ensuite son appréciation d'un ouvrage de Crébillon: "La même plume a écrit avec un peu plus de décence *Les Égarements du coeur et de l'esprit*". Cependant, il passe un jugement sévère sur les derniers ouvrages de l'auteur: "Mais c'est acheter trop cher le rang d'auteur, et de bel-esprit, que de l'acquérir par de semblables productions. *Ah quel conte! Les Heureux Orphelins*, et même *Les Matines de Cythère*[10], font présumer que cet auteur est épuisé". Puisque les trois ouvrages que Formey cite comme exemples de l'épuisement littéraire de Crébillon paraissent pendant les deux dernières années qui précèdent l'ouvrage de Formey, ceci indique que le génie de Crébillon est perçu par ses contemporains, et à ce moment précis de sa carrière, comme finissant.

Dans sa nécrologie de Crébillon, Meister ne fait même pas mention de *Ah quel conte!* Par contre, il remarque que "*Le Sopha*, plus librement, plus inégalement écrit offre une grande variété de caractères et des scènes de comédie excellentes" et qu'"Il y a beaucoup de folies, mais beaucoup plus d'imagination et d'originalité dans *Tanzaï et Néadarné*" (CL, v.11, p.479–481). Il est clair que, malgré le fait que ce critique considère que *Ah quel conte!* n'est même pas digne d'être cité, il reconnaît quand même certaines qualités aux deux autres contes de Crébillon. Meister remarque également que Crébillon "osa compter" sur "le goût dominant de son siècle" pour réussir. Ce qui confirme que le succès de Crébillon est, en grande partie, dû à certaines modes que ses contemporains affectionnent. Ce critique donne ensuite des détails qui éclairent encore plus les tournures que prend la fortune de l'auteur: "Ainsi que la plupart de nos écrivains célèbres, M. de Crébillon fils a eu son moment de vogue. Mais les modes littéraires les plus brillantes, comme les autres, ne sont plus de longue durée, et celle du genre dans lequel M. de Crébillon s'est distingué devait durer moins qu'une autre. Il y avait donc longtemps, très longtemps même qu'il avait le chagrin de se voir survivre à lui-même". Ainsi, Meister atteste que la fortune de Crébillon va de pair avec la mode et que l'insuccès de ses derniers ouvrages peut être attribué au changement de la mode. Toutefois, il n'est pas inutile de remarquer que ce critique place l'auteur dans la catégorie des "écrivains célèbres". Meister se souvient aussi de l'insuccès des derniers ouvrages de l'auteur: "Les *Lettres de la Comtesse de* ***[11], et les *Lettres d'Alcibiade*, qui parurent il y a huit ou neuf ans, n'eurent aucun succès, et ne servirent qu'à lui faire sentir plus vivement à quel point l'éclat de sa première réputation s'était évanoui". Comme tant d'autres critiques de l'époque, Meister établit également que Crébillon est bien le créateur d'un nouveau genre: "Quelque léger, quelque frivole que soit le goût qui domine dans tous les écrits de M de Crébillon, on ne saurait lui refuser le mérite d'avoir créé un genre de roman qui lui appartient".

Un journaliste du *Mercure de France* juge *Ah quel conte!* aussi sévèrement que ses confrères lorsqu'en janvier 1755, il introduit son compte rendu de cet ouvrage en ces termes:

> Il paraît que ce conte est une suite du *Sopha*; on y voit un sultan toujours bête, interrompre son visir toujours spirituel. Ce ministre, pour servir son maître selon son goût, ou suivant sa portée, lui raconte des faits très absurdes; mais pour plaire au public français, il les accompagne de réflexions très ingénieuses, dont ils ne sont que le prétexte: s'il en était souvent un peu plus sobre, avec moins d'esprit, il amuserait peut-être davantage[12].

À notre sens, les termes de cette critique sont assez ambigus. D'une part, le journaliste semble faire l'éloge des "réflexions très ingénieuses" du narrateur. Cependant, il est d'avis que le conte amuserait davantage si le narrateur était "plus sobre" et s'il faisait preuve de "moins d'esprit". Selon nous, c'est justement cette vivacité piquante de l'esprit qui est plus apte à contribuer à l'aspect amusant du conte crébillonien.

Après ce survol des jugements défavorables portés sur *Ah quel conte!* par les critiques de l'époque, on serait tenté de conclure que cet ouvrage a déplu à tous les contemporains de Crébillon sans aucune exception. Cependant, il nous reste à citer un dernier critique de l'époque qui soutient l'opposé de cette opinion dépréciative. Le 9 décembre 1754, ce critique fait un compte rendu très élogieux des sept premières parties de l'ouvrage[13]. Il s'agit de nul autre que Fréron de l'*Année littéraire*, celui-là même dont le périodique fut brièvement suspendu du 28 juillet au 17 août 1754[14] par Malesherbes, directeur de la Librairie, à la suite d'une critique acerbe des *Heureux Orphelins* de Crébillon. Aussi étonnant que cela puisse paraître, Fréron est, contrairement à ses confrères, tout éloge à l'égard de certains aspects de *Ah quel conte!* Il commence par décrire le sultan comme "un prince ignorant et sans esprit, qui interrompt le conteur à chaque instant par des réflexions aussi déplacées que vides de sens commun" et il fait la remarque (que nous avons déjà citée et commentée) selon laquelle le sultan est une copie d'un personnage de Hamilton. Cependant, Fréron trouve que le portrait de la fée Tout-ou-Rien est "ce qu'il y a de meilleur dans tout l'ouvrage". Il déclare aussi qu'il "doute même qu'aucun écrit de cette espèce présente rien de plus fin, de plus ingénieux, et de plus piquant". Il goûte beaucoup "l'histoire de la rupture" entre le prince et la fée, partie qu'il considère comme "un tableau fidèle des folies et des caprices de l'amour".

Après avoir raconté l'histoire des sept premières parties du conte, Fréron émet cette opinion favorable sur les détails "agréables" du conte: "Je suis fâché que les bornes où je me renferme, ne m'aient pas permis de vous offrir beaucoup de détails; car ce sont les détails qui font le principal mérite de ces sortes d'ouvrages, et il y en a dans celui-ci d'extrêmement agréables". Il parle ensuite de certains aspects de ces détails qu'il apprécie tellement. Ainsi, il loue la délicatesse que l'auteur a mise dans sa peinture de la bonne société car il cite "les tableaux délicats du grand monde". Ceci indique qu'il considère que l'auteur en fait une peinture fidèle. Fréron parle également "des ridicules saisis pour la première fois, ou présentés sous un jour nouveau". Cette affirmation indique que Crébillon est perçu par l'exigeant Fréron comme un innovateur puisque qu'il déclare que c'est la "première fois" que les ridicules du beau monde ont été saisis. Fréron admire aussi l'ingéniosité et le talent de Crébillon qui réussit à respecter les règles de la décence malgré la nature peu chaste de ce qu'il décrit: "les images voluptueuses couvertes d'une gaze, quelque fois trop, quelque fois trop peu transparente, souvent telle qu'elle doit l'être: on ne peint les grâces ni tout à fait habillées, ni tout à fait sans vêtements; on les représente à demi nues".

L'enthousiasme de Fréron est tel qu'il propose Crébillon comme le modèle du parfait écrivain qui peut le mieux décrire les complexités de l'amour:

> Voilà le modèle que doivent se proposer les écrivains, à qui l'amour cède quelques plumes de ses ailes, pour décrire ses plaisirs. Ce qui vous frappera surtout dans ce roman, Monsieur, c'est la politique du coeur des femmes, pénétrée avec sagacité, développée avec finesse: l'auteur a le fil de ce labyrinthe, il serait impossible qu'il ne revînt de temps en temps, malgré lui, dans les mêmes allées; mais de temps aussi, il découvre quelques routes nouvelles.

Fréron n'est pas le seul critique de l'époque qui soit d'avis que Crébillon connaît bien le coeur des femmes. Du Coudray, qui fait sa nécrologie en 1777, constate que l'auteur "était connu dans le monde littéraire sous le nom de *Philosophe des femmes*". Ce critique rapporte également ces "vers que le public connaît sous ce titre: *Les Deux Crébillons*":

> Le père avait porté le trouble dans nos âmes:
> Du feu le plus brûlant il vint nous consumer.
> Le fils ouvre son coeur à de plus douces flammes.
> Lucien des Français, Philosophe des femmes,
> Il les peint, les démasque, et sait s'en faire aimer[15].

Mercier émet une opinion semblable sur l'auteur lorsqu'il écrit que les ouvrages de l'auteur "sont une anatomie fine et déliée du coeur humain et du sentiment, surtout de celui qui dirige les femmes". Il atteste que "Crébillon fils les a bien connues". Et il témoigne aussi que Crébillon "est un peintre et sa touche pour être délicate, n'en est pas moins exacte et quelque fois profonde"[16]. Tous ces témoignages attestent donc que Crébillon est, à l'époque, perçu comme un auteur qui a une parfaite connaissance de la psychologie féminine et qui fait une peinture fidèle et détaillée du coeur féminin.

   Malgré son opinion favorable de *Ah quel conte!*, Fréron reste toutefois fidèle à son sens esthétique exigeant, lorsqu'il souligne certaines imperfections stylistiques de l'auteur. En effet, il rapporte l'attention du lecteur sur "quelques pensées alambiquées par elles-mêmes, ou par leur tournure, quelques longueurs dans les réflexions et dans les récits, quelques phrases embarrassées, et, de plus, certains *Que* que vous voudriez encore voir retranchés". Cependant, il conclut gracieusement son article en ces termes:

> Mais je me pique de trop d'équité pour vous taire que ces défauts ne sont pas dominants, et que ce livre, en général, me paraît bien écrit. À l'égard du fond, vous avez vu ce que c'est. Vous direz peut-être que ce n'est ici qu'un *Conte de ma Mère l'Oye*; à la bonne heure; mais lisez ce conte, et vous conviendrez qu'il est amusant; il n'est composé sans doute que de fictions folles, bizarres, extravagantes mêmes: eh qu'importe pourvu qu'elles réjouissent! Cela vaut mille fois mieux que tant de romans tristement moraux ou fadement langoureux.

Ainsi, les "fictions folles" dont l'ouvrage est composé plaisent tellement à Fréron qu'il en est charmé et qu'il en fait une apologie. Celles-ci lui font également pardonner à l'auteur ses petits défauts.

   La remarque que Fréron fait sur les "romans tristement moraux ou fadement langoureux" mérite qu'on s'y arrête car elle jette une lumière nouvelle sur les goûts littéraires du public de l'époque. Fréron déplore une inondation d'ouvrages de fiction moraux et sentimentaux, affirmant qu'il préfère les ouvrages amusants tel que *Ah quel conte!* Nous pourrions nous hasarder à conclure qu'il fait peut-être allusion aux ouvrages tels que l'*Histoire de Madame de Luz* (1741) de Duclos, *Les Époux malheureux* (1744) de Baculard D'Arnaud et les *Lettres d'une Péruvienne* (1747) de Madame de Graffigny et aux romans de Prévost. Puisque c'est un fait notoire que Fréron se montre difficile sur les ouvrages de fiction et qu'il est assez avare de compliments, il est intéressant de noter que sa remarque trahit une certaine lassitude à l'égard des romans moraux et sentimentaux qui, à l'époque, inondent la scène littéraire. Il semble que Fréron préfère le divertissement que lui procure le conte féerique où abondent les invraisemblances à la morale et la langueur des romans plus vraisemblants.

Fréron n'est pas le seul à déplorer l'avènement du roman sentimental et moral. En effet, dans le numéro d'août 1773 de la *Correspondance littéraire* (v.10, p.279), Meister fait un commentaire analogue lorsqu'il parle d'un recueil romanesque, *Épreuves du sentiment* (1773) de Baculard D'Arnaud. Meister reproche à l'auteur de "mettre la patience et la sensibilité de ses lecteurs à l'épreuve" en leur donnant des "historiettes lugubres" et en rassemblant "dans un petit cadre le tableau de toutes les peines et de tous les malheurs qui peuvent affliger l'humanité". Il continue avec sa réprimande en disant: "Il y a vingt ou trente ans qu'on ne voyait que des romans dans le goût du *Sopha*, de *Misapouf*[17], de *Tanzaï*". Soulignons, encore une fois, la notoriété de *Tanzaï* et du *Sopha* qui semblent être devenus les classiques de la littérature féerique de l'époque. La condamnation, par Meister, des auteurs de romans sentimentaux est évidente lorsqu'il déclare qu'"aujourd'hui, on a la prétention d'une philosophie sombre, larmoyante et sentimentale". Meister est aussi d'avis que ce goût excessif pour le larmoyant et la sensibilité sont un signe de faiblesse: "Serions-nous devenus plus philosophes ou plus sensibles? Non, mais plus faibles, plus vaporeux, plus tristes. Nous avons voulu être profonds comme les Anglais, et nous avons cru qu'il fallait commencer par avoir la physionomie allongée et les yeux battus". Il semble que, selon Meister, le conte à la Crébillon est la manifestation d'une certaine vigueur et d'un tempérament énergique. Meister accuse également ses concitoyens de vouloir singer la gravité des Anglais et ses remarques finales traduisent son mépris à l'égard de ces imitateurs des Anglais: "Ce n'est plus l'âne de fable qui veut imiter le petit chien; c'est plutôt le petit chien qui s'efforce de prendre la gravité de l'âne. De quelque manière qu'on force son talent, n'y est-on pas également gauche?". Ainsi, selon Meister, puisque la gravité est contraire au tempérament français, l'écrivain français qui s'essaie au larmoyant et à la sensibilité ne peut qu'être en train de forcer sa nature. Par conséquent, puisqu'on pourrait affirmer par induction que la gaieté et la légèreté, éléments essentiels du conte crébillonien, sont les éléments constitutifs du tempérament français, nous pourrions conclure que l'ouvrage romanesque gai et léger se prête tout particulièrement aux goûts des lecteurs français. Ceci expliquerait l'engouement de ce public pour l'écriture féerique et l'indulgence de l'exigeant Fréron à l'égard de *Ah quel conte!*

Cette étude de la fortune de *Ah quel conte!* démontre que cet ouvrage ne connaît pas le même succès que les deux précédents contes de Crébillon. Il semble que cet insuccès soit principalement dû à l'impopularité du conte crébillonien qui finit par passer de mode faute de renouvellement. De plus, les critiques contemporains commencent à percevoir un certain tarissement du génie de Crébillon puisque la plupart d'entre eux y font allusion. L'étude de cette réception indique également que dès 1754, la scène littéraire commence à être envahie par ce que Fréron appelle des "romans tristement moraux ou fadement langoureux". Ceci pourrait également expliquer le peu de goût du public pour le conte à la Crébillon. Toutefois, et malgré tous les défauts qu'on lui trouve, ce conte révèle à certains critiques que l'auteur a le talent de peindre un tableau fidèle "des folies et des caprices de l'amour" et des ridicules du grand monde. Finalement, il est intéressant de noter que, malgré tous les critiques faits à son égard, on reconnaît quand même à Crébillon "le mérite d'avoir crée un genre de roman qui lui appartient" (CL, v.11, p.481).

Notes

1 Raymonde Robert, *Le Conte de fées littéraire en France de la fin du XVIIe à la fin du XVIIIe siècle* (Nancy: Presses Universitaires de Nancy, 1982), 30.

2 Hans-Günter Funke, *Crébillon fils als moralist und gesellschaftskritiker* (Heidelberg: Carl Winter Universitätsverlag, 1972), 137.

3 Maurice Tourneux, éd., *Correspondance littéraire par Grimm, Diderot, Raynal, Meister, etc.* (Paris: Garnier Frères, 1877–1882), 6:201–203.

4 François Alexandre Aubert De La Chesnaye Des Bois, *Lettres amusantes et critiques sur les romans en général, anglais et français, tant anciens que modernes, adressées à Myledy W**** (Paris: Gissey, 1743), 41.

5 Jean Baptiste de Boyer d'Argens, *Réflexions historiques et critiques sur le goût et sur les ouvrages des principaux auteurs anciens et modernes* (Amsterdam: François Changouin, 1743), 267–268.

6   Louis Petit de Bachaumont, Mathieu François Pidansat de Mairobert et Moufle D'Angerville, *Mémoires secrets pour servir à l'histoire de la république des lettres en France, depuis 1762 jusqu'à nos jours* (Londres: John Adamson, 1777–1789), 1:243.

7   Charles Palissot de Montenoy, *Le Nécrologe des hommes célèbres (1767–1782) ou Le Nécrologe des hommes célèbres de France, par une société de gens de lettres* (Paris: Knapen, 1778), 13:24–25.

8   Voir la section "Crébillon en face de Hamilton" du chapitre 1.

9   Jean Henri Samuel Formey, *Conseils pour former une bibliothèque peu nombreuse, mais choisie, nouvelle édition, corrigée et augmentée, suivie de l'Introduction générale à l'étude des sciences et belles-lettres par M. de la Martinière* (Berlin: Haude and Spener, 1756), 52–53.

10 Sous-titre de *La Nuit et le moment*.

11 Il faut ici préciser que Meister fait un lapsus lorsqu'il parle des *Lettres de la Comtesse de ****. En fait, il s'agit des *Lettres de la Duchesse de *** au Duc de *** (1768).

12 *Mercure de France* (Janvier 1755): 120.

13 *Année littéraire* 7, no. 9 (1754): 193–208.

14 Ces dates précises sont indiquées par Jean Balcou, à la page 91 de son ouvrage *Fréron contre les Philosophes* (Genève: Droz, 1975).

15 Alexandre Jacques du Coudray, *Lettre au public sur la mort de Messieurs de Crébillon, censeur royal; Gresset, de l'Académie française; Parfaict, auteur de l'Histoire du théâtre français* (Paris: Durand et Ruault, 1777), 4–5.

16 Louis-Sébastien Mercier, *Tableau de Paris* (Amsterdam: 1782–1788), 10:50.

17 *Le Sultan Misapouf* (1746) de Voisenon.

Troisième partie
L'Imitation du conte crébillonien

Introduction

La publication, en 1734, de *Tanzaï et Néadarné, histoire japonaise* et la circulation sous le manteau, dès 1737, du *Sopha, conte moral*, donnent suite à de nombreuses imitations du conte crébillonien. Les critiques modernes[1] s'accordent à dire que plusieurs auteurs connus de l'époque, tels que Cazotte, Diderot, Duclos et Voisenon, s'essaient à produire ce que Gérard Genette appellerait des *textes imitatifs* ou *mimotextes*[2] du conte crébillonien.

Avant d'aborder notre étude des mimotextes produits par les imitateurs qui voulaient exploiter le courant de succès inauguré par Crébillon, nous voudrions évoquer la terminologie que Genette emploie pour définir certains aspects de l'imitation. Selon Genette, le texte imitatif ou mimotexte ne peut être appelé tel que si son auteur pratique l'*idiolecte* du corpus imité. Selon lui, un *idiolecte* est une collection d'*idiotismes* qu'il définit en ces termes: "Un idiotisme est une locution propre à un idiome, c'est-à-dire une langue, ou un état de langue, qui peut évidemment être un style individuel: un idiolecte (*idios* signifie précisément "individuel" ou "particulier")" (p.87). Genette fait également cette distinction entre les divers régimes de l'écriture mimétique:

> le pastiche est l'imitation en régime ludique, dont la fonction dominante est le pur divertissement; la charge est l'imitation en régime satirique, dont la fonction dominante est la dérision; la forgerie est l'imitation en régime sérieux, dont la fonction dominante est la poursuite ou l'extension d'un accomplissement littéraire préexistant (p.92).

Nos recherches démontrent que les critiques du XVIIIe siècle s'aperçoivent également de la prolifération des textes imités de Crébillon. En effet, dès 1741, certains ouvrages sont perçus par les critiques comme des imitations du conte crébillonien. Dans cette partie de notre travail, nous allons étudier quelques-uns de ces textes imitatifs en tant que lecture et réception du texte crébillonien, car l'imitation est, à sa façon, un commentaire que l'imitateur fait sur le texte imité. Nous allons également étudier le corpus critique qui entoure la réception de ces imitations, car nous sommes d'avis qu'il jette de biais une lumière révélatrice sur la perception que la critique de l'époque a du conte crébillonien.

Notes

1 Jacques Barchilon, *Le Conte merveilleux français de 1690 à 1790* (Paris: Honoré Champion, 1975), 98; Marie-Louise Dufrenoy, *L'Orient romanesque en France (1704–1789)* (Montréal: Beauchemin, 1946), 1:71–97: Raymonde Robert, *Le Conte de fées littéraire en France de la fin du XVIIe à la fin du XVIIIe siècle* (Nancy: Presses Universitaires de Nancy, 1982), 255.

2 Gérard Genette, *Palimpsestes* (Paris: Seuil, 1982), 88.

Chapitre 5

Le Canapé couleur de feu

Le commentaire le plus ancien que nous avons recueilli en ce qui concerne l'imitation des contes de Crébillon date de 1741 et parle d'un texte particulièrement scabreux, *Le Canapé couleur de feu* de Louis Charles Fougeret de Monbron (1706–1760). Fougeret de Monbron est également l'auteur d'un autre ouvrage scandaleux, *Margot la ravaudeuse* (1748) pour lequel il sera incarcéré pendant un mois et exilé à cinquante lieues de Paris. *Le Canapé*, qui est en fait un conte gaulois avec un soupçon de féerie, est de toute évidence une imitation du *Sopha*. Après plus d'un siècle de confusion quant à la date de publication du *Canapé*, Katherine Landolt Gee a finalement résolu ce problème bibliographique quand elle a solidement établi que *Le Canapé* date de 1741[1]. Comme nous l'avons déjà démontré, *Le Sopha* est, de l'aveu de l'auteur lui-même, rédigé en 1737 et circule sous le manteau jusqu'à ce qu'il paraisse officiellement en février 1742. Nous avons également établi que la diffusion de l'ouvrage clandestin de Crébillon était très répandue puisqu'en 1739, Voltaire et Madame de Graffigny en parlent tous deux dans leur correspondance privée[2]. Puisque c'est bien possible que Fougeret de Monbron ait eu l'occasion de prendre connaissance du *Sopha* bien avant la composition de son propre ouvrage, on pourrait affirmer que *Le Canapé* est bien inspiré du *Sopha*.

Le *Canapé* est l'histoire d'un chevalier des environs de Liège qui est métamorphosé en canapé par Crapaudine, une laide fée, à la suite de l'incapacité de celui-ci de satisfaire les besoins lubriques de cette fée. Il est condamné à servir "indistinctement à tout le monde, maître et valet" et à reprendre sa forme humaine au moment où "on aura commis une faute égale"[3] à la sienne sur lui. Le récit commence avec les noces d'un vieux procureur qui se marie avec une jolie veuve. Pendant les festivités qui s'ensuivent, les nouveaux mariés s'éclipsent; ils vont dans un cabinet de toilette et se mettent sur le canapé enchanté où, pendant une heure, le vieux mari essaie en vain de faire l'amour avec sa femme. Au moment où le couple s'apprête à rejoindre ses invités, le canapé reprend sa forme humaine et il lui raconte l'histoire de son enchantement et les aventures dont il a été témoin pendant qu'il était canapé.

Contrairement au *Sopha*, *Le Canapé* n'est pas habillé à l'oriental car il est fermement ancré dans un décor français où évoluent abbés, directeurs des dames et convulsionnaires. Cependant, la présence de beaucoup d'autres éléments, y compris l'élément féerique (les fées, les génies, la cour de Crapaudine la reine fée, les métamorphoses, etc.) dans un épisode du récit, rapproche beaucoup ce conte de ceux de Crébillon. Comme dans *Le Sopha*, il s'agit d'un récit-cadre. De plus, comme dans l'ouvrage de Crébillon, c'est la personne qui avait été métamorphosée en canapé qui raconte ses aventures après avoir repris sa forme humaine. De même, Fougeret de Monbron emprunte à Crébillon le thème du meuble voyeur qui devient un témoin impuissant (mais ayant toujours sa conscience humaine) d'aventures libertines. En effet, à l'opposé du lit conjugal, le sopha et le canapé sont les éléments constitutifs du boudoir ou du cabinet de toilette, lieux intimes privilégiés où se pratique souvent l'acte sexuel clandestin. Toutefois, alors que le canapé de Fougeret de Monbron est la forme métamorphosée d'un être humain, chez Crébillon, il s'agit d'une âme qui, au cours d'une de ses réincarnations, est condamnée à errer de sopha en sopha.

La ressemblance de l'histoire du *Canapé* avec celle du *Sopha* est tellement flagrante et indéniable que nous ne prendrons pas la peine d'énumérer les détails de cette ressemblance. Par contre, nous essaierons de voir de quelle façon il y a, entre les deux auteurs, divergence dans la convergence et nous essaierons de sonder l'opinion des critiques de l'époque quant à leur jugement des deux textes par rapport à leur similitude. Nous avons déjà commenté l'absence, chez Fougeret de Monbron, du décor oriental et la présence du décor français et la différence qui existe entre les deux meubles (le canapé et le sopha). L'auteur du *Canapé* se montre très moderne dans son effort pour créer l'ambiance du Paris de l'époque. Ainsi, on mange du cervelas de la rue Desbarres et du Brie chez la fée Crapaudine. De même, le canapé est mis en vente sur le pont Saint-Michel. L'auteur met également en scène les convulsionnaires de Saint-Médard lorsque le canapé est acheté par une maison de convulsionnaires. D'autre part, il semble que l'auteur met en place cette atmosphère parisienne pour mieux dénoncer et critiquer une seule catégorie de ses contemporains, notamment les hommes d'église qu'il met en scène dans des situations remarquablement scabreuses. Ainsi, contrairement à Crébillon qui dans *Le Sopha*, sous le couvert d'un décor exotique (Agra, ville de l'Inde), met en scène des personnages qui parlent et agissent comme les mondains de la société parisienne du XVIIIe siècle, Fougeret de Monbron fait preuve de beaucoup de hardiesse car il n'essaie même pas de voiler la véritable identité de ceux qu'ils visent. Signalons toutefois que, si les deux auteurs semblent avoir le même but, c'est-à-dire la critique de la société de l'époque, Fougeret de Monbron se montre plus agressif que Crébillon de par la malveillance de sa critique. Cette malveillance est exprimée par l'écriture directe et brutale de l'auteur du *Canapé* et les grossièretés que contient cet ouvrage.

Les deux auteurs diffèrent considérablement par le choix du milieu social de leurs personnages. Crébillon met en scène et critique des personnages qui appartiennent à divers groupes de la bonne société (principalement le clergé, les petits-maîtres et petites-maîtresses, les courtisans, les dévotes fausses prudes) tandis que Fougeret de Monbron fait preuve d'un amer anticléricalisme quand il s'acharne exclusivement sur le clergé. Le premier possesseur du canapé est la propriétaire d'un bordel. Cette situation est, pour l'auteur, l'occasion de mettre en scène des hommes d'église dont la luxure, la débauche, la perversité et l'hypocrisie sont brutalement dénoncées. Lorsque le canapé passe chez des convulsionnaires, cela donne l'occasion à l'auteur de dénoncer les simagrées religieuses de ces religieux et de les traiter "d'une bande de scélérats" et de "farceurs" qui jouent de "fanatiques scènes" dans le but "d'en imposer au peuple crédule, de gagner sa confiance et de se rendre dans la suite, s'il est possible, un parti considérable" (Canapé, p.44–46). Le canapé est ensuite acheté par une vieille dévote dont le vieux directeur "l'aidait charitablement à médire de son prochain et à manger son revenu" (Canapé, p.49). L'auteur attaque également l'inhumanité et la gloutonnerie de cet homme. Ainsi, à l'exception du vieux procureur et de son maître clerc, tous les hommes que l'auteur satirise sont des hommes d'église.

L'atmosphère du *Canapé* diffère considérablement de celle du *Sopha* par le milieu dans lequel évolue l'histoire du canapé. Dans *Le Sopha*, à l'exception d'un épisode où l'âme d'Amanzéi occupe un sopha "terni, délabré" possédé par une danseuse, fille de "mauvaise compagnie", qui habite "dans une chambre triste, meublée au-dessous du médiocre" (S, p.571), Crébillon met en scène un microcosme mondain où évoluent des "roués au coeur épuisé, mais au langage élégant" et "de grandes dames ayant 'l'âme portée au plaisir', mais le souci des convenances"[4]. Ainsi, ce monde dans lequel évoluent les personnages de Crébillon, qu'ils soient hommes d'église ou nobles oisifs, est un monde raffiné d'où est bannie toute forme de grossièreté et où "dans les situations les plus scabreuses, les gens n'en gardent pas moins un langage honnête-étonnamment honnête[5]". En revanche, Fougeret de Monbron nous dépeint un monde grossier baignant dans une lumière à l'allure louche et inquiétante. En effet, après sa métamorphose, le canapé est acheté par la Fillon, propriétaire d'une maison de prostitution dont la clientèle se compose principalement de membres du clergé ribauds et paillards. L'auteur consacre même tout un chapitre à la description d'une "entrevue" entre une prostituée et un abbé de cinquante ans aux tendances sadomasochistes.

Cette maison mal famée devient également la scène d'une conversation scatologique répugnante entre la Fillon, deux prostituées, quatre moines et deux mousquetaires au moment où, en attendant le dîner, cette compagnie disserte sur "la puanteur des urines, après qu'on a mangé des asperges", "les choux-fleurs, qui ne font pas le même effet" et la farce à l'oseille qui "tient le ventre plus libre que les épinards" (Canapé, p.39). Le séjour du canapé dans la maison d'une vieille dévote donne encore l'occasion à l'auteur de faire des remarques écoeurantes sur le directeur glouton qui "donnait, sans façon, carrière à son ventre" et qui empoisonnait le canapé "tous les jours par les vapeurs d'une fausse digestion" (Canapé, p.50) et sur la dévote qui prend chaque jour un anodin dont une partie s'échappe de son derrière et que le canapé a la mortification de humer tous les jours (Canapé, p.50). Dans cette maison, le canapé est également témoin d'une scène violente lorsque le directeur prend un plaisir malsain à donner vingt coups d'étrivière sur le derrière de la jeune servante pour la punir d'une maladresse.

Contrairement à Crébillon que Pierre Martino décrit comme ayant "la main assez légère pour être convenablement inconvenant[6]" et qui réussit toujours à suggérer l'érotisme avec beaucoup d'élégance puisqu'il emploie des périphrases subtiles et des références obliques et compliquées, l'auteur du Canapé fait souvent la description de certaines choses sexuelles d'une façon très directe, brutale et crue. Ainsi, le chevalier raconte l'épisode où Printanière, une fée dont il était l'amant, le métamorphose en épagneul pour le protéger contre les désirs lubriques de Crapaudine. L'auteur profite de cette circonstance pour décrire une situation chargée d'érotisme en ces termes: "Je m'élançais le long de ses[Printanière] jambes, je lui baisais les genoux, et mes petites pattes et ma langue allaient fourrageant où elles pouvaient atteindre" (Canapé, p.14). Quand Printanière se retire pour la nuit, le chevalier reprend sa forme humaine avant de se mettre au lit avec elle. Ici, l'auteur renchérit sur les allusions faites précédemment et il écrit: "j'employai mon temps à tout autre chose qu'à lécher, comme je faisais un instant auparavant" (Canapé, p.15).

Outre le récit du canapé, le cadre de la narration de ce conte est également bien éloigné de celui du Sopha. Rappelons que, dans l'ouvrage de Crébillon, Amanzéi raconte son histoire à un couple royal. Certes, le sultan n'est pas l'homme du monde le plus spirituel ou le plus fin. Nous avons déjà parlé de son manque d'intelligence et de sa balourdise. Mais, malgré toute sa stupidité, ce souverain n'emploie jamais un langage malséant et il n'est jamais coupable d'indécence non plus. Quant à la sultane, elle est visiblement de ces femmes intelligentes et fines qui font honneur à leur sexe. À l'inverse de ce couple royal, les narrataires du chevalier du Canapé appartiennent à la bourgeoisie. Fougeret de Monbron laisse voir son mépris de la bourgeoisie quand il met en scène un couple qui démontre sa vulgarité à travers ses agissements gaillards. En effet, il s'agit d'un vieux procureur et de sa jeune femme que Christiane Mervaud décrit comme "Grands amateurs de grossièretés, parfaitement satisfaits par la teneur des histoires qu'on leur conte" (Mervaud, p.185). De plus, le procureur est un vieux vicieux qui va même jusqu'à "avoir quelques privautés incestueuses" (Canapé, p.55) avec sa propre nièce lorsqu'il lui glisse la main sous la jupe pendant qu'elle est endormie sur le canapé. Quant à la femme du procureur, elle l'a épousé avec l'espoir de l'"enterrer bientôt" "avec l'autre[son premier mari]" (Canapé, p.2) afin de jouir tranquillement des cinquante mille écus que ce nouveau mari lui offre avec le mariage. Cette dame ne néglige aucune occasion de tromper son mari avec le chevalier. Elle le fait la première fois, quelques heures après son mariage, pendant un court instant où le procureur s'absente du cabinet de toilette pour aller chercher un siège. Ensuite, elle passe toute sa nuit de noces avec ce jeune homme pendant que dort son mari "à qui l'on avait eu la précaution de faire prendre un breuvage soporatif" (Canapé, p.57).

Et, lorsque le chevalier décide de rentrer chez lui, elle essaie de l'en dissuader avec les promesses "de l'épouser aussitôt qu'elle aurait expédié son nouveau mari" (Canapé, p.57).

Contrairement aux interventions des narrataires du *Sopha* qui deviennent un élément constitutif du récit et que l'auteur utilise comme prétexte pour exposer ses réflexions sur les procédés de la technique narrative, les narrataires du chevalier du *Canapé* "se contentent d'échanger avec lui quelques remarques, le plus souvent anticléricales, en accord avec les tableaux qui ont été dépeints" (Mervaud, p.185). Ainsi, à l'imitation de Crébillon, l'auteur du *Canapé* met en place un système de récit second à l'intérieur d'un récit premier. Cependant, il néglige d'exploiter intelligemment ce cadre narratif car, chez Fougeret de Monbron, les narrataires ont tout simplement un rôle catalyseur puisqu'ils servent de prétexte à la narration du chevalier.

Comme nous l'avons mentionné dans notre Introduction, la plus ancienne remarque en ce qui concerne l'imitation des contes de Crébillon date de 1741. Il s'agit des *Lettres sur les affaires du temps*[7], une série de correspondances littéraires que Jacques-Elie Gastelier adresse chaque semaine, de 1738 à 1741, à Jacques-Louis-Sébastien Héricart de Thury, conseiller à la Cour des Aides de Paris. Le 14 décembre 1741, Gastelier écrit à son correspondant qu'il a "lu *Le Canapé*, ouvrage nouveau d'un auteur qui ne doit jamais se faire connaître s'il a quelque réputation d'esprit ou de moeurs à conserver". Les grossièretés que contient cet ouvrage est l'un des premiers éléments qui attirent l'attention de Gastelier: "Il ne rachète par aucun trait les grossièretés qu'il débite ni la faiblesse de son style". Il perçoit également l'ascendant du *Sopha* sur *Le Canapé*: "Il a imaginé son sujet d'après un petit ouvrage de M. de Crébillon le fils qui a pour titre: *Le Sopha couleur de rose*". Cependant, Gastelier note qu'il y a un immense écart entre les deux auteurs: "Il est si éloigné des grâces et de la diction de son original qu'on ne peut le regarder que comme une plate et mauvaise parodie d'une excellente pièce". Gastelier atteste aussi que le public de l'époque a fait mauvais accueil au *Canapé*: "Ce nouvel auteur est inconnu et heureusement pour lui; l'accueil qu'on a fait à sa production ne doit pas lui donner la démangeaison de se démasquer. Cependant cette drogue s'est vendue d'abord deux louis, et en huit ou dix jours, il est tombé au petit écu. Encore ne s'en débite-t-il guère". De plus, Gastelier ne se donne même pas la peine de raconter l'histoire du *Canapé*, sans doute parce que l'auteur "a imaginé son sujet d'après" l'ouvrage de Crébillon. Ouvrons ici une parenthèse pour préciser que, puisqu'il ne nous reste aucun exemplaire du manuscrit clandestin du *Sopha*, il nous est impossible d'affirmer si l'ouvrage de Crébillon portait bien à l'époque le titre du *Sopha couleur de rose*. Par ailleurs, rappelons que le premier sopha que l'âme d'Amanzéi occupe est "couleur de rose, brodé d'argent" (S, p.557). D'autre part, il n'est pas inutile de noter qu'il y a bien une remarquable symétrie entre les deux titres: *Le Sopha couleur de rose* et *Le Canapé couleur de feu*.

Lorsque Gastelier déclare que *Le Canapé* est si éloigné du *Sopha* que l'ouvrage de Fougeret de Monbron ne peut qu'être considéré comme une "plate et mauvaise parodie" du *Sopha*, il exprime son refus de reconnaître la moindre affinité entre les deux ouvrages. L'utilisation des adjectifs *plate* et *mauvaise* laisse entendre que, selon Gastelier, l'auteur du *Canapé* n'a même pas le mérite de pouvoir reproduire, même d'une manière burlesque, le style de Crébillon. Signalons que, selon le dictionnaire de Furetière, au XVIIIe siècle le terme *parodie* signifie *plaisanterie poétique, qui consiste à appliquer, dans un sens railleur, à une personne que l'on veut, les vers d'un autre, et à tourner un ouvrage sérieux en burlesque, en affectant d'observer autant qu'il est possible les mêmes rimes, les mêmes paroles, ou cadences.*

D'autre part, l'emploi du mot *parodie* par Gastelier nous incite à explorer la possibilité, dans la pratique mimétique de Fougeret de Monbron, d'une intention parodique à l'égard du *Sopha*. L'élément essentiel de la pratique parodique, telle que l'entend Gastelier, est la *plaisanterie poétique.* Ceci indiquerait que l'auteur du *Canapé* pratique une espèce de jeu stylistique. Gérard Genette appelle ce jeu *pastiche* ou "imitation en régime ludique" puisque cette pratique mimétique "vise une sorte de pur amusement ou exercice distractif, sans intention agressive ou moqueuse"[8] et elle est dépourvue de "fonction satirique" (p.34). Si on poursuit la pensée de Genette sur le pastiche, on constate que *Le Canapé* ne peut être désigné comme un pastiche du *Sopha* puisqu'il n'y a aucun élément dans le texte de Fougeret de Monbron ou dans son paratexte qui permette à l'auteur de conclure avec son public ce que Genette désigne comme le "*contrat de pastiche* que scelle la co-présence qualifiée, en quelque lieu et sous quelque forme du nom du pasticheur et de celui du pastiché: *ici, X imite Y*" (p.141). Et, comme le dit encore Genette, "Le véritable pasticheur veut être reconnu—et apprécié—comme tel" (p.181).

Puisque *Le Canapé* ne peut pas être classé comme un pastiche du *Sopha*, nous allons essayer de voir si ce texte serait ce que Genette désigne comme une *charge* ou "une imitation en régime satirique, dont la fonction dominante est la dérision" (p.92). Genette ajoute que la pratique de la charge "s'accompagne presque constamment, par voie paratextuelle (préfaces, notes, interviews, etc.), d'un commentaire chargé de mettre les points sur les i". De plus, le texte imitatif contient souvent des "allusions malignes à la personne et à l'oeuvre de l'auteur-modèle" et ces allusions "fonctionnent comme indices ou signaux fonctionnels" (p.96). Puisque l'étude méticuleuse du paratexte aussi bien que du texte de *Canapé* ne révèle aucun indice qui signale l'intention parodique de Fougeret de Monbron aussi bien qu'aucune allusion à Crébillon ou au *Sopha*, il est certain que, contrairement à l'opinion de Gastelier, Fougeret ne parodie pas le texte de Crébillon.

Il est clair que, malgré son imitation transparente de certaines facettes du *Sopha*, Fougeret de Monbron n'a aucune intention de confesser l'ascendance littéraire de cet ouvrage sur *Le Canapé*. Pourrait-on donc conclure que l'ouvrage de Fougeret de Monbron est ce que Genette appellerait une *forgerie* ou "un texte aussi ressemblant que possible à ceux du corpus imité, sans rien qui attire, d'une manière ou d'une autre, l'attention sur l'opération mimétique elle-même ou sur le texte mimétique, dont la ressemblance doit être aussi transparente que possible, sans aucunement se signaler elle-même comme ressemblance, c'est-à-dire comme imitation" (p.94)? *Le Canapé* est-il un texte imitatif qui veut se faire passer "pour authentique aux yeux d'un lecteur d'une compétence absolue et infaillible" (Genette, p.94)? Dans la première partie de ce chapitre, nous avions énuméré certaines différences entre *Le Sopha* et *Le Canapé*. Soulignons encore une fois, l'absence, dans *Le Canapé*, du décor pseudo-oriental devenu de rigueur pour le conte crébillonien, et la présence d'un décor qui se veut être ouvertement parisien. La présence très marquée de grossièretés scatologiques aussi bien que sexuelles dans le texte de Fougeret de Monbron est un aspect qui doit également être souligné plus d'une fois. De plus, le beau monde et le raffinement linguistique qui y est associé (les éléments par excellence du texte crébillonien) brillent par leur absence dans *Le Canapé*. Les différences entre les deux textes sont si flagrantes que *Le Canapé* ne peut certainement pas être appelé une forgerie du *Sopha*.

Ceci nous amène à réfléchir sur les intentions derrière la production de Fougeret de Monbron. Comme nous l'avons démontré plus haut, il est clair que cet auteur emprunte beaucoup au *Sopha*. Cependant, son choix délibéré de certains éléments qui sont loin des contes de Crébillon révèle sa volonté de se distancier de son auteur-modèle. Donc, il s'ensuit nécessairement que Fougeret de Monbron n'avait aucune intention de faire passer son ouvrage pour un texte écrit par Crébillon. De plus, puisque "l'état idéal commun au pastiche et à la charge peut être défini comme un état d'imitation *perceptible comme telle*" (Genette, p.94–95), il est certain que Fougeret de Monbron n'avait aucune intention de pratiquer une imitation de nature ludique ou satirique des contes de Crébillon car il ne fait aucune référence parodique à Crébillon et à ses ouvrages dans *Le Canapé*. Donc, puisque Fougeret de Monbron ne pratique ni la forgerie, ni le pastiche ni la charge, on pourrait avancer que cet auteur voulait simplement exploiter le goût du public pour le nouveau genre lancé par Crébillon. Toutefois, il semble que Fougeret de Monbron ait voulu essayer d'innover la mode de ce nouveau genre en y introduisant des éléments grossiers. Puisque *Le Canapé* est très mal reçu de la critique et du public, il est certain que son lectorat ne goûte pas les nouveautés présentes dans cet ouvrage. Ce qui laisserait entendre que ceux-là mêmes qui goûtent l'érotisme et la frivolité apparente du texte crébillonien, rejettent unanimement les grossièretés du *Canapé*. Par conséquent, on pourrait affirmer que le lectorat du conte crébillonien est bel et bien capable de discerner le beau de la laideur et le raffinement de la grossièreté.

Nous avons retrouvé une autre opinion dépréciative sur l'ouvrage de Fougeret de Monbron. Il s'agit d'une allusion faite au *Canapé* dans une lettre adressée au président Bouhier par l'abbé Jean Baptiste Bonardy, docteur de Sorbonne et bibliothécaire du cardinal de Noailles. En effet, le 5 janvier 1742, Bonardy porte ce bref jugement peu flatteur sur l'ouvrage:

Je ne vous dis rien du *Canapé*, parce qu'on m'a dit que ce n'est qu'une sottise, sottement écrite, ou plutôt *cyniquement*. Crébillon le fils a écrit quelque chose avec le même titre, mais qui n'est point imprimé, et qui est tout différent selon ses amis[9].

Ces commentaires appellent plusieurs remarques. Comme Gastelier, Bonardy ne prend même pas la peine de raconter l'histoire du *Canapé*. Il se contente de qualifier cet ouvrage de "sottise" (mot qui, à l'époque, signifie *imprudence, impertinence, folie, bêtise*) qui est "cyniquement" écrite. Selon le dictionnaire de Furetière, l'épithète *cynique* évoque des *manières effrontées* et est donnée aux *expressions trop hardies, et qui blessent la pudeur*. Bonardy fait, sans aucun doute, allusion aux grossièretés que l'ouvrage contient. De plus, Bonardy ne parle pas du *Canapé* comme d'une imitation du *Sopha* car il a appris de source sûre (les amis de Crébillon) que, hormis le titre, l'ouvrage de Crébillon n'a rien en commun avec celui de Fougeret de Monbron. C'est évident qu'il y a (soit chez Bonardy ou chez ceux qui lui ont parlé de ces ouvrages) une certaine confusion quant aux titres des deux ouvrages. Cela est sans doute dû à cette symétrie dont nous avons parlé plus haut. Cependant, à l'exception du rapprochement qu'on fait entre les titres, il semble que certains lecteurs n'associent pas *Le Canapé* avec *Le Sopha*. De plus, Bonardy confirme pour la postérité que *Le Sopha* circulait sous forme manuscrite avant sa publication officielle en février 1742. Ses "on m'a dit" et "selon ses amis" indiquent qu'il n'a lui-même pas pris connaissance des deux ouvrages mais qu'il rapporte ce dont il a entendu parler par son entourage. Le fait qu'il ne fait aucune observation négative sur l'ouvrage de Crébillon peut signifier qu'on ne lui en a pas dit du mal, surtout que ses informateurs ne semblent percevoir aucun lien de parenté entre les deux ouvrages. Donc, ces commentaires de Bonardy indiquent que certaines personnes ne perçoivent pas l'ouvrage de Fougeret de Monbron comme une imitation du *Sopha*, quelle que soit la nature de cette imitation.

Un autre critique de l'époque, journaliste au *Sage Moissonneur*[10], émet un avis analogue à celui de Gastelier quant à son opinion sur l'identité de l'auteur du *Canapé*. Rappelons que Gastelier déclare que l'auteur a raison de taire son nom puisque c'est sûr que sa réputation sera ternie s'il révèle son identité. La remarque du journaliste du *Sage Moissonneur* sur la question de l'identité de l'auteur ressemble presque mot pour mot au commentaire de Gastelier lorsqu'il soutient l'opinion qu'il est préférable que l'auteur du *Canapé* cache son identité. Donc, dans sa livraison de juillet 1742, ce périodique annonce simultanément la parution du *Sopha* et du *Canapé* sous la rubrique des *Nouvelles littéraires*. Il est intéressant de juxtaposer les commentaires du critique en ce qui concerne ces deux ouvrages et d'essayer de voir la différence marquante qui existe entre les deux jugements. Le journaliste conclut son bref compte rendu de l'histoire du *Sopha* avec ces remarques: "Le style en est très coulant, la critique forte et farcie de discours libres; cependant les gens oisifs et qui aiment ces sortes de lectures romanesques pourront y trouver un plaisir".

Quant au *Canapé*, le critique (tout comme Gastelier et Bonardy) ne prend même pas la peine de raconter l'histoire de l'ouvrage. Il se contente de prononcer un jugement qui en dit long sur sa perception de l'ouvrage. En effet, il condamne l'entreprise honteuse de l'auteur: "L'auteur de cette brochure a fait très sagement de cacher son nom au public. Je ne crois pas qu'il puisse se glorifier d'une pareille production. Elle conviendrait mieux à un crocheteur qu'à un homme qui se pique de littérature". Ce journaliste évoque également le caractère sale, grossier et ordurier de l'ouvrage qui, selon lui, n'est pas digne d'un homme de lettres: "En effet, il n'a guère paru d'ouvrage plus sale et mieux fourni de grossières obscénités, tout y inspire la débauche et le plus honteux libertinage. Je m'étonne qu'un libraire sensé puisse se charger de l'impression d'un pareil livre, sans rougir de honte d'oser infecter le public de pareilles ordures". Comme Gastelier, ce critique est conscient de la pratique mimétique de l'auteur du *Canapé*. De plus, il reconnaît la supériorité que *Le Sopha* a sur le texte imitatif de Fougeret de Monbron: "L'imagination de cette brochure n'est rien moins que neuve. L'auteur l'a pillée du *Sopha*. Aussi lui ressemble-t-elle, mais en laid".

Dans les deux ouvrages, il s'agit toujours d'un même type de situations: les ébats sexuels illicites des couples sur le sopha ou le canapé. Il est évident que le journaliste ne perçoit pas les ébats sexuels des deux ouvrages de la même façon et qu'il différencie deux situations qui risquent d'être confondues. Puisque le journaliste évoque la débauche et le libertinage comme étant parmi les traits qui discréditent le *Canapé*, c'est clair que, selon lui, les situations de nature sexuelle du *Sopha* sont loin d'être de la débauche ou du libertinage. Quoiqu'il reconnaisse que l'ouvrage de Crébillon contient des "discours libres", il se montre très indulgent envers ce texte. Certes, il n'estime pas la lecture de cet ouvrage comme une activité de caractère particulièrement cérébral puisqu'il constate que l'ouvrage a de quoi plaire aux oisifs, amateurs de lectures romanesques. Mais l'absence d'épithètes négatives dans le compte rendu du *Sopha* confirme qu'il considère cet ouvrage comme étant digne d'un homme "qui se pique de littérature". De plus, ce critique est un observateur perspicace qui réussit à pénétrer la surface divertissante de l'ouvrage de Crébillon pour noter que l'ouvrage contient également une "critique forte". Toutefois, il ne dit rien sur la veine satirique du *Canapé*, ce qui s'explique peut-être par l'imposante présence de la paillardise qui masque l'intention critique de l'auteur.

Si on résume tout ce qui transpire à travers cette étude de la réception du *Canapé* par rapport au *Sopha*, on peut affirmer qu'à sa sortie, *Le Canapé* est bien perçu comme une imitation assez flagrante mais très imparfaite du *Sopha*, et ce malgré le fait que l'ouvrage de Crébillon circule toujours dans la clandestinité. Ceci atteste également qu'à l'époque, *Le Sopha* est très lu même avant d'être officiellement publié. La présence, dans le texte de Fougeret de Monbron, d'éléments grossiers et d'une veine populaire et gauloise contribue grandement à la mise en place d'un écart entre les deux textes. Il est intéressant de noter que la critique perçoit cette différence malgré la présence du thème de l'acte sexuel clandestin dans les deux ouvrages. Comme *Le Sopha* met en scène la bonne société, cela satisfait le goût généralement témoigné à l'époque pour une certaine élégance. Puisque c'est la classe dominante qui décide en quoi consiste le bon goût, il n'est pas étonnant qu'un ouvrage qui reflète l'image brillante du grand monde ait la préférence de ce même grand monde.

De plus, les critiques de l'époque sont d'accord pour dire que, malgré l'effort d'imitation, l'auteur du *Canapé* n'est pas en mesure de reproduire "les grâces", "la diction" et le style "coulant" de l'auteur du *Sopha* puisque, rappelons-le, Fougeret de Monbron à tendance à employer un ton paillard à l'opposé du raffinement linguistique de Crébillon et de son spirituel libertinage. Par conséquent, ceci laisserait entendre que Crébillon a un style inimitable qui est propre à lui et, ce qui est plus intéressant, une manière élégante de dire des choses qui risquent de passer pour des indécences si elles ne sont pas dites d'une certaine façon. Il n'est pas inutile de rapporter les commentaires de Raymonde Robert sur la différence fondamentale entre les deux auteurs. Robert est d'avis que Fougeret de Monbron s'occupe du "vice" des gens du commun, sexualité grossière présentée dans son contexte brutal" et qu'"une physiologie immédiate s'y découvre à nu chez des partenaires insensibles aux nuances et muets la plupart du temps". D'autre part, elle trouve que Crébillon "s'en tient aux vices des gens cultivés, aux attitudes savamment calculées, au comportement nuancé de débauchés habiles au maniement de ces discours qui seuls sont capables d'embellir de "toute la délicatesse et de toute l'élégance possibles" une réalité identique"[11].

Ainsi, cette étude de la réception du *Canapé* démontre que la critique perçoit bien un certain lien avec *Le Sopha*. Toutefois, puisque les commentateurs n'explorent même pas les affinités qui existent entre les deux textes, cela semble indiquer que la pratique mimétique de Fougeret de Monbron ne donne naissance à aucun heureux résultat. Les commentaires que nous avons cités révèlent aussi que la parution du *Canapé* donne à la critique une occasion de plus pour faire l'éloge du style aussi bien que des ouvrages de Crébillon. De plus, l'étude du *Canapé* indique que son auteur n'avait aucune intention de parodier Crébillon et qu'il n'avait non plus aucune intention de faire passer son texte pour une production crébillonienne. Puisque l'imitation a souvent valeur de commentaire, on pourrait avancer qu'à travers la pratique mimétique de Fougeret de Monbron, perce son admiration pour Crébillon. Lorsque Fougeret de Monbron décide de modeler son ouvrage sur *Le Sopha*, il cherche sans doute la poursuite d'un "accomplissement littéraire préexistant" (Genette, p.92). En dépit de la nature grossière ou des faiblesses esthétiques du *Canapé*, il n'empêche que ce texte se présente, de manière indirecte, comme un hommage de son auteur à l'auteur du *Sopha* puisque Fougeret de Monbron décide d'emprunter certains éléments à Crébillon.

Notes

1   Katherine Landolt Gee, *"Le Canapé*: Une erreur bibliographique rectifiée"*, Revue d'histoire littéraire de la France* 5 (1978): 790–792.

2   Voir le chapitre 3.

3   Louis Charles Fougeret de Monbron, *Le Canapé couleur de feu, histoire galante*, Le Coffret du Bibliophile (Paris: Bibliothèque des curieux, 1912), 20.

4   Christiane Mervaud, "La narration interrompue dans *Le Sopha* de Crébillon", *Studies on Voltaire and the Eighteenth Century* 249 (1987): 185.

5   Philip Stewart, *Le Masque et la parole: le langage de l'amour au XVIIIe siècle* (Paris: José Corti, 1973), 150.

6   Pierre Martino, *L'Orient dans la littérature française au XVIIe et au XVIIIe siècle* (Paris: Hachette, 1906), 268.

7   Henri Duranton et al., éds., *Correspondances littéraires érudites, philosophiques, privées ou secrètes* (Paris-Genève: Champion-Slatkine, 1993), 4:673.

8   Gérard Genette, *Palimpsestes* (Paris: Seuil, 1982), 36.

9   Henri Duranton, éd., *Lettres de l'abbé Jean Baptiste Bonardy*, vol. 5 de la *Correspondance littéraire du président Bouhier* (Saint-Étienne: Université de Saint-Étienne, 1976–1988), 77.

10 *Le Sage Moissonneur ou Le Nouvelliste historique, politique, critique, littéraire et galant* (1742): 256–257.

11 Raymonde Robert, *Le Conte de fées littéraire en France de la fin du XVIIe à la fin du XVIIIe siècle* (Nancy: Presses Universitaires de Nancy, 1982), 267–268.

Chapitre 6

Angola, histoire indienne

Angola, histoire indienne, ouvrage sans vraisemblance, de Jacques Rochette de La Morlière (1719–1785), est parmi ces ouvrages que les critiques de l'époque ont accueillis comme imités des contes de Crébillon. Comme Crébillon, La Morlière utilise la fiction d'un décor exotique/oriental et féerique pour mettre en scène les moeurs dissolues de la bonne société parisienne. Ce conte pseudo-oriental, publié en 1746, est placé à l'intérieur d'un cadre narratif au décor français.

Dans une sorte de préface intitulée *On donnera dans peu la préface*, l'auteur met en scène un marquis et une comtesse qui appartiennent à la bonne société du XVIIIe siècle. En fait, il s'agit d'un petit-maître et d'une petite-maîtresse qui, tout comme les personnages du conte dont ils feront la lecture, emploient le jargon de la bonne compagnie. L'auteur souligne le ridicule des personnages de l'ouvrage et le caractère affecté de leur jargon en mettant certains termes et tournures en italique[1], ce qui fait que l'ouvrage romanesque ressemble plutôt à un manuel de conversations à la mode ou à un dictionnaire néologique. Laurent Versini, qui a étudié de près cet aspect d'*Angola*, est d'avis qu'"aucun document n'est aussi riche qu'*Angola*" car ce conte a "relevé mots et tours à la mode avec une cruauté qui confirme la portée satirique de l'ouvrage[2]".

Le marquis de la préface voit une brochure, intitulée *Angola, histoire indienne*, qui a été envoyée à la comtesse. Celle-ci demande au marquis de lui en faire la lecture et c'est ainsi que se déploie le récit d'*Angola*. *Angola* suit le schéma du conte de fées traditionnel: le héros princier Angola et sa princesse Luzéide, le méfait dont ils sont victimes à la suite d'un sort, les épreuves, la réparation du méfait et le dénouement heureux. Il s'agit toujours de l'histoire d'un prince, Angola, dont la famille est protégée par une bonne fée protectrice, Lumineuse. Des fées assistent à la naissance de ce prince "plus beau que le jour" (Angola, p.386) et elles le dotent de "toutes les bonnes qualités qui font estimer les hommes et adorer les souverains: vertu, courage, esprit, beauté" (Angola, p.387). Mais Mutine, une méchante fée qui est persuadée que le roi et Lumineuse lui ont fait un affront, jette un sort au prince. Comme dans tous les contes de fées, la fée protectrice Lumineuse a les moyens de désamorcer le méfait dont est menacé le héros princier. Lorsque le prince atteint l'âge de quinze ans, elle commence l'éducation du prince en lui faisant perdre son pucelage. Angola finit par prendre l'habitude de mener de front plusieurs aventures galantes avec les dames de la cour de Lumineuse qui lui sont obligées de son attention. Raymonde Robert est d'avis que "La brutalité avec laquelle *Angola* formule les raisons du succès du prince rend parfaitement compte du retournement ironique que les contes licencieux font subir au sujet traditionnel de l'éducation par les fées[3]". Et Jacques Barchilon remarque que le royaume de Lumineuse, "qu'on donne pour l'Asie", "ressemble fort à Versailles"[4]. Angola tombe amoureux de Luzéide, princesse de Golconde. Mais il a un rival en la personne de Makis, un génie, parent de la méchante fée Mutine. Makis enlève Luzéide. Malgré son penchant pour Angola, Lumineuse l'aide à secourir Luzéide. Mais Makis se sert d'un talisman pour se venger des amants. En effet, pendant leur nuit de noces, Angola n'arrive pas à faire l'amour avec sa femme parce qu'il s'endort à chaque fois qu'il désire faire l'amour. Lumineuse vient de nouveau à l'aide des époux. Entre-temps, le méchant génie prend possession du corps d'Angola et il réussit à faire l'amour avec Luzéide qui ne se rend pas compte de sa méprise. Finalement, Angola finit par être désenchanté et l'histoire se termine bien.

Nous remarquons que l'ouvrage de La Morlière présente beaucoup de caractères identiques à ceux de Crébillon en ce qui concerne les thèmes romanesques, les motifs aussi bien que les procédés de la narration. En effet, *Angola* a une parfaite ressemblance avec certains aspects de *Tanzaï*, du *Sopha* et même des *Égarements du coeur et de l'esprit*, roman mondain de Crébillon. L'auteur d'*Angola* emprunte plusieurs thèmes à *Tanzaï*. Il y a, d'abord, l'impuissance du héros le soir de ses noces. De même, le héros doit entreprendre un voyage au bout duquel il est désenchanté. Le dénouement "heureux" du conte de La Morlière est aussi problématique que celui de *Tanzaï* car l'ombre de l'adultère y plane. Comme Néadarné dans *Tanzaï*, la vertueuse princesse Luzéide perd sa virginité dans les bras d'un génie, rival d'Angola qui passe le reste de sa vie dans le doute quant à la première expérience sexuelle de sa femme. Il y a également l'épisode de l'infidélité d'Angola à la suite de sa découverte d'une jolie femme au bain (Ch. 19). Cet incident arrive bien après qu'Angola tombe amoureux de Luzéide. Ainsi, comme Crébillon dans *Tanzaï*, La Morlière subvertit l'image traditionnelle du grand amour romanesque virginal.

La Morlière emprunte aux *Égarements du coeur et de l'esprit* le thème de l'initiation sexuelle aussi bien que celui de l'initiation mondaine. L'initiation sexuelle du jeune homme naïf par une mondaine âgée est un thème que Crébillon inaugure et qui deviendra, par la suite, le grand motif littéraire du roman mondain de l'époque. En effet, Angola est initié aux plaisirs de l'acte sexuel par la fée Lumineuse, parente de sa mère et femme qui est, de toute évidence, beaucoup plus âgée que la propre mère du jeune homme. Cette situation rappelle Meilcour des *Égarements du coeur et de l'esprit* qui est séduit par Madame de Lursay, une amie de sa mère. L'auteur d'*Angola* emprunte encore un autre thème aux *Égarements du coeur et de l'esprit*: l'initiation mondaine qui est rendue possible grâce à la présence, auprès du jeune homme, d'un maître compagnon petit-maître qui l'initie à l'art de la galanterie et du bon ton. Ainsi, pendant son séjour à la cour de Lumineuse, Angola fait la connaissance d'Almaïr, "un des seigneurs de la cour le plus à la mode" (Angola, p.399), qui l'aide à acquérir "l'air du monde et de *l'extrêmement* bonne compagnie" (Angola, p.382). Tout comme Versac des *Égarements du coeur et de l'esprit* qui révèle à Meilcour les codes secrets du comportement libertin, Almaïr guide constamment Angola dans ses aventures galantes en l'aidant à déceler le désir brut que cachent le refus apparent et les paroles raffinées des femmes du grand monde.

La Morlière emprunte également à Crébillon cette tradition d'afficher son intention ironique et satirique afin de nouer la complicité avec le lecteur. Comme Crébillon dans *Tanzaï* et *Le Sopha*, La Morlière signale son intention ironique dès la page de titre puisqu'*Angola* porte un sous-titre subversif: *ouvrage sans vraisemblance*. De même, la première édition d'*Angola* est publiée à "Agra, avec privilège du Grand Mogol". Puisque le lieu de l'édition exotique était de rigueur pour ce nouveau genre, cette indication ne laisse aucun doute sur son caractère fantaisiste et son affinité avec le conte crébillonien. De plus, le conte de La Morlière est lu à l'intérieur d'un cadre constitué de l'appartement de la comtesse, tout comme le conte du *Sopha* qui est narré à l'intérieur du cadre constitué des appartements privés du sultan. Mais, contrairement au cadre du *Sopha* dont les personnages aussi bien que les narrataires appartiennent à un monde exotique, les narrataires présents dans le cadre d'*Angola* sont les contemporains de La Morlière. De même, et à l'opposé des interruptions du couple royal du cadre du *Sopha*, la comtesse et le marquis d'*Angola* n'interviennent jamais pendant la lecture du conte. Donc, La Morlière ne profite pas, comme Crébillon, de son système narratif pour disserter sur les procédés de la technique narrative romanesque. Par contre, la présentation géographique du lieu où se déroule le conte d'*Angola* ressemble presque mot pour mot à la description de la Chéchianée de *Tanzaï*. Ainsi, le conte de La Morlière se passe dans "une contrée fertile des grandes Indes, dont l'extrême exactitude de nos géographes modernes est parvenue, en dépit de Strabon et de Ptolémée, à nous faire perdre la véritable situation" (Angola, p 381) tandis que le conte de Crébillon se passe dans "la grande Chéchianée, pays aujourd'hui perdu par l'ignorance des géographes" (TN, p.219).

L'ouvrage de La Morlière commence avec une dédicace de l'auteur: "Aux petites-maîtresses" (Angola, p.373–374) dans laquelle, tout en leur rendant hommage, l'auteur dédie son livre aux petites-maîtresses qui sont "l'elixir précieux du beau sexe" qu'il adore. Lorsqu'il confesse que, dans son livre, il "trace une légère esquisse" de leurs "grâces enchanteresses", il ne laisse planer aucun doute sur le fait que, sous le couvert de l'exotisme et de la féerie, ce sont les petits-maîtres et petites-maîtresses de la société parisienne qu'il peint. Et, lorsqu'à la fin de cette préface, il précise: "Puissiez-vous, après le plus tendre égarement, l'[le livre]ouvrir pour y chercher de nouvelles leçons", il laisse entendre que son ouvrage est une espèce de manuel qui renferme une foule d'enseignements sur l'art d'être le parfait petit-maître. L'intention satirique de l'auteur devient plus évidente dans l'espèce de préface dans laquelle sont introduits le marquis et la comtesse. En effet, elle porte cette épigraphe d'Horace: *Quid rides? mutato nomine, de te Fabula narratur* que, dans son édition d'*Angola*, Raymond Trousson traduit comme suit: *Pourquoi ris-tu? Change le nom, cette fable est ton histoire* (Angola, p.375). La Morlière indique ainsi que ce qui suit est l'histoire de tous ceux qui sont impliqués dans son entreprise littéraire, c'est-à-dire les personnages du cadre, ceux du conte et le lecteur qui prend connaissance de son ouvrage. Malgré le caractère exotique du décor d'*Angola*, le langage et le comportement des personnages du conte ne diffèrent guère de ceux de la comtesse et du marquis du cadre. Cette mise en abîme fait ressortir l'intention satirique de l'auteur à l'égard des petits-maîtres et petites-maîtresses de la bonne compagnie de l'époque car c'est principalement le jargon recherché de la noblesse et leur frivolité que vise la satire de l'auteur. Quant au lecteur de l'époque, quoiqu'on n'ait pas de données statistiques et sociologiques précises sur le public auquel s'adresse l'auteur, on pourrait hasarder la théorie qu'un ouvrage tel qu'*Angola* était susceptible d'intéresser ces mêmes nobles oisifs que La Morlière satirise dans son ouvrage. Ainsi, comme Crébillon, La Morlière critique ceux-là mêmes dont est constitué le lectorat de son ouvrage. Il termine cette préface en se moquant impunément de sa propre créature lorsqu'après avoir mis une abondance de jargons en italique dans la bouche de sa petite-maîtresse, il lui fait dire que "ce qui est adressé aux petites-maîtresses est fort éloigné de" son "genre", qu'elle "les *abhorre*" et qu'elle est "leur *ennemie jurée*" (Angola, p.379).

Comme Crébillon, La Morlière prend également pour cible le conte de fées traditionnel dans le chapitre qui fait fonction de préface. L'auteur subvertit son propre discours puisque c'est le marquis du cadre qui fait une critique acerbe du conte lorsqu'il voit l'exemplaire d'*Angola* chez la comtesse. Sans même ouvrir le livre, il essaie de deviner, avec succès d'ailleurs, tout le déroulement du conte. En effet, il récite le schéma traditionnel du conte de fées, sans oublier la fée protectrice du prince, les méfaits et la conclusion heureuse. Tout ceci est fait avec beaucoup de moquerie. Chemin faisant, il fait aussi référence aux "événements extravagants, où tout le monde aura la fureur de trouver *l'allégorie* du siècle" et au "dénouement bizarre, amené par des *opérations de baguette*, et qui, sans ressembler à rien, alambiquera l'esprit des sots qui veulent trouver un *dessous de cartes* à tout" (Angola, p.378). De nouveau à l'imitation de Crébillon, il donne à son lecteur ce qu'il vient de condamner, c'est-à-dire un conte qui suit de près le schéma traditionnel du conte de fées et où il pratique la subversion du conte de fées traditionnel. Quand le marquis parle de "*l'allégorie* du siècle" et du "*dessous de cartes*", il laisse entendre que le public a appris à pénétrer la surface frivole et extravagante du conte de fées puisqu'on cherche maintenant à deviner la réalité que masque la féerie. Rappelons que, dans son *Introduction* du *Sopha* (S, p.549), Crébillon soutient que les contes sont utiles à la société et il condamne l'être vulgaire qui n'apprécie pas les importantes leçons des contes. Il semble que les voeux de Crébillon sont exaucés puisque le lecteur de l'époque transcende la féerie et lit désormais le conte avec perspicacité, comme le témoigne la remarque du marquis.

Le sous-titre, le lieu de l'édition et l'épigraphe ne sont pas les seuls éléments du paratexte dont La Morlière, à l'imitation de Crébillon, se sert comme indices pour signaler au lecteur son intention satirique et ironique. Comme Crébillon dans *Tanzaï* et *Le Sopha*, l'auteur d'*Angola* donne à certains chapitres de son ouvrage des titres qui signalent au lecteur son intention ironique et la remise en cause de son propre discours. Ainsi, le premier chapitre a pour titre: "Introduction plus nécessaire qu'amusante". Nous retrouvons aussi des titres tels que: "Qu'on a sûrement prévu" (Ch. 2), "Aussi incroyable que le précédent" (Ch. 15), "Qui ne sera pas entendu de tout le monde" (Ch. 16) et "Nécessaire, quoiqu'ennuyeux" (Ch. 20).

Comme nous l'avons constaté, Crébillon se sert du masque de la féerie pour se moquer de certains événements de l'actualité aussi bien que de certaines personnalités de l'époque. La Morlière en fait de même. En effet, Trousson note que le portrait ironique du roi Erzeb-can, père d'Angola, désigne Louis XV "avec des allusions transparentes au règne du ministre Fleury, aux aventures galantes du roi et à la guerre de Succession d'Autriche" (*Angola*, p.381). Trousson note également qu'une longue tirade que La Morlière fait contre un auteur "sans esprit et sans délicatesse" qui "ne savait ni imaginer, ni peindre, ni écrire" (*Angola*, p.445) vise, en fait, le marquis d'Argens. Toujours selon Trousson, l'auteur d'*Angola* fait une critique virulente de l'abbé Desfontaines, à "*l'âme de boue*", qu'il désigne par des épithètes telles que "furie", "*sangsue*", "chien hargneux", "homme sans moeurs et adonné aux crapules les plus détestables" (*Angola*, p.447–448). Dans le chapitre qui traite de la visite à l'opéra, La Morlière se moque des "partisans de la musique antique, plus radoteurs que respectables" qui s'efforcent de trouver des défauts dans un morceau de musique du "grand maître" au "talent supérieur" (*Angola*, p.400–401). Ici, Trousson signale que l'auteur fait allusion à la grande querelle musicale entre les lullistes, partisans de Lulli, créateur de l'opéra français et les ramistes, partisans de la musique nouvelle de Rameau.

À sa parution, *Angola* connaît un grand succès dont témoignent des extraits, datés de juillet 1751, des *Nouvelles littéraires*[5] de Raynal. La première chose dont parlent ces extraits est la différence entre le succès que l'ouvrage connaît à sa première parution en 1746 et l'insuccès de l'édition de 1751: "Il y a quatre ou cinq ans qu'il parut un roman intitulé *Angola*. Cette bagatelle, attribuée au chevalier de La Morlière, eut un grand succès. On vient de la réimprimer, et elle n'a pas réussi". Ce renversement de la fortune d'*Angola* s'explique par la mode finissante, vers cette époque, du conte crébillonien dont le public commence à se lasser[6]. Dans le répertoire de contes parodiques et licencieux publiés pendant le XVIIIe siècle de Robert (p.222–223), on note que la mode de ce type de conte, qui avait commencé autour de 1730 avec les contes de Hamilton et *Tanzaï* (1734), se termine vers 1754. De même, Marie-Louise Dufrenoy[7] reproduit des graphiques qui attestent que le conte est à son apogée en 1746 et que sa mode commence à régresser à partir de cette date.

Grâce aux indices laissés par La Morlière, Raynal reconnaît l'intention railleuse de l'auteur puisqu'il va au-delà de la couverture exotique et féerique d'*Angola* pour percevoir ce conte comme la satire de la bonne société de l'époque: "C'est une féerie où l'on tourne en ridicule le jargon et les moeurs du temps". Ces remarques de Raynal sont très justes puisque l'auteur lui-même désigne explicitement, à travers son paratexte, qu'il se moque du beau monde et qu'il pratique ce que Gérard Genette appellerait la *charge* ou le *pastiche satirique*[8] de leur jargon. Ainsi, lorsque La Morlière imite moqueusement la langue du beau monde parisien, il utilise l'italique pour souligner sa référence parodique au jargon des petits-maîtres car il tient à ce que cette imitation soit perceptible comme telle. D'ailleurs, dans sa préface, il ne cache pas qu'il se moque de la frivolité de ses propres personnages.

Comme nous l'avons déjà démontré, La Morlière imite également ce que Genette désigne comme l'*idiolecte*[9] de Crébillon. Raynal s'aperçoit bien de cette pratique puisqu'il note que La Morlière ne fait "le plus souvent que défigurer les expressions et les pensées de Crébillon fils, l'écrivain le plus voluptueux que nous ayons en notre langue". Ceci laisse entendre que Raynal perçoit *Angola* comme une imitation parodique (charge ou pastiche) du texte crébillonien et qu'il ne considère pas *Angola* comme une *forgerie* ou "un texte aussi ressemblant que possible à ceux du corpus imité" (Genette, p.94). Cependant, Raynal n'explore pas davantage la nature de cette imitation parodique. Ce qui fait qu'il nous est impossible de savoir avec certitude si le journaliste perçoit la pratique mimétique de La Morlière comme un pastiche (imitation "dont la fonction dominante est le pur divertissement") ou plutôt comme une charge (imitation "dont la fonction dominante est la dérision") (Genette, p.92). Raynal n'indique pas non plus s'il considère que les expressions en italique sont, selon lui, des exemples du défigurement de l'idiolecte de Crébillon par La Morlière. Ainsi, les commentaires de Raynal ne nous permettent pas de mieux analyser son appréciation d'*Angola* et sa perception de l'écriture de La Morlière par rapport à celle de Crébillon.

Par ailleurs, un autre journaliste, Jean-Louis Favier, décide d'explorer en profondeur la question de l'écriture mimétique de La Morlière dans le premier tome du *Spectateur littéraire*[10]. Ce commentateur publie, à l'époque de la première parution d'*Angola*, un article très détaillé sur l'ouvrage. Il commence son article avec ces remarques:

Je doute, Monsieur, si l'on doit savoir plus de gré aux inventeurs de certains genres pour les chef-d'oeuvres qu'ils nous ont donnés, qu'on ne peut leur vouloir de mal, pour avoir entraîné sur leurs pas une foule d'imitateurs, la plupart aussi gauches que l'âne du fable.

Ce critique enchaîne ensuite avec cet éloge de Crébillon: "L'ingénieux et charmant auteur de *Tanzaï*, est plus exposé que personne à ce reproche du public". Ainsi, comme la plupart de ses contemporains, Favier baptise Crébillon l'inventeur d'un genre. Puisqu'il emploie la périphrase "auteur de *Tanzaï*" pour désigner Crébillon, ce nouveau genre ne peut être que ce nouveau type de conte qui appartient bien à ce siècle. Il faut également préciser que Favier qualifie les ouvrages de Crébillon de chef-d'oeuvres. Ensuite, il atteste le succès de tous les ouvrages de l'auteur: "Le juste succès de tout ce qui est sorti de sa plume nous a inondé d'une infinité de copies croquées par des apprentis, où l'on ne retrouve jamais la *manière* de l'original, si vous en exceptez les morceaux entiers de leur modèle, que ces messieurs ont quelquefois la prudence de nous donner". Il faut aussi préciser qu'en 1746, Crébillon avait déjà donné ces cinq ouvrages au public: *Le Sylphe, Lettres de la marquise de M*** au comte de R***, Tanzaï, Les Égarements du coeur et de l'esprit* et *Le Sopha*. Si Favier accorde à *Tanzaï* cette position privilégiée, cela indique que ce conte est perçu par certains comme le prototype ("l'original") du genre dont Crébillon passe pour l'inventeur. Le journaliste emploie plus tard, au cours du même compte rendu, la périphrase "l'écrivain de *Sopha*", ce qui semble souligner le lien étroit qui relie le genre inventé par Crébillon à ce nouveau type de conte qui est propre au XVIIIe siècle.

La référence à cette inondation de la scène littéraire causée par l'"infinité de copies croquées par des apprentis" confirme que les ouvrages de Crébillon remportent un si grand succès qu'ils donnent suite à de nombreuses imitations, et que l'auteur est perçu comme le modèle que tous veulent imiter mais que personne n'arrive jamais à égaler. L'allusion littéraire à l'âne de la fable fait référence à une fable de La Fontaine intitulée *L'Âne et le petit chien*[11]. Cette fable qui commence avec ces vers:

> Ne forçons point notre talent;
> Nous ne ferions rien avec grâce.
> Jamais un lourdaud, quoi qu'il fasse,
> Ne saurait passer pour galant

évoque l'image grotesque et ridicule de l'âne qui, parce qu'il voudrait imiter les gestes aimables du mignon petit chien qu'on caresse, reçoit des coups de baton du maître. À travers son analogie entre les imitateurs de Crébillon et l'âne, Favier rabaisse ces "apprentis" au niveau d'animaux stupides qui font preuve de bêtise lorsqu'ils aspirent à des visées hors de leur portée. Puisque le journaliste souligne que c'est inévitable que l'inventeur d'un genre qui connaît un si grand succès ait des imitateurs, il est clair que c'est bien Crébillon qui est inéluctablement l'auteur à imiter.

Favier parle ensuite d'*Angola* en déclarant que cet ouvrage "mérite d'être distingué à certains égards des humbles productions de ce peuple servile". Ces remarques introductives ne laissent aucun doute sur le fait que Favier considère l'ouvrage de La Morlière comme une de ces "copies croquées par des apprentis". Quoiqu'il trouve qu'"'on ne peut affecter d'avantage l'imitation", Favier reconnaît qu'*Angola* est, dans une certaine mesure, un ouvrage à part qui a quand même certains mérites: "(il faut l'avouer) l'auteur a surpassé de beaucoup tous ceux qui l'ont précédé dans cette sorte de travail". Puisque Favier perçoit *Angola* comme étant, jusqu'à un certain degré, au-dessus des "humbles productions" que sont les imitations du texte crébillonien, cet ouvrage a droit à un compte rendu assez détaillé et il se met à raconter l'intrigue d'*Angola*.

Favier fait plusieurs remarques sur l'esthétique de l'écriture de La Morlière et ceci l'entraîne à passer certains jugements élogieux sur Crébillon. Ainsi, lorsque Favier commente la visite d'Angola à l'opéra, il déplore l'emploi, par La Morlière, des termes tels que "plastron" et "sirènes plâtrées"[12] qui "n'auraient jamais échappé à l'écrivain de *Sopha*". Puisque Favier est convaincu que certains termes malséants que La Morlière emploie ne risquent jamais de glisser dans le vocabulaire de Crébillon, il indique clairement que, selon lui, la décence et la délicatesse sont les éléments intrinsèques du style crébillonien. Il parle ensuite des insuffisances de l'auteur d'*Angola* quant à la description des galanteries et il condamne les faiblesses et la monotonie de ses "scènes du plaisir": "Si vous me demandez mon sentiment sur tout cela, je vous répondrai que j'excuse beaucoup cette monotonie de narration. Ce qu'on appelle *jouissances* est renfermé dans un cercle étroit d'idées et de mots. On a beau gazer et périphraser, le dictionnaire n'en est pas plus étendu que celui des paroles d'un opéra, il faut toujours en revenir aux mêmes circonlocutions". Favier reconnaît les contraintes linguistiques auxquelles est soumise l'expression verbale des "jouissances" et c'est précisément à cause de ces contraintes qu'il constate la prééminence de Crébillon par rapport à ses imitateurs: "et si l'inimitable auteur dont nous avons déjà parlé est parvenu à y répandre une certaine variété, c'est précisément parce qu'il y a réussi, que les imitateurs ne peuvent se flatter du même succès". Donc, selon Favier, Crébillon a le rare talent de pouvoir éviter la monotonie tout en demeurant dans les étroites limites de la décence et la supériorité de l'auteur se trouve justement dans son habileté à "répandre une certaine variété" dans ses descriptions des plaisirs de l'amour. Et lorsque Favier fait une distinction entre "cueillir" et "glaner" dans cette déclaration: "Traiter après lui des sujets tous semblables, ce n'est pas cueillir, c'est glaner", il tient à souligner que les imitateurs de Crébillon sont condamnés à se contenter de recueillir les bribes insignifiantes du maître. Ceci laisse entendre que la production de ce "peuple servile" ne pourra jamais surpasser celle de Crébillon.

Favier parle ensuite de la grande ressemblance entre l'impuissance d'Angola et celle de Tanzaï pendant leur nuit de noces. Il est d'avis qu'*Angola* contient "deux ou trois chapitres entièrement ressemblants au mariage de Tanzaï et à ses malheurs, si ce n'est pour le style" et que le personnage de La Morlière "est forcé d'essayer à peu près les mêmes remèdes" que Tanzaï. Cependant, il faut noter que le journaliste prend la peine de bien préciser que, malgré les similitudes entre les ouvrages des deux auteurs, il n'y a aucune ressemblance entre leur style. Favier termine son compte rendu d'*Angola* en invoquant, encore une fois, les "ressemblances un peu trop marquées avec des morceaux entiers des *Égarements du coeur et de l'esprit*, de *Tanzaï*, des *Lettres de la marquise de M**** et du *Sopha*". Il ajoute que cette situation risque de faire croire à certaines personnes qu'*Angola* est de Crébillon.

Favier nous livre également ses réflexions sur les raisons qui, selon lui, ont amené La Morlière à imiter Crébillon:

> Nourri de ces lectures, il a pu enrichir son imagination du butin de sa mémoire sans être pour cela plagiaire. Ces sortes de reminiscences sont l'effet ordinaire de l'habitude.

Malgré sa critique de La Morlière, il fait gracieusement une sorte d'apologie de l'auteur car il estime que l'auteur d'*Angola* ne peut pas être accusé de plagiat puisqu'il n'a pas intentionnellement copié Crébillon. Il est d'avis que la lecture des ouvrages de Crébillon a fait une si grande impression sur La Morlière que celui-ci ne peut pas s'empêcher de reproduire ce qui s'est imprimé dans sa mémoire. Ainsi, tout en constatant l'imitation de Crébillon par La Morlière, Favier met la pratique mimétique de l'auteur d'*Angola* sur le compte d'une appropriation inconsciente et presqu'innocente de certains traits crébilloniens. Cette remarque de Favier semble aussi indiquer que la lecture de la production crébillonienne est comme un sortilège qui soumet fatalement tout auteur-lecteur à la tentation de l'imitation. Ensuite, le journaliste affirme que les termes en italique d'*Angola* sont directement empruntés à Crébillon:

> Ce qui me prouve sa bonne foi, c'est qu'il a distingué en *petite italique* plusieurs pensées ou expressions qu'il avait puisées dans les mêmes sources. S'il ne l'a pas fait partout, il a cru sans doute que la différence se ferait sentir d'elle-même. Après tout, quiconque a pu s'y tromper ne mérite pas qu'on le désabuse.

Favier excuse la pratique mimétique de La Morlière car il est d'avis que l'auteur n'est pas coupable de malhonnêteté littéraire puisqu'il utilise l'italique pour indiquer son emprunt. La dernière remarque du journaliste révèle son profond mépris pour les lecteurs qui n'arriveraient pas à reconnaître une oeuvre de Crébillon authentique et qui seraient assez ignorants pour se tromper sur la paternité d'*Angola* et l'attribuer à Crébillon.

Les commentaires de Favier sur la présence de l'italique dans *Angola* nous poussent à explorer la pratique mimétique de La Morlière. Comme nous l'avons déjà dit, l'italique est utilisé par l'auteur comme un signe indicateur qui attire l'attention du lecteur sur son pastiche satirique ou, comme le dirait Genette, sa charge du jargon des petits-maîtres. D'ailleurs, l'auteur lui-même laisse assez d'indices dans sa préface pour signaler à son lecteur que son ouvrage fait la satire du beau monde. Cependant, Favier est d'avis que ces expressions en italique ont été "puisées" des ouvrages de Crébillon. Ceci nous amène à la question suivante: Est-ce que La Morlière fait également un pastiche (satirique ou non satirique) de Crébillon? Selon l'analyse de Genette, le pastiche satirique ou la charge "s'accompagne presque constamment, par voie paratextuelle (préfaces, notes, interviews, etc.), d'un commentaire chargé de mettre les points sur les i". De plus, un des éléments qu'un auteur utilise pour signaler son pastiche satirique est l'allusion maligne "à la personne et à l'oeuvre de l'auteur-modèle, jeu parodique sur les noms des personnages" (p.95). Si le contenu de son paratexte ne permet aucun doute sur l'intention satirique de La Morlière à l'égard des petits-maîtres, tel n'est pas le cas en ce qui concerne ses intentions à l'égard de Crébillon. Malgré les nombreuses ressemblances entre *Angola* et certains ouvrages de Crébillon, une étude méticuleuse d'*Angola* ne révèle aucune allusion à Crébillon, ni à ses oeuvres, ni à ses personnages. Rien qui puisse laisser croire que La Morlière prend à tâche de se moquer de Crébillon. Si La Morlière ne pratique pas le pastiche satirique de Crébillon, est-ce qu'il pratiquerait plutôt le pastiche non satirique que Genette définit comme "l'imitation en régime ludique, dont la fonction dominante est le pur divertissement" (p.92)? Genette écrit qu'

> un texte ne pourrait pleinement fonctionner comme pastiche que lorsque serait conclu à son propos, entre l'auteur et son public, le "contrat de pastiche" que scelle la co-présence qualifiée, en quelque lieu et sous quelque forme du nom du pasticheur et de celui du pastiché: *ici, X imite Y* (p.141).

Comme nous l'avons constaté, il n'y a aucune allusion à Crébillon dans le texte de La Morlière. Donc, puisqu'il n'y a aucun "contrat de pastiche" dans *Angola*, on ne peut pas affirmer que La Morlière pratique le pastiche non satirique/ludique de Crébillon. Finalement, l'italique élimine nécessairement le plagiat ou, comme l'appellerait Genette, la forgerie. Puisqu'une forgerie est "un texte aussi ressemblant que possible à ceux du corpus imité, sans rien qui attire, d'une manière ou d'une autre, l'attention sur l'opération mimétique elle-même ou sur le texte mimétique" (p.94), *Angola* ne peut pas être classé comme une forgerie du texte crébillonien. Car, en dépit de toutes les ressemblances d'*Angola* avec le texte crébillonien, c'est justement la présence de l'italique qui attire "l'attention sur l'opération mimétique" de La Morlière.

La réplique au compte rendu de Favier ne se fait pas trop attendre. En effet, dans le courant de la même année, un correspondant anonyme, que Trousson affirme être nul autre que La Morlière (Angola, p.370), prend la défense de l'auteur d'*Angola* dans une brochure de trente-six pages intitulée *Réponse au soi-disant Spectateur Littéraire au sujet de son avis désintéressé sur "Angola"*[13]. Ce défenseur de La Morlière commence sa réplique en déclarant qu'il est "révolté de cet amas de décisions sottes et pédantesques" et des "platitudes" de Favier. Il arrive sans tarder à Crébillon: "Votre invocation mêlée de reproches à l'ingénieux et charmant auteur de *Tanzaï* est la première de vos absurdités, parce que c'est la première de vos phrases". Ensuite, il entreprend de justifier son emploi du mot "absurdités" en démontrant que Favier a tort de désigner Crébillon comme l'inventeur du genre littéraire que La Morlière pratique. L'auteur de la *Réponse* conteste le jugement de Favier en défendant Crébillon en ces termes:

> Je le connais, il a du mérite et de la modestie et il n'a pas la fatuité de se donner pour créateur d'un genre, dont l'invention est plus ancienne que lui: votre érudition ou votre mémoire ne datent pas de bien loin (mon très cher et très borné spectateur) puisque vous ignorez qu'Hamilton a travaillé dans ce genre longtemps auparavant.

Tout d'abord, notons qu'à l'opposé de l'animosité dont il fait preuve à l'égard de Favier, l'auteur de la *Réponse* est dans de bonnes dispositions à l'égard de Crébillon. Et ce, malgré le fait que Favier s'est efforcé de souligner la supériorité de Crébillon sur La Morlière. Nous apprenons également que Crébillon est perçu comme une personne modeste qui n'a pas la prétention de se faire passer pour l'inventeur d'un genre. Cet auteur anonyme déclare ensuite, et à juste titre, que Hamilton a pratiqué ce genre bien avant Crébillon. Puisque l'auteur de la *Réponse* attribue la paternité de ce genre à Hamilton sans remonter plus loin dans le temps (jusqu'à, par exemple, Perrault), nous pouvons avancer la thèse que le XVIIIe siècle considère le conte crébillonien comme un genre littéraire qui est propre à cette époque. Il est clair que, pour ce défenseur de La Morlière, les contes de Hamilton, Crébillon, La Morlière, etc. appartiennent à une catégorie littéraire à part, qui est bien distincte du conte de fées traditionnel du XVIIe siècle (qui, à l'époque, est également pratiqué par, par exemple, le comte de Caylus, Mlle de Lubert, Mme de Villeneuve, etc.) et à laquelle le conte de fées traditionnel (oriental ou non) n'est pas apparenté.

Le défenseur de La Morlière arrive ensuite à la critique de Favier quant à l'emploi par La Morlière des termes malséants tels que "plastron" et "sirènes plâtrées". Malgré l'effort qu'il fait pour défendre La Morlière contre ce blâme, il ne réussit pas à justifier l'auteur d'*Angola*. Voici ce qu'il écrit:

> Armé de la férule classique, vous châtiez des mots qui vous paraissent trop libres et qui n'auraient pas, dites-vous, échappé au charmant et ingénieux auteur du *Sopha*. Cet auteur est bien malheureux d'être incessamment le bouclier d'une dissertation aussi puérile que la vôtre. On rend justice à ses talents, mais il n'a pas tout trouvé et on peut faire des découvertes qui lui sont échappées, j'ose même dire et à vous, quel blasphème!

Notons que l'auteur anonyme ne réfute pas vraiment l'emploi de ces termes "trop libres" mais qu'il s'esquive, assez maladroitement d'ailleurs, en réitérant son ancien leitmotiv de la non-originalité de Crébillon. Quant à la référence aux "découvertes qui lui sont échappées", on se demande de quoi exactement il s'agit. Parle-t-il toujours de ces termes "trop libres"? Et qui est cet "on" qui a eu l'ingéniosité de faire ces "découvertes"? L'argument du défenseur de La Morlière manque de clarté, d'autant plus qu'il change brusquement de sujet après cette dernière phrase sans donner plus de détails sur la nature de ces "découvertes".

L'auteur de la *Réponse* parle ensuite des remarques de Favier sur la ressemblance d'*Angola* avec certaines parties des ouvrages de Crébillon:

> Terminons par l'avis charitable que vous donnez aux personnes qui pourraient être trompées par la ressemblance de cet ouvrage avec ceux de l'auteur de *Tanzaï*. Je vous le dis pour la dernière fois mon cher Spectateur, quittez la plaisanterie. Elle devient si maussade entre vos mains. Est-ce que tout le monde ne sait pas combien *Les Égarements du coeur et de l'esprit* et *Les Lettres de la marquise* ont peu de rapport avec un ouvrage comme *Angola* et combien il serait inutile de les avoir pillés.

L'auteur anonyme a tort de soutenir qu'*Angola* n'a rien en commun avec *Les Égarements du coeur et de l'esprit*. Comme nous l'avons établi plus haut, le thème de l'initiation, sexuelle aussi bien que mondaine, du débutant naïf du roman mondain de Crébillon inspire beaucoup La Morlière qui fait de son Angola un successeur de Meilcour et son Almaïr un successeur de Versac. Quant aux *Lettres de la marquise de M*** au comte de R****, on pourrait être tenté de se laisser tromper par les apparences et d'être d'accord avec cet auteur anonyme. Cet ouvrage de Crébillon est composé d'une série de lettres qu'une marquise écrit à un comte. Cette correspondance monodique peint la naissance de la passion chez la marquise, femme sensible mais vertueuse, sa lutte contre cette passion, sa défaite, sa capitulation devant le comte, l'homme de bon ton par excellence, ses souffrances à la suite de la négligence de celui-ci et finalement sa perte quand ses dernières paroles annoncent sa mort prochaine. Puisque cette correspondance est ce qu'Ernest Sturm appelle une "anatomie de la passion[14]", elle n'a visiblement aucun rapport avec le monde d'*Angola* où règnent la frivolité et le libertinage. Néanmoins, la marquise et le comte de Crébillon appartiennent à cette même bonne société parisienne que La Morlière met en scène sous le couvert de l'exotisme. Ainsi, à travers les lettres de la marquise, transparaissent le beau monde et ses membres hypocrites, oisifs et frivoles qui sont réincarnés en ces mondains d'*Angola*. Par conséquent, Favier a sans doute raison de voir chez La Morlière des échos de certaines parties des *Lettres de la marquise de M*** au comte de R****.

De nouveau, et pour la nième fois, l'auteur de la *Réponse* ressasse le même refrain en ce qui concerne l'invention de ce nouveau type de conte:

> Quant à *Tanzaï* et au *Sopha*, *Angola* est dans le même genre. J'en conviens. Je vous en ai nommé plus haut l'inventeur. Il est très permis à

tout le monde d'imiter Hamilton et *Tanzaï* n'a sur les autres que le droit d'ancienneté qui me paraît très futil.

Lorsque ce défenseur de La Morlière indique qu'il considère le mérite de l'ancienneté comme une futilité, il trahit son propre argument car, dans une de ses précédentes déclarations[15], il reconnaît que Crébillon "a embelli" le genre du conte. Ensuite, l'auteur de la *Réponse* aborde la fameuse question des "pensées ou expressions" en italique:

> Quant aux morceaux mis *en italique* et que vous prétendez être pris dans les ouvrages de l'auteur du *Sopha*, je rends à Monsieur de C[rébillon] toute la justice qui lui est due. Il est le premier dans son genre, mais l'excellent ne détruit pas le bon. Il serait d'ailleurs fort singulier que parce qu'il a bien écrit dans sa langue, il fût défendu à ceux qui écrivent après lui d'employer aucun des termes dont il s'est servi. On n'est plagiaire que quand on pille les pensées, et l'auteur d'*Angola* n'est point du tout dans le cas. Quant aux mots, ils appartiennent à tout le monde, cela est décidé.

L'auteur de la *Réponse* commence avec un éloge de l'habileté de Crébillon à manier la langue: "il est le premier dans son genre" "parce qu'il a bien écrit dans sa langue". Ensuite, il constate que "l'excellent ne détruit pas le bon", ce qui veut dire qu'il admet que La Morlière ne peut aspirer qu'à être "bon" puisque Crébillon est incontestablement "excellent". Toutefois, il remarque que, malgré sa supériorité, Crébillon n'a pas la monopolie de la langue car les mots "appartiennent à tout le monde".

Cependant, l'auteur anonyme ne fait aucun effort pour essayer de donner une explication qui puisse mettre fin aux spéculations soulevées par l'italique. En effet, il n'aborde même pas la question mais il se contente d'émettre l'opinion que le plagiat consiste uniquement à piller les pensées d'un autre. Ceci laisserait entendre qu'il ne conteste pas l'accusation de Favier selon laquelle les expressions en italique avaient été puisées dans les ouvrages de Crébillon. Ainsi, l'insuffisance de son argumentation affaiblit la cause de La Morlière car ce défenseur n'arrive pas à justifier l'utilisation de l'italique comme un signe de la satire de l'auteur et non pas, comme le pense Favier, comme la marque de l'emprunt direct à Crébillon. Si le défenseur de La Morlière définit le mot *plagiat* comme l'emprunt des "pensées", alors La Morlière est bel et bien coupable de plagiat car, comme nous l'avons démontré plus haut, il a effectivement emprunté plusieurs thèmes et techniques à Crébillon. L'auteur anonyme a sans doute ses propres raisons pour passer sur ces emprunts flagrants. Toujours, selon l'auteur de la *Réponse*, celui qui emprunte les tournures linguistiques d'un autre ne commet pas de plagiat car tout auteur a le droit d'employer des termes utilisés par un autre avant lui. Remarquons qu'à aucun moment, le défenseur de La Morlière ne conteste l'accusation de Favier selon laquelle les termes en italique ont été empruntés à Crébillon car il admet que l'auteur d'*Angola* a employé des "termes dont il[Crébillon] s'est servi". Sa défense manque de solidité car, malgré sa déclaration selon laquelle les "mots appartiennent à tout le monde", il admet indirectement que les termes employés par La Morlière appartiennent bien à Crébillon. Notre interprétation se base sur le fait que ce défenseur de La Morlière avoue inconsciemment qu'avant Crébillon, personne n'avait employé ces termes. En d'autres mots, cela veut dire que c'est à Crébillon que revient le mérite d'avoir pris les mots qui "appartiennent à tout le monde" et de les avoir façonnés en ces termes tant débattus. Si tel est le cas, ces termes peuvent, d'une manière légitime, être considérés comme l'invention de Crébillon. Par conséquent, quand La Morlière les emprunte, il devient nécessairement plagiaire. Mais le défenseur de l'auteur d'*Angola* se borne, malgré tout, à déclarer que La Morlière ne peut être appelé plagiaire.

L'auteur de la *Réponse* continue ensuite avec sa défense en ces termes: "D'ailleurs le plan d'*Angola* où il entre un genre de critique nouveau dans ces sortes de livres, ne permet pas cette ressemblance que vous prétendez être si aisée à reconnaître". Lorsqu'il parle de "critique nouveau", ce défenseur de La Morlière fait sans aucun doute référence à la satire du grand monde aussi bien qu'à celle de certains personnalités ou événements de l'époque qu'*Angola* contient. Il est étonnant que, contrairement à la plupart des critiques de l'époque, ce défenseur de La Morlière préfère ignorer la satire qui sous-tend la surface frivole des contes de Crébillon et qu'il attribue à *Angola* une nouveauté dont cet ouvrage ne peut pas se flatter. Comme nous l'avons déjà démontré, *Le Sopha* est la peinture critique des intrigues sexuelles du beau monde. Quant à *Tanzaï*, tout en étant principalement une satire des autorités de l'époque, cet ouvrage contient également des critiques à l'égard de la bonne compagnie. De même, Crébillon parle de la cour de Tanzaï comme d'"une cour où tout respirait le plaisir, où les femmes joignaient à leurs agréments ce que la coquetterie a de plus séduisant, où leur unique affaire enfin était d'exciter les désirs et de les satisfaire" et il remarque également que "pour quelqu'un à qui la vertu est recommandée, la Cour est un séjour très pernicieux" (TN, p.221). Nous remarquerons que la cour de Lumineuse, inventée par La Morlière, ne diffère guère de cette cour créée par Crébillon, selon Ernest Sturm[16], à l'image de la cour de Louis XV. Ce qui est encore plus étonnant, c'est que cet auteur anonyme contredit ses propres commentaires puisqu'au début de sa *Réponse*, l'auteur fait lui-même une remarque sur "cette tournure allégorique de critiquer les moeurs, en transportant les portraits dans des pays éloignés" qui est présente dans *Tanzaï*. On est donc en droit de se poser des questions sur la nature inégale de son argument.

Finalement, le défenseur de la Morlière termine sa réplique avec des remarques sur le style de La Morlière:

> Pour ce qui est du style, je ne fais point de comparaison. Bien des gens trouvent celui d'*Angola* plus haché que celui de bien d'autres, plus clair et moins hérissé de périodes et de parenthèses et par conséquent plus

harmonieux et plus intelligible. On ne lui conseille de changer avec personne. Il n'y a à désirer en lui qu'un peu plus de correction et d'exactitude, choses que vraisemblablement son âge nous met en droit d'espérer.

Cette partie réfute sans doute la remarque de Favier qui déclare que, sauf le style, il y a une grande ressemblance entre la situation d'Angola et celle de Tanzaï pendant leur nuit de noces et ce qui s'ensuit. L'auteur de la *Réponse* profite de l'occasion pour faire ressortir que si l'auteur d'*Angola* n'arrive pas à imiter le style de Crébillon, c'est à son avantage car il a l'heureuse fortune d'avoir un style plus net que certains écrivains de l'époque. Lorsqu'il fait allusion au style "hérissé de périodes et de parenthèses", on ne peut s'empêcher d'y voir une pointe à Crébillon qui est connu pour son style périodique. D'ailleurs, quelques années plus tard, le journaliste Fréron[17] condamnera ce trait du style crébillonien lorsqu'il se moque de l'abondante présence, dans *Les Heureux Orphelins* de Crébillon, des subordonnées introduites par des *qui, que, pour, quand, quelque*, etc. Il se peut également que le défenseur de La Morlière fasse aussi allusion au manque de clarté du style de Marivaux puisque, dans *Angola*, La Morlière décrit cet auteur comme quelqu'un à qui on reproche de "faire parler à l'esprit une langue inconnue", dont le style paraît "d'une affectation outrée" et qui trouve "le moyen singulier de se rendre *guindé* et obscur avec les termes les plus clairs et les plus communs" (Angola, p.446).

Il serait intéressant de voir ce que La Morlière lui-même dit de Crébillon. Nous avons un témoignage de première main qui nous vient de l'auteur d'*Angola* lui-même. Dans son ouvrage, l'auteur compose tout un chapitre (le chapitre 16) sur la description de la bibliothèque de Lumineuse. Il intitule ce chapitre: "Qui ne sera pas entendu de tout le monde". On se demande si ce titre mystérieux indique aux lecteurs qu'il s'agit d'un chapitre à clefs ou si La Morlière se moque plutôt de ses lecteurs (qui sont, rappelons-le, les représentants de "*l'extrêmement* bonne compagnie") en insinuant que ceux-ci ne connaissent rien aux belles-lettres et donc qu'ils ne comprendront rien de ce qui se dira dans ce chapitre. Dans ce chapitre, Angola passe en revue les ouvrages de la bibliothèque, ce qui fait que le lecteur a droit aux réflexions de La Morlière sur certains auteurs dont il ne révèle quand même pas l'identité. Parmi ces auteurs, Trousson identifie ces romanciers de l'époque: Marivaux, Prévost, Duclos et Crébillon. Voici en quels termes La Morlière parle d'un auteur que Trousson affirme être Crébillon:

Le prince trouva heureusement auprès de lui, et pour lui servir de correctif, les ouvrages charmants du premier auteur du siècle en ce genre. Cet homme, dans l'âge le plus tendre, avait connu le coeur et avait donné un ouvrage qui en développait les plus secrets ressorts. Un style noble, pur, aisé et orné de grâces inimitables, régnait dans ses écrits; il peignait les moeurs du siècle avec un naturel qui n'appartenait qu'à lui. Il s'était égayé dans des tableaux un peu plus frappants: il décrivait l'amour et ses situations les plus tendres avec une expression vraie qui portait à croire qu'il ne parlait que d'après l'expérience. Estimé des hommes pour la pureté de ses moeurs et la beauté de son génie, comment devrait-il être regardé des femmes, et quelle est celle qui ne devait pas désirer de recevoir des leçons d'amour de la part d'un homme qui savait si bien en décrire les charmes? Ses ouvrages, *marqués au bon coin*, étaient à l'abri des vicissitudes de la mode et des bizarreries d'un peuple inconstant (Angola, p.446–447).

S'il s'agit bien de Crébillon, ces extraits établissent la grande admiration de La Morlière pour Crébillon et la réputation de ce dernier, parmi ses contemporains, d'homme aux moeurs pures. Nous remarquons que l'auteur d'*Angola* loue le style de Crébillon aussi bien que son talent de décrire l'amour. Il soutient également que Crébillon est imbattable dans sa peinture naturelle des moeurs de l'époque. Cette opinion de l'auteur d'*Angola* confirme pour nous l'exactitude de l'image de la bonne société de l'époque que Crébillon nous donne dans ses ouvrages. La Morlière affirme également que Crébillon a la réputation d'être le "premier auteur du siècle en ce genre". Il s'agit sans aucun doute du genre romanesque puisqu'il place ce portrait de Crébillon parmi les autres grands romanciers de l'époque. Il ne serait pas inutile de noter que La Morlière donne à Crébillon une place privilégiée parmi les romanciers importants de l'époque. Quant à l'ouvrage que cet auteur avait donné "dans l'âge le plus tendre" et qui développe "les plus secrets ressorts" du coeur, il s'agit sans doute des *Lettres de la marquise de M*** au Comte de R**** qui paraît à l'époque où Crébillon a vingt-cinq ans. La dernière phrase de La Morlière constate que l'oeuvre de Crébillon est devenue classique car elle a la capacité de transcender les caprices de la mode et des lecteurs.

Des critiques modernes nous rapportent d'autres témoignages qui confirment que l'époque avait bien identifié l'écriture de La Morlière comme une pratique mimétique par rapport à la production crébillonienne. Ainsi, Antoine Adam cite Grimm qui appelle *Angola* "un brigandage éternel aux dépens de Crébillon[18]". Nous noterons que l'emploi du mot "brigandage" évoque des idées du vol, du pillage et de la malhonnêteté. Dans son édition d'*Angola*, Trousson rapporte qu'en 1748, le marquis d'Argens désigne La Morlière comme "le fade auteur d'*Angola*, misérable copiste des bons ouvrages de Crébillon, et qui, n'étant qu'un mauvais barbouilleur, voudrait imiter un excellent peintre" (Angola, p.371). Trousson cite également Jean-Baptiste Suard, un écrivain qui s'alignait sur le parti des Philosophes, qui parle d'*Angola* comme "d'une servile copie de *Tanzaï* et du *Sopha*". Donc, il est clair que la critique de l'époque perçoit La Morlière comme pratiquant le mimétisme par rapport à l'oeuvre de Crébillon dans la mesure où il pratique, dans *Angola*, l'idiolecte de plusieurs textes crébilloniens.

Puisqu'à aucun moment, La Morlière n'indique clairement ce qu'il doit à Crébillon, on aurait pu avancer qu'il est coupable de ce que Genette appelle *forgerie*. Cependant, et comme nous l'avons déjà dit, la présence, dans *Angola*, des termes en italique nous empêche de désigner la pratique de La Morlière comme une pure forgerie. Si, comme le considère Favier, l'auteur d'*Angola* utilise l'italique pour indiquer son emprunt à Crébillon, cela signifie qu'il rend indirectement hommage à Crébillon en soulignant son emprunt. Comme nous l'avons constaté plus haut, La Morlière fait bien un pastiche satirique du jargon et des moeurs des petits-maîtres. Toutefois, il ne fait pas nécessairement un pastiche, satirique ou non satirique, de l'écriture crébillonienne. Par conséquent, *Angola* devient un texte difficile à classer dans les catégories claires et nettes (*pastiche, charge, forgerie*) de Genette. Car rien dans le texte de La Morlière n'indique que son imitation de Crébillon est de nature satirique ou ludique. L'italique élimine également la possibilité d'une imitation frauduleuse. Précisons ici qu'il n'y aurait pas de problème de classification si on avait la preuve que l'auteur anonyme de la *Réponse* est bien La Morlière, car ce défenseur de La Morlière rend hommage au génie de Crébillon tout en reconnaissant que l'auteur d'*Angola* a certaines dettes envers Crébillon. Mais nous préférons faire nos réserves sur une paternité qui n'a pas encore été prouvée par les critiques.

Cependant, ce qui est certain, c'est que La Morlière imite l'idiolecte de Crébillon dans le but d'obtenir un aussi grand succès que l'oeuvre crébillonienne. Nous prenons le concept de l'idiolecte de Crébillon commme comprenant les motifs thématiques de ses ouvrages, la forme de son écriture aussi bien que son intention (la satire de certains cercles). Ainsi, la pratique mimétique de La Morlière représente un commentaire positif sur l'auteur imité, donc un hommage à Crébillon. Comme nous l'avons démontré, les critiques s'accordent à dire que, malgré tout son effort d'imitation, La Morlière n'arrive jamais à la hauteur de Crébillon, encore moins à le surpasser. De plus, ils font inlassablement l'éloge de l'unique et l'inégalable compétence stylistique et linguistique de Crébillon. Nous constatons aussi qu'en 1746, Crébillon jouit déjà de la réputation d'être l'inventeur d'un nouveau genre littéraire.

Ceci dit, précisons que, malgré le fait d'avoir été reconnu comme une imitation des ouvrages de Crébillon, *Angola* a quand même eu beaucoup de succès à sa parution. Trousson nous apprend que l'ouvrage eut deux éditions en 1746 et treize autres jusqu'en 1786 et il cite également le témoignage de plusieurs contemporains de l'auteur (Collé, Boudier de Villemert, le chevalier de Mouhy) qui attestent le grand succès de l'ouvrage à l'époque (Angola, p.369). Mais, malgré tout, l'ouvrage de La Morlière passe à la postérité comme le grand vaincu devant l'oeuvre de Crébillon, comme le témoigne un célèbre couplet manuscrit de l'époque dont nous avons retrouvé deux variantes. La plus ancienne variante date de 1777 et nous est rapportée par Jean François de La Harpe dans la correspondance qu'il adresse au comte André Shuvalov pour lui annoncer la mort de Crébillon. La Harpe signale à son correspondant que "cette assez jolie chanson", qui "n'est que gaie" et qui "ferait rire ceux qui aiment la bonne plaisanterie et ne révolterait pas les honnêtes gens" avait été composée, bien avant la mort de l'auteur, par certains hommes de

128

lettres que l'auteur avait offensés à l'époque où il était censeur de police. En effet, dans ce couplet, on se moque gentiment des Crébillon, père et fils, et on parle également d'*Angola*:

> Au boudoir on lit son *Sopha*[19];
> C'est là que vainqueur d'*Angola*,
> Il a surpassé La Morlière[20].

Ainsi, le texte imitatif de La Morlière ne réussit pas à arriver à la hauteur de l'oeuvre imitée.

Notes

---

1   Deux exemples d'hyperboles pour illustrer ce jargon: "vous devenez *d'une folie qui ne ressemble à rien*" et "je suis *malade à périr*" Jacques Rochette de La Morlière, *Angola, histoire indienne* in *Romans libertins du XVIIIe siècle,* édition par Raymond Trousson (Paris: Robert Laffont, 1993), 376 et 378.

2   Laurent Versini, "Néologie et tours à la mode dans *Angola*", *Travaux de Linguistique et de Littérature* 13, no. 1 (1975): 505.

3   Raymonde Robert, *Le Conte de fées littéraire en France de la fin du XVIIe à la fin du XVIIIe siècle* (Nancy: Presses Universitaires de Nancy, 1982), 259.

4   Jacques Barchilon, *Le Conte merveilleux français de 1690 à 1790* (Paris: Honoré Champion, 1975), 108.

5   Maurice Tourneux, éd., *Correspondance littéraire, philosophique et critique par Grimm, Diderot, Raynal, Meister, etc.* (Paris: Garnier Frères, 1877–1882), 2:85.

6   Voir la discussion détaillée de ce sujet au chapitre 4 (*Ah quel conte!*) de cet ouvrage.

7   Marie-Louise Dufrenoy, *L'Orient romanesque en France (1704–1789)* (Montréal: Éditions Beauchemin, 1946), 1:40–42. Dufrenoy écrit: "Bien que

la vogue de la fiction orientale n'ait pas progressé de façon uniforme [...], elle présente néanmoins, dans l'ensemble, un progrès continu, de 1704 à 1746, et une régression symétrique de la progression, de 1746 à 1790. L'apogée de la vogue de l'Orient se place nettement en 1746".

8   Gérard Genette, *Palimpsestes* (Paris: Seuil, 1982), 33.

9   Selon Genette, tout idiolecte est une collection d'idiotismes et "Un idiotisme est une locution propre à un idiome, c'est-à-dire une langue, ou un état de langue qui peut évidemment être un style individuel" (p.86).

10   *Le Spectateur littéraire ou Réflexions désintéressées sur quelques ouvrages nouveaux adressées à M. le Président de *** en province* 1 (1746): 49–69.

11   Jean de La Fontaine, *Oeuvres complètes*, édition par Jean Marmier (Paris: Seuil, 1965), 98.

12   Dans une note de son édition d'*Angola*, Trousson donne cette explication du mot *plastron*, tel qu'il était employé à l'époque: *on dit aussi qu'une fille est le "plastron" d'un homme qui ne la considère, comme une prostituée, que comme partenaire sexuelle* (Angola, p.400).

13   *Réponse au soi-disant Spectateur Littéraire au sujet de son avis désintéressé sur "Angola"* 1746.

14   Ernest Sturm, introduction aux *Lettres de la marquise de M*** au comte de R**** de Claude Prosper Jolyot de Crébillon, in *Oeuvres de Crébillon*, édition par Ernest Sturm (Paris: François Bourin, 1992), 57–67.

15   Nous avons commenté longuement cette déclaration au chapitre 1 de cette étude.

16   Ernest Sturm, "Notes du texte", *L'Écumoire* de Claude Prosper Jolyot de Crébillon (Paris: Nizet, 1976), 287.

17   *L'Année littéraire* 5, no.3 (1754): 49–64.

18   Antoine Adam, préface aux *Bijoux indiscrets* de Denis Diderot (Paris: Garnier-Flammarion, 1968), 12.

19   La deuxième variante est comme suit: "Son chef-d'oeuvre, c'est *Le Sopha*" (*Journal encyclopédique ou Universel dédié à son Altesse Sérénissime Mgr. le Duc de Bouillon, etc.* 7, no. 27 (1792): 362).

20 Jean François de La Harpe, *Correspondance littéraire adressée à Son Altesse Impériale Mgr. Le Grand-Duc, aujourd'hui Empereur de Russie, et à M. le comte André Schowalow, chambellan de l'Impératrice Catherine II, depuis 1774 jusqu'à 1789*, in *Oeuvres de La Harpe* (Paris: Verdière, 1820), 10:431.

Chapitre 7

Les Bijoux indiscrets

Parmi les conteurs que la critique de l'époque a qualifiés d'imitateurs de Crébillon se trouve un homme de lettres que le XVIIIe siècle, aussi bien que les siècles ultérieurs, connaissent comme savant et philosophe plutôt que comme auteur de contes à la manière de Crébillon. Il s'agit de Denis Diderot (1713–1784), auteur des *Bijoux indiscrets* (1748), ouvrage féerique dans la lignée du conte crébillonien. Pour les besoins de notre étude, nous nous abstiendrons de parler de la portée philosophique de l'ouvrage de Diderot. En revanche, puisque notre propos est l'écriture mimétique de Diderot, nous nous limiterons à l'étude de cet ouvrage en tant qu'imitation de l'écriture crébillonienne.

Cet ouvrage est publié en janvier 1748, sans le nom de l'auteur ni celui du libraire. Selon Antoine Adam[1], un libraire nommé Bonin, qui était aussi indicateur de police, dénonce tout de suite l'auteur et le libraire Durand qui avait acheté le manuscrit de Diderot. En mai 1782, dans un billet adressé au lieutenant de police Le Noir, l'auteur parlera des retombées de cette dénonciation en ces termes: "Quand j'étais jeune, j'habitais le 4e étage, j'écrivais des sottises, on m'a enfermé au donjon de Vincennes pour mes *Bijoux indiscrets*[2]". Madame de Vandeul, la fille de Diderot, rapporte que l'auteur fut arrêté le 4 juillet 1749 et enfermé à Vincennes jusqu'au 3 novembre de la même année[3]. Rappelons que, selon le dictionnaire de Furetière, le mot "sottise" signifie, à l'époque, *imprudence, impertinence, folie, bêtise, une folie d'esprit,* ou *une chose plaisante et un peu libre.* Quoiqu'il semble que l'auteur se reproche légèrement cette oeuvre de jeunesse, il ne la désavoue quand même pas. En effet, selon les extraits des mémoires de Naigeon[4] qu'Assézat rapporte, Diderot aurait déclaré à cet ami que ce ne sont pas les mauvais livres qui font les mauvaises moeurs d'un peuple, mais ce sont les mauvaises moeurs d'un peuple qui font les mauvais livres. Et l'auteur aurait ajouté: "Quoique le mien [...] fût une grande sottise, je suis très surpris de n'en avoir pas, à cette époque, fait de plus grande". Cette réflexion de l'auteur jette une lumière nouvelle sur le lien entre les moeurs de l'époque et la prolifération des ouvrages que la critique appelle licencieux et qui étaient modelés sur les contes de Crébillon.

Ce témoignage de Diderot semble confirmer que l'abondance d'ouvrages licencieux à l'époque n'était qu'un résultat direct de la licence des moeurs de l'époque et que le peintre des mauvaises moeurs n'était pas nécessairement celui qui avait de mauvaises moeurs. La réflexion de Diderot rejoint celle que Palissot fait sur Crébillon dans son *Nécrologe des hommes célèbres*[5]. En effet, Palissot compose un "Éloge de Monsieur Crébillon" dans lequel il écrit:

> il n'a peint que les moeurs de son siècle; [...] il a dû peindre ce qu'il voyait, et nous avons déjà observé qu'il pouvait nous dire:

> *Est-ce ma faute, à moi, si ces moeurs sont les vôtres?*

Les commentaires que Palissot fait sur Crébillon confirment également ce que Henri Coulet dit de cet auteur: "Crébillon est moins un romancier libertin qu'un romancier qui peint des libertins[6]".

Les deux premiers chapitres des *Bijoux indiscrets* parlent de la naissance, l'enfance, la jeunesse et la prise du pouvoir du prince Mangogul, fils d'Erguebzed, sultan du Congo. Ce schéma, qui suit de près le schéma du conte de fées traditionnel est aussi, rappelons-le, le schéma que Crébillon emploie dans *Tanzaï* tout en le subvertissant à travers la raillerie. Diderot en fait de même lorsqu'il décrit, de façon moqueuse, la naissance et la formation de ce prince qui "sut, à l'âge de vingt ans, boire, manger et dormir aussi parfaitement qu'aucun potentat de son âge"[7] et qui finit quand même par devenir un monarque de mérite. Un jour, le sultan Mangogul s'ennuie malgré la présence de Mirzoza, sa favorite, à qui il avoue que cela l'amuserait beaucoup de connaître les aventures galantes des femmes de sa cour. Celle-ci lui conseille de consulter le génie Cucufa sur ce sujet. C'est ici qu'apparaît pour la première fois, dans cet ouvrage, l'élément féerique. Mangogul évoque donc le génie qui lui fait don d'une bague magique qui a le pouvoir de faire parler le sexe (ou *le bijou*, comme le désigne l'auteur) des femmes. La suite de l'ouvrage est une succession d'*essais* ou d'aveux spontanés et audacieux des aventures sexuelles illicites racontées par le sexe des femmes de la cour de Mangogul qui doivent subir la mortification d'entendre leur sexe raconter, malgré elles, leurs secrets les plus intimes.

À l'imitation de Crébillon, l'auteur des *Bijoux indiscrets* affiche également son intention parodique satirique dans le paratexte de son ouvrage. En effet, dès la page de titre, Diderot proclame ouvertement l'appartenance de son ouvrage à cette tradition du conte crébillonien que l'époque est arrivée à reconnaître. Ainsi, à l'exemple de Crébillon, le texte de Diderot affiche, à travers son lieu d'édition imaginaire, "Au Monomotapa", la nature fantaisiste de son ouvrage. Le texte débute avec un billet adressé à une certaine Zima que l'auteur supplie de lire le texte qu'il a composé. Ce billet introduit le décor exotique/oriental qui est devenu de rigueur pour ce nouveau type de contes inauguré par Crébillon. Les premières phrases du premier chapitre renforcent cette filiation avec le conte crébillonien car l'auteur ancre son récit dans le Congo, pays qui n'a rien en commun avec l'état africain qui porte le même nom, dont la capitale est Banza, nom fantaisiste derrière lequel se cache Paris.

Dans le billet adressé à Zima, l'auteur essaie de persuader cette personne de lire son ouvrage en citant les sources et les modèles de son ouvrage. Ainsi, il souligne les liens qui existent entre son texte et les autres textes célèbres de l'époque lorsqu'il écrit ceci: "on sait que *Le Sopha*, Le *Tanzaï* et *Les Confessions*[8] ont été sous votre oreiller" (Bijoux, p.32). Puisque Diderot cite les deux ouvrages de Crébillon en premier, il démontre qu'il reconnaît la grande importance de l'ascendant des contes de Crébillon sur son ouvrage. Cette ascendance littéraire est étalée d'une manière encore plus évidente lorsque s'ouvre le premier chapitre de l'ouvrage. En effet, le lecteur lit ceci:

Hiaouf Zélès Tanzaï régnait depuis longtemps dans la grande Chéchianée; et ce prince voluptueux continuait d'en faire les délices. Acajou, roi de Minutie, avait eu le sort prédit par son père. Zulmis avait vécu. Le comte de ... vivait encore. Splendide, Angola, Misapouf, et quelques autres potentats des Indes et de l'Asie étaient morts subitement. [...] Le petit-fils de l'illustre Schéerazade s'était seul affermi sur le trône; et il était obéi dans le Mogol sous le nom de Schachbaam, lorsque Mangogul naquit dans le Congo (Bijoux, p.35–36).

Il n'est pas inutile de faire ressortir la position importante qu'occupe le nom de Tanzaï dans cet ouvrage. Puisque Diderot choisit de commencer son chapitre "Naissance de Mangogul" avec ce personnage de Crébillon, il est clair que l'auteur annonce son intention d'emprunter les voies tracées par Crébillon et qu'il proclame l'affinité de son personnage, Mangogul, avec celui de Crébillon. Lorsque Diderot évoque d'autres personnages[9] de contes crébilloniens (parmi lesquels se trouve aussi le sultan Schah-Baham du *Sopha*), il situe son propre ouvrage dans la lignée de tous ces contes qui sont désormais entrés dans la culture littéraire comme des récits qui utilisent le masque de la frivolité, de l'exotisme et de la féerie pour cacher l'intention satirique de l'auteur. Ainsi, Diderot se sert de ces références littéraires pour faire un clin d'oeil complice à son lecteur. Comme Crébillon, Diderot signale au lecteur la nature satirique de son ouvrage, ce qui permet au lecteur de comprendre la véritable intention de l'auteur et, par conséquent, d'aller au delà de la frivolité, de la féerie et de l'exotisme pour mieux décoder le texte.

Ce début de chapitre n'est pas le seul moment des *Bijoux indiscrets* où Diderot fasse référence à *Tanzaï*. L'auteur parsème son récit d'allusions littéraires à ce texte. Ainsi, quand Mangogul fait le premier essai de sa bague magique sur une jeune mariée, le sexe de celle-ci se plaint des précautions que l'épouse prend pour recevoir son mari et de la "profusion d'eau de myrte" dont on l'accable. Ensuite, ce bijou ajoute: "Encore une quinzaine de ce régime, et c'était fait de moi; je disparaissais, et monsieur l'émir [le mari] n'avait qu'à chercher gîte ailleurs, ou qu'à m'embarquer pour l'île Jonquille" (Bijoux, p.48). Diderot écrit qu'ici "les femmes pâlirent, se regardèrent sans mot dire, et tinrent un sérieux". Pour comprendre exactement ce que dit ce bijou, il est nécessaire de posséder tout un bagage littéraire qui est lié à l'allusion à l'île Jonquille, lieu fictif de *Tanzaï*. Seuls ceux qui ont lu cet ouvrage de Crébillon peuvent comprendre le sous-entendu de ce bijou. Dans *Tanzaï*, l'héroïne est incapable de connaître les plaisirs de l'amour à la suite d'un mauvais sort qui la laisse complètement "bouchée". Un oracle lui conseille d'aller sur l'île Jonquille où un génie met fin à son enchantement quand il fait l'amour avec elle. Le lecteur de l'époque comprend donc que cette épouse artificieuse des *Bijoux indiscrets* abuse d'une eau astringente pour essayer de dissimuler les traces des aventures galantes de son passé. Puisque Diderot ne prend pas la peine d'éclaircir cette plainte du bijou pour son lecteur, nous pouvons supposer qu'il était certain que l'insinuation allait être comprise. Cela laisse donc entendre que quatorze ans après sa publication, les petits détails du texte de Crébillon étaient toujours dans les recoins de la mémoire du public. Ainsi, cette référence à un épisode de l'ouvrage de Crébillon traduit le désir de Diderot de légitimer sa propre création romanesque en faisant appel à une allusion littéraire qui fait désormais partie de la culture.

Diderot fait une allusion similaire à *Tanzaï* dans le chapitre intitulé "L'amour platonique". Mangogul, Mirzoza et Sélim, un vieux courtisan, discutent de l'importance de la sexualité quant à la survie de l'amour. Sélim est d'avis que "si deux choses arrivaient, l'amour serait banni de la société pour n'y plus reparaître". Le sultan est d'accord avec Sélim sur ce point et il donne cette explication à la favorite: "C'est [...] si vous et moi, madame, et tous les autres, venions à perdre ce que Tanzaï et Néadarné retrouvèrent en rêvant" (Bijoux, p.250). Mirzoza est indignée d'entendre cette explication et elle s'exclame: "Quoi! vous croyez [...] que sans ces misères-là, il n'y aurait ni estime, ni confiance entre deux personnes de différent sexe?". De nouveau, il est certain que, pour le lecteur de l'époque, l'allusion à ces "misères-là" n'est pas un mystère. Il est également clair que, pour comprendre ce que signifient les paroles du Sultan et de Sélim, il est nécessaire de connaître l'ouvrage de Crébillon. En fait, le Sultan et Sélim parlent de la nécessité de l'acte sexuel car les personnages de Diderot font allusion au personnage princier de *Tanzaï* qui déclare avoir retrouvé l'usage de son organe génital à la suite d'un rêve. Il y a encore une référence à un épisode de *Tanzaï* dans le chapitre intitulé "Mangogul avait-il raison?". Ici, Mangogul a une petite discussion avec Mirzoza et il finit par s'exclamer: "Que je devienne taupe si vous ne l'avez pris à quelque bramine" (Bijoux, p.143). Rappelons que c'est dans *Tanzaï*, qu'une fée est métamorphosée en taupe.

Cette taupe de Crébillon revient de nouveau sous la plume de Diderot dans le chapitre qui met également en scène un bijou, nommé Girgiro l'entortillé, dont l'auteur rapporte le discours "académique" que Mangogul qualifie d'"amphigouri" "dénué de sens et de clarté" (Bijoux, p.170). Après avoir reproduit ce discours, l'auteur termine le chapitre en ces termes: "Si ce commencement n'a pas autant amusé que les premières pages de la fée Taupe, la suite serait plus ennuyeuse que les dernières de la fée Moustache" (Bijoux, p.172). Certains critiques modernes[10] s'appuient sur cette allusion à la fée Moustache pour affirmer que le discours de Girgiro est en fait un pastiche satirique de Crébillon. Nous n'en sommes pas si sûre car nous sommes d'avis que Diderot s'amusait, comme Crébillon, à tourner en dérision la préciosité du langage de Marivaux. Rappelons que, dans *Tanzaï*, Crébillon fait un pastiche satirique du style de Marivaux à travers le langage entortillé de la fée Moustache.

Puisqu'à la publication de *Tanzaï*, le public avait reconnu le pastiche pratiqué par Crébillon, il est certain que Diderot savait également que l'auteur de *Tanzaï* avait emprunté le langage entortillé de Moustache à Marivaux. L'extrait d'une lettre que Diderot adresse à Sophie Volland le 20 septembre 1765 atteste que l'auteur des *Bijoux indiscrets* était au courant de l'origine du langage de la taupe Moustache. En effet, dans cette lettre, Diderot fait lui aussi un pastiche de Marivaux et il conclut ainsi ce pastiche: "Eh bien! chère amie, ne trouvez-vous pas que, depuis la fée Taupe de Crébillon jusqu'à ce jour, personne n'a mieux su marivauder que moi?" (Correspondance de Diderot, v.5, p.125). Diderot n'avait aucune raison de viser Crébillon à travers le langage entortillé de Girgiro, d'autant plus qu'il savait que Crébillon pratiquait délibérément le marivaudage dans *Tanzaï*. Puisque Diderot fait référence au langage ennuyeux de Moustache (donc, de Marivaux) après le discours de Girgiro, notre opinion est qu'à travers le discours de Girgiro, Diderot ne fait que pratiquer, lui aussi, le pastiche de Marivaux. Ceci renforce également la thèse que nous avancerons plus loin et selon laquelle Diderot pratique ce que Gérard Genette appellerait une *forgerie*[11] de Crébillon. Ce pastiche de Marivaux ne servirait-il pas à mieux persuader le public que c'est bien Crébillon qui s'obstine toujours à se moquer de son confrère?

Si en 1765, Diderot se complimente sur son marivaudage épistolaire sans rien dire du marivaudage pratiqué dans *Les Bijoux indiscrets*, cela ne voudrait pas nécessairement dire que le discours de Girgiro était un pastiche de Crébillon et non pas le pastiche de Marivaux. Il se peut, qu'après toutes ces années, Diderot reconnaisse que son pastiche de Marivaux dans *Les Bijoux indiscrets* n'était pas aussi réussi que celui qu'il fait dans sa lettre à Sophie Volland. De plus, ces paroles de Diderot à Sophie Volland affirment que l'auteur des *Bijoux indiscrets* s'appuie sur la création mimétique de Crébillon pour mesurer le degré de réussite de son propre pastiche de Marivaux. Ce faisant, il reconnaît la grande habileté de Crébillon à imiter le langage de Marivaux. Lorsqu'il constate que, depuis la fée Taupe, personne d'autre que lui n'a mieux su marivauder, Diderot rend hommage à Crébillon, le seul auteur qui, bien avant lui, ait réussi dans cette entreprise mimétique. Ainsi, Diderot se place résolument aux côtés de Crébillon et dans une catégorie à part dont sont exclus les autres pasticheurs de Marivaux.

Quoique ce soit *Tanzaï* qui semble être le favori de Diderot, l'auteur des *Bijoux indiscrets* rend également hommage aux *Égarements du coeur et de l'esprit*. Ainsi, lorsque Mangogul prend un "anti-somnifère des plus violents" pour s'empêcher de dormir, Diderot nous donne la recette du breuvage en ces termes:

De *Marianne* et du *Paysan*, par... quatre pages.
Des *Égarements du coeur*, une feuille.
Des *Confessions*, vingt-cinq lignes et demie (Bijoux, p.217).

Puisque l'auteur trouve qu'une feuille des *Égarements du coeur et de l'esprit* est nécessaire à la composition de cet anti-somnifère, cela implique que Diderot est d'avis que le roman mondain de Crébillon est tellement captivant qu'on ne risque jamais de s'endormir d'ennui pendant sa lecture. Ainsi, cette référence littéraire est en fait un commentaire élogieux sur l'ouvrage de Crébillon.

En sus des allusions directes aux ouvrages de Crébillon, il y a, dans *Les Bijoux indiscrets*, plusieurs échos de l'oeuvre de Crébillon. Diderot emprunte à Crébillon le cadre de la narration du *Sopha*. Rappelons que, dans cet ouvrage, Crébillon met en place un système de récit second à l'intérieur d'un récit premier, le récit premier ayant pour décor les appartements du sultan qui est le narrataire principal du récit second. Certes, Diderot ne reproduit pas entièrement ce système. Cependant, tout son récit se passe à l'intérieur du même type de cadre que *Le Sopha*, c'est-à-dire un espace fermé où le sultan Mangogul, comme le sultan de Crébillon, est toujours présent en sa qualité du premier destinataire des récits dont est constitué l'ouvrage. De même, le sultan de Diderot, despotique, bête, indolent, narrataire aussi bien que grand amateur des aventures libertines, est un descendant digne du Schah-Baham du *Sopha* qui se délecte à écouter raconter des épisodes galants. Diderot instaure, entre la position élevée de son sultan Mangogul et la grossièreté de ses actes et paroles, le même décalage dont se sert Crébillon pour abaisser le représentant de l'autorité à travers l'imbécilité de Schah-Baham. De même, la fine, sensible et intelligente Mirzoza, antithèse de son amant royal, ressemble à s'y méprendre à la sultane de Schah-Baham qui surpasse en tout son époux royal. L'ennui qui règne à la cour de Mangogul est une réminiscence de la langueur qui est présente à la cour de Schah-Baham. En effet, Mirzoza constate que Mangogul est "dégoûté" lorsqu'elle lui conseille de consulter Cucufa. Ce dégoût de Mangogul déclenche donc les essais de la bague magique tout comme, chez Crébillon, la narration du conte du *Sopha* est provoquée par l'ennui de Schah-Baham.

Certains motifs littéraires ou, comme le dirait Genette, *idiotismes* (p.87) du conte crébillonien se répètent chez Diderot. C'est le cas du thème du voyeurisme, installé à l'intérieur d'une structure épisodique composée d'une suite de tableaux, que *Le Sopha* introduit avec succès. Chaque *essai* de la bague de Mangogul sert de prétexte à la divulgation d'une aventure libertine secrète, tout comme chaque transmigration de l'âme d'Amanzéi dans *Le Sopha* donne au narrateur l'occasion de rendre publique une aventure illicite dont les participants s'imaginent en être les uniques témoins. Ainsi, la bague de Mangogul est dans le sillage de l'objet voyeur qu'est le sopha de Crébillon car, comme l'âme qui réside dans le sopha, elle voit, elle dévoile et elle dénonce sans être vue. Le thème de l'impuissance sexuelle, résultat d'un mauvais sort, présent dans *Tanzaï*, est mis en scène par Diderot dans un conte que Sélim fait au sultan et à sa favorite. Il y a, dans ce conte, un couple dont l'affliction ressemble étrangement à celle que connaissent Tanzaï et Néadarné. En effet, les personnages de Diderot s'aiment platoniquement, "car ils ne pouvaient guère s'aimer autrement", jusqu'au moment où ils sont désenchantés et "l'amour platonique disparut" (Bijoux, p.255). Comme Crébillon dans *Tanzaï*, Diderot donne à la sexualité une place privilégiée et il démontre que l'amour platonique, motif romanesque littéraire par excellence du Grand Siècle, ne se suffit pas car ce n'est que lorsque s'y joint la sexualité qu'il se complète.

Comme Crébillon, Diderot se cache derrière la frivolité, la féerie et un décor exotique pour faire une satire des moeurs, des ridicules et de certaines personnalités de son époque. Diderot utilise le pouvoir de la bague magique pour dénoncer les mauvaises moeurs du beau monde et l'hypocrisie des mondains et établir la contradiction qui existe entre les apparences affichées par ceux-ci et la réalité que les bijoux dévoilent. Rappelons que Crébillon en fait de même dans *Le Sopha* lorsqu'il utilise habilement le stratagème de l'âme voyageur pour critiquer la bonne société et démasquer l'hypocrisie des mondains en ce qui concerne la sexualité et par conséquent, démontrer la différence entre l'être et le paraître. Les critiques modernes ont sans nul doute raison de voir se dessiner, dans cet ouvrage de Diderot, le germe des futures pensées philosophiques et esthétiques de l'auteur. Néanmoins, il est certain que l'intention première de Diderot était de suivre la voie tracée par Crébillon, c'est-à-dire: "trouver une idée plaisante, cheville de tout le reste", créer sa production littéraire autour de cette "idée plaisante" (Vandeul, p.xill), le tout assaisonné d'une peinture satirique de la haute société où abondent des scènes galantes.

C'est Diderot lui-même qui témoigne qu'il avait voulu, avant tout, attaquer les ridicules de son temps. En effet, en juin 1748, quelques mois après la publication des *Bijoux indiscrets*, l'auteur fait publier ses *Mémoires sur divers sujets de mathématiques*, avec une dédicace à Mme de P***, que les critiques modernes identifient comme étant la femme du mathématicien Prémontval. Voici en quels termes l'auteur admet avoir fait la critique de son époque:

> Je n'opposerai point à vos reproches l'exemple de Rabelais, de Montaigne, de La Motte-le-Vayer, de Swift, et de quelques autres que je pourrais nommer, qui ont attaqué de la manière la plus cynique les ridicules de leur temps, et conservé le titre de sages.
> Je veux que le scandale cesse, et sans perdre le temps en apologie, j'abandonne la marotte et les grelots pour ne les reprendre jamais, et je reviens à Socrate (Correspondance de Diderot, v.1, p.56).

Certes, l'auteur ne nomme pas son ouvrage. Mais, puisqu'il parle de son intention d'abandonner "la marotte et les grelots", c'est-à-dire les productions de nature frivole, en faveur de la philosophie, il est clair qu'il fait allusion aux *Bijoux indiscrets* car, après la publication de cet ouvrage, il ne donnera plus jamais de conte féerique pendant le reste de sa carrière littéraire.

Les critiques modernes ont beaucoup parlé des personnages et situations à clefs qu'on retrouve dans cet ouvrage de Diderot[12]. Ils sont unanimes pour dire que c'est la France et Paris qui se cachent derrière le décor fictif du Congo et de sa ville principale, Banza. On a beaucoup écrit sur les personnages de Mangogul, Mirzoza, la Manimonbanda et Kanoglou qui, selon ces critiques, représentent respectivement Louis XV, sa maîtresse Mme de Pompadour, sa reine Marie Leczinska, et Louis XIV. Nous préférons ne pas reproduire ce que les autres ont déjà dit. Cependant, nous nous contenterons de faire remarquer que c'est Crébillon qui en lance la mode dans *Tanzaï* lorsqu'il dessine, sous le couvert de l'exotisme et de la féerie, des personnages et des situations à l'image des personnalités et des événements politiques de la société parisienne de l'époque.

Les thèmes littéraires ne sont pas les seuls emprunts que Diderot fait à Crébillon. Il lui emprunte également cet emploi intelligent du paratexte lorsqu'il utilise le titre des chapitres pour remettre en question son propre discours et il emploie cette même technique d'auto-raillerie que Crébillon pratique dans *Tanzaï* et *Le Sopha*. En effet, à travers les titres malicieux qu'il donne à certains de ses chapitres, Diderot semble miner son propre discours. Ainsi, l'auteur donne un chapitre intitulé "État de l'académie des sciences de Banza" dans lequel il fait un compte rendu satirique des discussions interminables et opiniâtres menées par les newtoniens et les cartésiens au sein de l'Académie des sciences à Paris. Tout de suite après, l'auteur se moque de son propre discours lorsqu'il fait suivre ce chapitre d'un autre chapitre qui a pour titre "Moins savant et moins ennuyeux que le précédent-Suite de la séance académique". Ainsi, il emploie habilement cette technique d'auto-moquerie pour signaler à son lecteur qu'il a donné exprès un chapitre ennuyeux qui doit être lu comme une satire. Le chapitre "Rêve de Mangogul" a donné lieu à de nombreuses études sur ce que la critique moderne considère comme l'idée maîtresse de Diderot, c'est-à-dire sa préoccupation avec la prééminence de l'expérience. L'auteur intitule ce chapitre "Le meilleur peut-être, et le moins lu de cette histoire". Encore une fois, et comme chez Crébillon, le titre du chapitre fait fonction de paratexte, c'est-à-dire d'un commentaire de l'auteur sur ce qui s'ensuit. Ce titre joue le rôle d'indice qui signale au lecteur l'importance du discours que le chapitre contient. En juxtaposant "meilleur" à "moins lu", Diderot fait ressortir la grande importance de ce chapitre malgré sa nature peu amusante qui risque de repousser le lecteur.

L'être surnaturel, protecteur attitré de la famille royale et doué de pouvoirs magiques, est un autre motif du conte crébillonien qu'on retrouve chez Diderot. Le génie Cucufa qui protège la famille de Mangogul est l'avatar littéraire de la fée protectrice Barbacela de *Tanzaï*. Cependant, Diderot rompt avec la tradition du conte parodique lorsqu'il proclame son refus de donner la traditionnelle scène des dons travestie. Rappelons qu'un des éléments du conte de fées traditionnel est la scène des dons qui n'est possible que si les fées sont présentes à la naissance du bébé royal. Dans *Tanzaï*, Crébillon se moque également de ce motif littéraire lorsqu'il l'emploie avec raillerie. Voici en quels termes Crébillon subvertit la scène des dons après avoir fait étalage de tous les talents dont Tanzaï est doté à sa naissance par la fée protectrice: "Il savait tout sans avoir rien appris. [...] Cependant, comme il n'est pas de génie universel, il ne put jamais parvenir à faire des acrostiches" (TN, p.220). Non seulement Diderot choisit, dans *Les Bijoux indiscrets*, de ne pas inclure une scène des dons travestie au moment de la naissance de Mangogul, mais il va même jusqu'à faire un commentaire ironique sur cette scène: "Erguebzed son père n'appela point les fées autour du berceau de son fils, parce qu'il avait remarqué que la plupart des princes de son temps, dont ces intelligences femelles avaient fait l'éducation, n'avaient été que des sots" (Bijoux, p.36). Il est clair que l'auteur se moque du *topos* du conte de fées traditionnel. Toutefois, puisqu'il signale en même temps au lecteur qu'il choisit de faire une entorse à la tradition parodique inaugurée par Crébillon, il nous donne matière à réfléchir sur la nature de son imitation de Crébillon. Dans *Tanzaï*, même si c'était fait dans un but et de manière parodique, Crébillon avait bien fait une fée assister à la naissance de son prince.

En affichant ouvertement son refus de se soumettre à cette tradition parodique, Diderot n'est-il pas en train de tourner en dérision un idiotisme de Crébillon? Si Diderot se moque bien de Crébillon, est-ce qu'on pourrait avancer qu'il pratique ce que Genette appelle la *charge* ou le *pastiche satirique* de Crébillon? D'autre part, est-ce d'un idiotisme de Crébillon qu'il se moque? Ou plutôt d'un idiotisme du conte parodique tel que le pratique Crébillon? Ou bien est-ce tout simplement une entorse délibérée à la tradition du conte de fées? D'autre part, lorsque Diderot pastiche avec ironie cet idiotisme, il ne donne aucun indice qui signale clairement que ce refus de donner une scène des dons travestie doit être perçu comme une critique de Crébillon. Ce commentaire ironique serait-il plutôt un infime acte d'insubordination à l'égard de la tradition? Cet acte ne serait-il pas un signe annonciateur de cette liberté grandissante que prend l'écriture de Diderot? Liberté qui finira par amener l'éclatement de son écriture romanesque qui aboutira à la création d'un *Jacques le fataliste*.

L'affinité des *Bijoux indiscrets* avec l'oeuvre de Crébillon est perçue par la critique contemporaine dès sa parution en janvier 1748. En effet, Raynal prend tout de suite l'ouvrage pour ce qu'il est, c'est-à-dire une imitation des contes de Crébillon et il écrit, dans ses *Nouvelles littéraires*[13]: "Le succès de Crébillon a tourné la tête à mille sots qui ont voulu faire des romans dans son genre. Nous venons d'en voir un, intitulé les *Bijoux indiscrets*". Cette première remarque du journaliste concerne la paternité de ce genre attribuée à Crébillon. Comme tant d'autres critiques, Raynal n'hésite pas à attribuer la paternité de ce genre à Crébillon. Il est clair que, en ce qui concerne la critique de l'époque, il n'y a aucune polémique à ce sujet. Car, déjà en 1748, la création, par Crébillon, d'un nouveau genre et sa prééminence dans ce genre sont choses qui ne se discutent même pas. L'adjectif possessif "son" ne laisse aucun doute sur la légitimité de cette paternité qui est encore mieux soulignée. Encore une fois, le texte imitatif est jugé par rapport au modèle qu'est ce genre qui, selon ce critique, n'appartient qu'à Crébillon.

Raynal donne ensuite un bref compte rendu de l'intrigue des *Bijoux indiscrets*:

> Le sujet est un prince qui, à l'aide d'une bague que lui a donnée un génie, force les bijoux de toutes les femmes à révéler leurs secrètes intrigues. Cette idée n'est pas neuve, et elle avait été traitée dans un autre ouvrage aussi licencieux, intitulé *Nocrion*[14].

L'infériorité de l'écriture mimétique de Diderot est ensuite prononcée d'une manière assez brutale, d'autant plus que l'auteur des *Bijoux indiscrets* est classé avec dédain dans cette catégorie de "mille sots" qui ont essayé d'imiter Crébillon: "Les *Bijoux indiscrets* sont obscurs, mal écrits, dans un mauvais ton grossier et d'un homme qui connaît mal le monde qu'il a voulu peindre". Néanmoins, Raynal concède gracieusement que Diderot a certains talents: "L'auteur est M. Diderot, qui a des connaissances très étendues et beaucoup d'esprit". Cependant, lorsqu'il note que l'auteur "n'est pas fait pour le genre dans lequel il vient de travailler", il réitère sa première conviction selon laquelle Diderot n'est pas capable de produire un texte qui soit à la hauteur des contes de Crébillon. En d'autres mots, Raynal suggère que tout l'effort mimétique de Diderot est complètement inutile car le crébillonage est presqu'impossible à pratiquer.

Puisque Raynal reproche à Diderot son "ton grossier", on doit en conclure par induction que l'écriture crébillonienne est jugée par ce critique comme étant loin d'être grossière. D'ailleurs, La Harpe fera, en 1776, un commentaire qui atteste que les contemporains de Crébillon le perçoivent comme un écrivain habile et poli qui arrive à dire des choses assez indécentes avec beaucoup de décence. La Harpe écrit ceci à un correspondant, le comte Shuvalov, à qui il parle du *Sopha*: "il y a [...] un art de gazer les obscénités fait pour plaire beaucoup au sexe qui ne demande pas mieux que de les voir à travers un voile qui le dispense de rougir[15]". Dans cette même correspondance, La Harpe parle également des *Bijoux indiscrets* comme d'un "roman fort licencieux" et d'un "ouvrage fort inférieur en ce genre au *Sopha* de Crébillon fils[16]". Il est intéressant de noter que, presqu'une trentaine d'années après la publication des *Bijoux indiscrets*, l'ouvrage de Crébillon est le seul texte auquel La Harpe compare cet ouvrage. L'analogie avec *Le Sopha* est significative de la perception des lecteurs car cela indique clairement que l'ouvrage de Diderot est passé dans l'histoire littéraire du siècle comme une imitation inférieure du texte crébillonien. La grande ressemblance thématique et structurelle entre les deux textes est peut-être le facteur qui contribue le plus à la subsistance, après toutes ces années, de la correspondance que le siècle fait entre les deux textes. Outre cela, notons également que, contrairement aux critiques modernes, La Harpe et le siècle ne semblent pas entrevoir la dimension philosophique des *Bijoux indiscrets*. Par conséquent, le texte de Diderot est classé par le XVIIIe siècle dans la seule catégorie qui lui sied, c'est-à-dire celle des imitations du texte crébillonien.

En général, Diderot parvient, comme Crébillon, à suggérer des activités sexuelles avec une élégance et une pudeur apparente. Néanmoins, le reproche de Raynal est justifiable lorsqu'on se rapporte, dans *Les Bijoux indiscrets*, à l'épisode du *Bijou voyageur* où, comme le dit si bien Aram Vartanian, "explose par exception un véritable feu d'artifice pornographique" (Bijoux, Appendice, p.287). En effet, ce chapitre contient des passages en anglais, en latin, en italien, et en espagnol qui frisent l'obscénité. Ceux-ci sont tellement osés que, jusqu'à ce jour, aucun éditeur de Diderot n'a eu la hardiesse d'en donner une traduction. On estime, sans doute, que c'est mieux de laisser ces passages d'un goût douteux dans le domaine flou de l'incompris. Raynal pénètre également la surface frivole et féerique de l'ouvrage de Diderot car il voit s'y dessiner l'image de la société que l'auteur essaie de peindre. Cependant, ce critique trouve que l'auteur reproduit, par ignorance, une image fausse de cette société. Puisque Crébillon et Diderot peignent tous deux le tableau du même cercle, c'est-à-dire le beau monde, le commentaire de Raynal semble suggérer que la peinture de Crébillon est plus concise et juste que celle de Diderot.

La fille de Diderot apporte une grande contribution à l'établissement de la genèse des *Bijoux indiscrets* et son témoignage inestimable nous aide à mieux explorer la pratique mimétique de Diderot dans cet ouvrage. Madame de Vandeul affirme également que plusieurs ouvrages, parmi lesquels se trouve *Les Bijoux indiscrets*, avaient été écrits par l'auteur pour subvenir aux besoins pécuniaires de Madame de Puisieux, sa maîtresse d'alors. Elle nous livre les circonstances de la composition de ce conte en ces termes:

> Les romans de Crébillon étaient à la mode. Mon père causait avec Mme de Puisieux sur la facilité de composer ces ouvrages libres; il prétendait qu'il ne s'agissait que de trouver une idée plaisante, cheville de tout le reste, où le libertinage de l'esprit remplacerait le goût; elle le défia d'en produire un de ce genre; au bout de quinze jours, il lui porta *Les Bijoux indiscrets* et cinquante louis (Vandeul, p.xiII)

Ce témoignage semble indiquer que l'ouvrage de Diderot aurait été consciemment composé selon la formule de Crébillon. Ce qui voudrait nécessairement dire que *Les Bijoux indiscrets* serait un texte imitatif du texte crébillonien. Puisque Madame de Vandeul parle du défi que la maîtresse de Diderot lui lance, on pourrait affirmer que l'auteur pratique ce que Genette désigne *pastiche* ou "imitation en régime ludique dont la fonction dominante est le pur divertissement" (p.92). Car il est clair que lorsque Diderot entreprend d'écrire son ouvrage, il le fait principalement dans le but de relever le défi que sa maîtresse lui lance.

Cependant, il nous semble que Diderot n'avait aucune intention de proclamer ouvertement son ouvrage comme un pastiche de Crébillon puisqu'à aucun moment, ni dans le texte et ni dans le paratexte des *Bijoux indiscrets*, il n'indique qu'il pastiche Crébillon. Selon Genette, "le véritable pasticheur veut être reconnu—et apprécié—comme tel" (p.181) puisque le pastiche est "un état d'imitation *perceptible comme telle*" (p.95) et:

> un texte ne pourrait pleinement fonctionner comme pastiche que lorsque serait conclu à son propos, entre l'auteur et son public, le "contrat de pastiche" que scelle la co-présence qualifiée, en quelque lieu et sous quelque forme du nom du pasticheur et de celui du pastiché: *ici, X imite Y* (p.141).

Il n'est donc pas étonnant que, malgré l'intention première de Diderot, la critique de l'époque n'ait pas perçu son ouvrage comme un pastiche de Crébillon. De plus, la pratique d'un pastiche satirique de Crébillon par Diderot doit également être éliminée parce que l'ouvrage de Diderot ne contient aucun de ces éléments qui, selon Genette "fonctionnent comme indices ou signaux fonctionnels" et parmi lesquels on compte: "allusions malignes à la personne et à l'oeuvre de l'auteur-modèle, jeu parodique sur les noms de personnages" (p.96).

Cependant, l'attribution du mimétisme de Diderot ne peut pas se limiter uniquement à la pratique ludique. Puisque Diderot se présente chez sa maîtresse avec cinquante louis et un exemplaire imprimé de son ouvrage, il est clair que l'auteur avait, en plus de l'intention ludique, une autre raison de pratiquer l'idiolecte[17] du conte crébillonien. Puisque la somme d'argent est présentée à la maîtresse au même moment que le trophée qui marque que le défi a été relevé, ceci suggère que le succès des contes de Crébillon avait également motivé la pratique mimétique de Diderot. Le fait que l'auteur ait pris la décision de composer un ouvrage selon une formule qui était à la mode indique qu'il s'attendait à ce que sa pratique mimétique lui amène un profit pécuniaire.

On serait aussi tenté de dire que Diderot pratique ce que Genette appelle forgerie, car l'auteur cherche bien la poursuite du grand succès qu'obtient les ouvrages de Crébillon lorsqu'il décide d'exploiter la formule à succès du conte crébillonien à seule fin d'en tirer profit. Puisque l'ouvrage est publié sans le nom de l'auteur, ne pourrait-on pas avancer que Diderot voulait peut-être faire passer son texte pour un texte de Crébillon? Garder l'anonymat n'était-il pas un autre moyen de laisser planer sur son travail l'ombre de celui qui était passé maître dans ce nouveau genre dont le public se raffolait? D'autant plus que, comme nous l'avons démontré plus haut, Diderot imite copieusement l'idiolecte de Crébillon. D'ailleurs, Diderot savait très bien que plus son conte ressemblera à celui de Crébillon, mieux il se vendra. Il est vrai que l'identité de l'auteur finit par être connue du public aussitôt que l'ouvrage est publié, mais n'empêche qu'au moment où Diderot fait publier son ouvrage, il décide de garder l'anonymat et qu'il n'a aucune raison de croire qu'on le soupçonnerait d'en être l'auteur.

Pour mieux explorer cette question, il est nécessaire de faire, encore une fois, appel à Genette qui définit une forgerie comme:

un texte aussi ressemblant que possible à ceux du corpus imité, sans rien qui attire, d'une manière ou d'une autre, l'attention sur l'opération mimétique elle-même ou sur le texte mimétique, dont la ressemblance doit être aussi transparente que possible, sans aucunement se signaler elle-même comme ressemblance, c'est-à-dire comme imitation (p.94).

Puisqu'à aucun moment dans son paratexte ou même dans son texte, Diderot n'indique ouvertement qu'il pratique une imitation dont "la fonction dominante est le pur divertissement", son lecteur (sauf la maîtresse de l'auteur et, peut-être, sa fille) n'a aucun indice qui lui signale que le but de l'auteur est de relever un défi en composant, par jeu, un pastiche du conte crébillonien. Par conséquent, il n'y a pas de "contrat de pastiche" (Genette, p.93) entre Diderot et son lecteur. Certes, les allusions aux contes de Crébillon abondent dans le texte de Diderot. Toutefois, ces allusions en soi ne constituent pas nécessairement une dénégation de la paternité de l'ouvrage à Crébillon. De plus, à l'exception d'un cas[18], ces allusions ne sont accompagnées d'aucun indice qui signale au lecteur la nature du régime de l'imitation (pastiche satirique ou non satirique) que l'auteur pratique. Tout nous amène donc à avancer la thèse que l'ouvrage de Diderot peut être, dans une certaine mesure, appelé une forgerie de l'écriture crébillonienne. Cela ne l'empêche pas d'être également ce que Diderot avait voulu en faire à l'origine, c'est-à-dire un pastiche de l'écriture crébillonienne.

Ainsi, cette étude des *Bijoux indiscrets* et de sa réception nous révèle que Diderot pratique bien, dans cet ouvrage, le mimétisme par rapport à l'écriture crébillonienne. Le témoignage de Madame de Vandeul semble indiquer que la production des *Bijoux indiscrets* était le résultat d'un défi à relever. Donc l'étiquette de pastiche non satirique s'impose malgré l'absence, dans le texte, de signaux qui indiquent cette intention. D'autre part, puisque le but de l'auteur était tout simplement d'exploiter la veine à succès inaugurée par les contes de Crébillon, la dénomination de forgerie ne doit pas être écartée. D'autant plus que, dans cet ouvrage, à l'exception d'un cas[19], Diderot abandonne ses propres idiotismes pour emprunter ceux de Crébillon. Puisqu'il est certain que Diderot ne tient pas à être reconnu comme le pasticheur de Crébillon, il est fort possible que Diderot ait voulu présenter son ouvrage comme un texte de Crébillon.

Les allusions fréquentes de Diderot aux textes de Crébillon attestent que non seulement il a lu attentivement les textes de cet auteur, mais aussi qu'il n'a rien oublié de ses lectures. De plus, lorsque Diderot pratique l'idiolecte de Crébillon dans son propre texte, qu'il l'admette ou non, il rend hommage à celui dont il s'inspire. Cela seul constitue un commentaire positif de Diderot sur Crébillon. Lorsque Diderot pratique l'imitation de Crébillon d'une façon consciente, il démontre qu'il considère cet auteur comme son maître, car il cherche à légitimer sa propre production en marchant sur les pas de celui que le public reconnaît désormais comme le créateur d'un nouveau genre. Puisque la critique de l'époque reçoit l'ouvrage de Diderot comme une mauvaise imitation du texte crébillonien, texte que cette critique désigne comme le prototype, ceci prouve que ce nouveau type de conte est bien considéré par ce siècle comme une création de Crébillon. Ainsi, puisque l'écriture crébillonienne est perçue comme étant difficile à imiter, sinon inimitable, Diderot échoue dans son entreprise mimétique.

Notes

1   Antoine Adam, préface aux *Bijoux indiscrets* de Denis Diderot (Paris: Garnier-Flammarion, 1968), 14.

2   Georges Roth et Jean Varloot, éds., *Correspondance de Denis Diderot* (Paris: Éditions de Minuit, 1955–1970), 15:302–303.

3   Angélique Diderot, madame de Vandeul, "Mémoires pour servir à l'histoire de la vie et des ouvrages de Diderot", in *Oeuvres complètes de Diderot*, édition par J. Assézat et M. Tourneux (Paris: Garnier Frères, 1875–1877), 1:xliii.

4   J. Assézat, "Notice préliminaire", in *Oeuvres complètes de Diderot*, édition par J. Assézat et M. Tourneux (Paris: Garnier Frères, 1875–1877), 4:134.

5   Charles Palissot de Montenoy, *Le Nécrologe des hommes célèbres (1767–1782) ou Le Nécrologe des hommes célèbres de France, par une société de gens de lettres* (Paris: Knapen, 1778), 13:10.

6   Henri Coulet, *Le Roman jusqu'à la révolution* (Paris: Colin, 1967), 365.

7   Denis Diderot, *Les Bijoux indiscrets* in *Oeuvres complètes de Diderot*, édition par Jean Varloot (Paris: Hermann, 1978), 38.

8   Diderot fait ici allusion aux *Confessions du comte de* *** (1742), roman de Charles Pinot Duclos (1704-1772).

9   Parmi les personnages cités par Diderot, ceux-ci nous sont connus: Acajou du conte *Acajou et Zirphile* (1744) de Charles Pinot Duclos; Zulmis de *Zulmis et Zelmaïde* (1745) et Misapouf du *Sultan Misapouf et la Sultane Grisemine* (1746), contes de l'abbé de Voisenon; Angola, du conte *Angola, histoire*

indienne (1746) de La Morlière. Il est intéressant de faire ressortir que les critiques modernes s'accordent à dire que tous ces conteurs se sont inspirés de Crébillon. Quant au "comte" que Diderot inclut dans sa liste, il s'agit sans aucun doute du comte des *Confessions du comte de* *** que l'auteur a cité dans le billet à Zima. L'ouvrage de Duclos n'est pas un conte, mais un tableau des moeurs du grand monde de l'époque. La filiation avec *Les Bijoux indiscrets* est claire, puisque Diderot donne également une peinture des moeurs de l'époque.

10 Marie-Louise Dufrenoy, *L'Orient romanesque en France (1704–1789)* (Montréal: Beauchemin, 1946), 1:115; Jacques Proust, "Diderot et la fée Moustache", in *Dilemmes du roman*, éd. Catherine Lafarge (Saratoga, CA: Anma Libri, 1989), 116; Aram Vartanian, Appendice aux *Bijoux indiscrets*, in *Oeuvres complètes de Diderot*, édition par Jean Varloot, Herbert Dieckmann et Jacques Proust (Paris: Hermann, 1978), 3:286.

11 Gérard Genette, *Palimpsestes* (Paris: Seuil, 1982), 94.

12 Parmi eux se trouve Aram Vartanian qui nous donne un article très étoffé sur les clefs des *Bijoux indiscrets*, "The Politics of *Les Bijoux indiscrets*", publié dans *Enlightenment Studies in Honour of Lester G. Crocker*, éds. Alfred J. Bingham et Virgil W. Topazio (Oxford: Voltaire Foundation, 1979), 349–376.

13 Maurice Tourneux, éd., *Correspondance littéraire, philosophique et critique par Grimm, Diderot, Raynal, Meister, etc.* (Paris: Garnier Frères, 1877–1882), 1:139.

14 Il s'agit de *Nocrion, conte allobroge* (1747). La critique moderne n'arrive pas à savoir avec certitude si l'ouvrage est du comte de Caylus (1692–1765) ou du cardinal de Bernis (1715–94). L'auteur de *Nocrion* met également en scène des sexes féminins qui parlent.

15 Jean François de La Harpe, *Letters to the Shuvalovs*, édition par Christopher Todd, Studies on Voltaire and the Eighteenth-Century, vol.108 (Oxford: The Voltaire Foundation, 1973), 85.

16 Jean François de La Harpe, *Correspondance littéraire adressée à Son Altesse Impériale Mgr. Le Grand-Duc, aujourd'hui Empereur de Russie, et à M. le comte André Schowalow, chambellan de l'Impératrice Catherine II, depuis 1774 jusqu'à 1789*, in *Oeuvres de La Harpe* (Paris: Verdière, 1820), 10:174.

17 Selon Genette, "tout idiolecte, en tant que tel, est une collection d'idiotismes" (p.87) et "Un idiotisme est une locution propre à un idiome, c'est-à-dire une

146

langue, ou un état de langue qui peut évidemment être un style individuel"
(p.86).

18 La référence ironique de Diderot à la présence des fées autour du berceau du
bébé royal.

19 L'épisode du *Bijou voyageur*.

Conclusion

Ainsi donc, l'étude de la réception des contes de Crébillon démontre que le génie créateur de cet auteur contribue à insuffler une nouvelle vie au genre féerique qui renaît à une existence encore plus vigoureuse au XVIIIe siècle. Crébillon infuse dans la littérature féerique des éléments riches en possibilités qui permettent au conte de se développer en un genre autonome qui a ses propres conventions et ses propres règles. Ce qui fait que ce nouveau genre du siècle des Lumières qu'est le conte crébillonien dont les éléments constitutifs sont la satire, la parodie et le décor pseudo-oriental, finit par être reconnu par ce siècle comme une nouveauté littéraire qui lui appartient en propre. Quoique ce soit à Anthony Hamilton que revient l'honneur d'avoir posé les jalons de ce nouveau genre, le siècle reconnaît Crébillon comme celui qui met solidement en place les paramètres de ce nouveau type de conte. Car, à travers *Tanzai* et *Le Sopha*, ses deux premiers contes, l'auteur établit une morphologie du conte du XVIIIe siècle que ses nombreux imitateurs s'efforcent en vain de reproduire.

En effet, le conte crébillonien, qui utilise le masque de la féerie, de l'exotisme et de la frivolité pour voiler la critique du conte de fées, de certains cercles de la société, des institutions et des autorités françaises, devient une formule à succès que beaucoup d'auteurs veulent exploiter. Quoique nous ayons étudié seulement trois de ces imitations du texte crébillonien, il est important de souligner qu'il y a eu un véritable pullulement de contes imités de Crébillon pendant la première moitié du XVIIIe siècle. Quoique nous ayons délibérément choisi d'exclure de notre travail tout une multitude d'imitateurs, il est intéressant de noter que parmi eux se trouvent certains auteurs connus dans les milieux littéraires tels que Paul Baret (1728–1795), Antoine Bret (1717–1792), Louis de Cahusac (1706–1759), Jacques Cazotte (1719–1792), Henri Pajon (?–1776) et les académiciens Charles Pinot Duclos (1704–1772) et l'abbé de Voisenon (1708–1775). Marie-Louise Dufrenoy fait même allusion à l'existence d'une école crébillonienne et elle écrit que "S'il était nécessaire de fournir des preuves de l'originalité de Crébillon, il suffirait sans doute de constater l'échec de tentatives d'imitation si nombreuses et si autorisées"[1].

Notre étude des textes imités de Crébillon et de leur réception témoigne que la critique s'accorde à dire qu'aucun des imitateurs de cet auteur n'arrive à égaler l'élégance, la délicatesse et le raffinement de l'écriture crébillonienne. Cette étude révèle également une espèce de fascination que les contes de l'auteur exercent sur ses confrères. Il semble que la lecture du texte crébillonien fonctionne comme un sortilège qui soumet le lecteur-auteur à un besoin impérieux et irrésistible de faire du crébillonage. Puisque l'écriture mimétique de tous ces disciples de Crébillon est stigmatisée à l'unanimité par la critique contemporaine, il est certain que l'époque reconnaît Crébillon comme étant le maître du conte du XVIIIe siècle. Quoique ces tentatives d'imitation s'avèrent mauvaises, cela n'empêche pas que ces pratiques mimétiques se trahissent comme essentiellement un hommage à Crébillon, l'auteur modèle.

Cette étude de la réception des contes de Crébillon dévoile également plusieurs aspects peu connus de la lecture de l'oeuvre de fiction au XVIIIe siècle. Ainsi, on découvre que le conte crébillonien connaît un succès phénoménal auprès des lecteurs du XVIIIe siècle. Ce genre, qui met en scène un certain libertinage des moeurs, est particulièrement bien accueilli par le public à cause même des moeurs libertines qui règnent dans la société de l'époque. Cependant, nous apprenons également que, malgré leur penchant pour l'érotisme et le libertinage spirituel des contes de Crébillon, les lecteurs rejettent les ouvrages de ses imitateurs qui choisissent d'inclure des allusions brutes et grossières à la sexualité et à la scatologie dans leurs textes imitatifs.

On apprend aussi que le lectorat de l'oeuvre crébillonienne est principalement composé de ceux-là mêmes qui y sont satirisés. Car les nobles oisifs que Crébillon met en scène sous le masque de l'exotisme sont précisément ceux qui ont le loisir et les moyens de lire les ouvrages de fiction divertissants. François Beliard, un contemporain de Crébillon, qui discute de l'utilité de ce qu'il appelle "romans allégoriques" tels que *Tanzaï* et *Le Sopha* dans son *Discours pour la défense des romans*[2], concède que ces ouvrages sont, en apparence, frivoles et truffés de "descriptions voluptueuses et séduisantes". Cependant, il déclare que ces "peintures si frappantes et si vraies du ridicule des amours ou plutôt du libertinage de nos petits-maîtres et de nos petites-maîtresses, de l'affectation du langage et du néologisme de leurs conversations" sont nécessaires et utiles puisqu'elles servent "à corriger les originaux de ces portraits". Ainsi, sous le voile de la féerie, les contes de Crébillon sont en fait un miroir qui renvoie au lecteur sa propre image lorsqu'il s'y mire à travers leur lecture.

L'hostilité des autorités envers l'auteur joue également un rôle catalyseur dans la diffusion de ses ouvrages. Cette étude démontre qu'une des raisons de l'immense succès de l'oeuvre de Crébillon est justement sa nature tendancieuse. Car l'interdiction officielle ne fait qu'allécher les lecteurs. Puisque les autorités manifestent leurs craintes devant les allégories politiques et sociales de l'oeuvre crébillonienne, ceci éveille la curiosité du public qui cherche avidement à pénétrer le masque de la fiction pour dévoiler les visées critiques de l'auteur. De plus, l'épisode de l'exécution du chevalier de La Barre révèle que les autorités considèrent les ouvrages de Crébillon comme une menace à l'ordre établi et comme étant aussi dangereux et inquiétants que les écrits des Philosophes. Ce qui nous amène à conclure que Crébillon a sa part au travail clandestin qui contribue à amener le bouleversement que la société française connaît en 1789.

On apprend également qu'en dépit du fait que souvent les femmes servent de cibles à la satire de Crébillon, elles contribuent quand même énormément au grand succès de l'oeuvre de l'auteur. Selon nous, cette situation paradoxale trahit, chez les lectrices, une inclination pour l'esprit nouveau qui commence à envahir la scène sociale. Car, en choisissant de promouvoir un genre parvenu, méprisé par les maîtres de la littérature du Grand Siècle, les femmes du XVIIIe siècle montrent leur penchant pour une certaine modernité. Georges May a une thèse semblable lorsqu'il déclare que les femmes font preuve de snobisme lorsqu'elles affichent "en littérature un non-conformisme salutaire[3]" en réaction contre la critique réactionnaire qui condamne sévèrement ce genre. Notre étude révèle aussi que les lectrices du XVIIIe siècle goûtent particulièrement la mise en scène, certes voilée, de la chose sexuelle dans l'ouvrage de fiction. Ce qui nous amène à conclure que, par snobisme ou non, les lectrices de cette époque sont bien loin d'être pudiques. De plus, leur hardiesse a sans doute part à l'effondrement des tabous mis en place par le Grand Siècle.

Le genre créé par Crébillon est, à notre avis, trop négligé par la critique littéraire contemporaine qui reconnaît à peine son existence. Nous ne connaissons que trois critiques modernes qui ont daigné se consacrer sérieusement à l'étude du conte du XVIIIe siècle en tant que genre indépendant du roman. Il s'agit de Jacques Barchilon, Marie-Louise Dufrenoy et Raymonde Robert. Il y a également Fabrice Couderc[4] dont l'unique article sur ce genre nous laisse un peu sur notre faim. Nous aurions aimé le voir continuer sur sa lancée car il aurait pu contribuer à redonner au conte du XVIIIe siècle la place qui lui revient dans l'histoire littéraire. Cependant, et malgré le peu d'intérêt pour ce genre à l'heure actuelle, nous prévoyons quand même que la critique littéraire, toujours à l'affût de nouveautés à exploiter, s'y penchera davantage à l'avenir lorsqu'elle aura étudié à satiété le roman du XVIIIe siècle. Car, tel que le progrès prodigieux des études crébilloniennes, l'étude du conte du XVIIIe finira par obtenir l'acceptation de la critique littéraire sérieuse.

L'exclusion, de ce présent travail, de la réception des romans de Crébillon ne signifie nullement que cette partie de l'oeuvre de l'auteur est passé inaperçue. Bien au contraire. Les commentaires de l'époque attestent que Crébillon a beaucoup contribué au genre du roman. Un critique va même jusqu'à lui donner la paternité du roman épistolaire. En effet, en 1769, Bricaire de la Dixmerie fait la remarque suivante sur un ouvrage de Crébillon publié en 1733: "On est redevable à M. de Crébillon fils d'une autre forme de roman qui a trouvé depuis beaucoup d'imitateurs. *Ses Lettres de la Marquise de* *** en furent, parmi nous, le premier modèle". Ainsi, ce commentaire atteste que les contemporains de Crébillon le considèrent comme l'initiateur d'un autre genre qui est très prisé par les auteurs aussi bien que par les lecteurs du XVIIIe siècle. Ensuite, Bricaire de la Dixmerie suggère que Crébillon est perçu comme l'épistolier que tous les auteurs veulent imiter lorsqu'il écrit: "Il ne faut en France que faire avec succès un pas dans une route nouvelle pour voir, en peu de temps, cette route frayée et battue"[5]. Et il parle des romans épistolaires tels que les *Lettres d'une péruvienne* (1747) de Madame de Graffigny, les romans épistolaires de Madame Riccoboni et la *Julie* de Rousseau. Il semble donc que ce critique considère tous ces ouvrages comme ayant été inspirés des *Lettres de la Marquise de M*** au Comte de R**** de Crébillon.

Les romans mondains de Crébillon suscitent également l'admiration des critiques de l'époque. Lorsque Mairobert annonce la mort de l'auteur, il constate que Crébillon "avait une manière originale dans le genre du roman. Ses *Égarements du corps* [sic] *et de l'esprit* sont un chef-d'oeuvre[6]". Quant à Bricaire de la Dixmerie, il perçoit cet ouvrage comme une peinture fidèle de sa société. En 1769, il écrit que ce roman de Crébillon sera "pour les siècles futurs, un tableau complet des moeurs de celui-ci" (p.366). Ce critique n'est pas le seul qui perçoive les romans de Crébillon comme représentant le mieux l'essence de l'esprit national.

Déjà en 1753, Grimm fait une remarque qui en dit long sur la valeur historique des romans de Crébillon. En effet, il déclare que les "Anglais ont une espèce de roman domestique qui est tout à fait inconnue aux Français". Comme exemple, il cite les romans de Henry Fielding (1707–1754) et il s'étonne que "les Français, qui ont beaucoup de bons romans dans leur langue, n'en aient point qui peignent leurs moeurs domestiques". Ensuite, Grimm constate que si les Français "n'ont point de tableaux dans ce genre, ce n'est pas faute de peintre, c'est faute d'originaux". Et le journaliste fait ce commentaire qui laisse voir son sentiment de frustration devant l'existence vide et futile de ses contemporains: "Quand on peint nos petits-maîtres et nos petites-maîtresses, on a à peu près épuisé la matière et mis tout le national qu'il est possible de mettre dans un roman français. Tels sont les ouvrages de M. Crébillon fils, qu'on pourrait proprement appeler les romans domestiques de la nation". Pour mieux souligner l'ampleur de ce caractère national, Grimm fait plusieurs réflexions sur la façon dont "tous les états sont confondus dans la société" et il arrive à la conclusion qu'"il ne reste donc proprement d'état dans un pays comme celui-ci que l'état d'homme du monde, et par conséquent d'autre ridicule que celui de petit-maître"[7]. Ainsi, Crébillon serait, dans une certaine mesure, l'auteur dont les romans mondains représentent le mieux l'essence du caractère français.

Il paraît que cette question de la peinture des moeurs françaises soulève tout un débat parmi les contemporains de Crébillon. Les commentaires recueillis dans les documents de l'époque révèlent que les romans mondains de l'auteur sont tellement bien reçus qu'ils finissent même par influer sur le comportement des lecteurs. Ces ouvrages de Crébillon sont donc responsables d'une espèce d'embrouillement entre la fiction et la réalité. Ce qui fait que l'époque n'arrive pas à se décider tout à fait si le personnage crébillonien du petit-maître est une copie du petit-maître brillant et dissolu qui hante les élégants salons parisiens ou si, au contraire, le personnage que Crébillon met en scène dans ses romans mondains devient l'archétype qui sert de modèle aux jeunes gens du beau monde.

Le personnage crébillonien qu'on discute le plus souvent est Versac des *Égarements du coeur et de l'esprit* qui représente le petit-maître type du XVIIIe siècle. En 1799, La Harpe affirme que Versac "est calqué, dit-on, sur plus d'un personnage de la cour[8]". De même, lorsqu'un journaliste de la *Bibliothèque française* fait le compte rendu des *Égarements du coeur et de l'esprit* en 1739, il introduit Versac en ces termes: "Ce seigneur s'appelait Versac. Comme le caractère de ce Versac est l'un de ceux dont la plupart des lecteurs se sont obstinés à faire l'application, je vais vous le transcrire d'un bout à l'autre[9]". Ainsi, ces témoins attestent que le personnage de Crébillon est créé à l'image de certains membres du beau monde.

Cependant, il semble que l'influence de ce personnage de Crébillon sur la société est d'importance car, en 1761, Grimm fait ce commentaire: "c'est encore une grande question de savoir si M. de Crébillon fils a peint ses petits-maîtres d'après nature, ou si nos jeunes gens n'ont pas plutôt pris leurs manières impertinentes et ridicules dans ces livres en se faisant les singes de ces héros" (CL, v.4, p.356). Donc, la ligne de partage entre la vie réelle et l'art s'estompe devant l'influence de la création de Crébillon. Marmontel fait également allusion à cette espèce d'enchevêtrement dans son *Essai sur les romans, considérés du côté moral*[10]. Il approuve la "louable intention" des romanciers qui font la satire des vices. Cependant il trouve que ces peintures ont un grand désavantage:

> Mais n'avons-nous pas vu au théâtre les petits-maîtres, dont on jouait les ridicules, venir étudier les airs de tête, les mouvements, les tons de l'acteur qui faisait leur rôle, pour le copier à leur tour? La comédie était pour eux bien réellement une école. Mais un raffinement de fatuité était le fruit de la leçon. Il en était de même de la lecture des romans. Et à l'école de Versac, on s'instruisait dans l'art profond d'être un aimable et dangereux perfide.

Ainsi, la portée de la réception des romans mondains de Crébillon est d'une étendue considérable. Et le siècle n'arrive pas à savoir avec certitude si c'est l'artiste qui s'efforce de recréer la réalité de la société ou si c'est la société qui essaie de recréer la création de l'artiste.

Comme dans le cas des contes de Crébillon, le XVIIIe siècle identifie plusieurs imitations des romans mondains de l'auteur. Ce qui prouve que Crébillon a eu une certaine influence sur les romanciers de son époque. Parmi ces imitations, la critique identifie *Les Liaisons dangereuses* de Laclos (1741–1803). En effet, aussitôt que ce roman paraît en 1782, plusieurs personnes en parlent comme d'un ouvrage qui a des affinités avec ceux de Crébillon. La Harpe annonce la publication du roman de Laclos à un correspondant étranger et il ajoute: "L'auteur paraît avoir voulu renchérir sur le Versac des *Égarements* de Crébillon fils et sur le Lovelace de Richardson[11]". Quelques mois plus tard, Moufle d'Angerville fait l'éloge des *Liaisons dangereuses* et il conclut en disant: "Ce livre doit faire infiniment d'honneur au romancier, qui marche dignement sur les traces de M. de Crébillon le fils" (Bachaumont, v.18, p.299). Ainsi, Laclos est perçu comme le disciple de Crébillon.

Puisque jusque là, nous n'avons parlé que de l'oeuvre de Crébillon sans aborder le sujet de sa personne, il serait pertinent de conclure ce présent travail avec un dernier commentaire de l'époque qui projette le portrait de l'auteur:

> L'homme était encore plus admirable que ses ouvrages. Douceur de moeurs, simplicité de caractère, probité incorruptible, amitié séduisante et sûre, empressements d'obliger, oubli de ses propres intérêts pour ceux des autres. Tels étaient les principaux traits qui l'ont toujours fait rechercher, aimer, estimer par les hommes de lettres, qui l'appelaient le *Grand Enfant*, parce qu'il avait la candeur de l'enfance unie à tous les agréments de l'esprit et au charme de l'imagination[12].

Puisque cette attestation de la bonne réputation de Crébillon vient d'un périodique connu pour l'impartialité de son jugement, c'est clair qu'il faut nécessairement faire la distinction entre la morale des personnages crébilloniens et celle de leur créateur. On ne peut donc qu'admirer le talent de cet auteur qui, en dépit de sa haute moralité, évoque avec tellement de vérité les raffinements du libertinage.

Notes

1   Marie-Louise Dufrenoy, *L'Orient romanesque en France (1704–1789)* (Montréal: Éditions Beauchemin, 1946) 1:84.

2   François Beliard, *Zélaskim, histoire américaine, Ou Les Aventures de la Marquise de P***, avec un Discours pour la défense des romans* (Paris: Mérigot père, 1765), xij–xiij.

3   Georges May, *Le Dilemme du roman* (Paris: PUF, 1963), 227.

4   Fabrice Couderc, "Le Conte merveilleux: une clé du libertinage au XVIIIème siècle", *Littératures* 22 (1990): 45–64.

5   Nicolas Bricaire de la Dixmerie, *Les Deux âges du goût et du génie français, sous Louis XIV et sous Louis XV, Ou Parallèle des efforts du génie et du goût*

dans les sciences, dans les arts et dans les lettres, sous les deux règnes (Paris: Lacombe, 1769), 367–370.

6   Louis de Bachaumont, Mathieu François Pidansat de Mairobert et Moufle d'Angerville, *Mémoires secrets pour servir à l'histoire de la république des lettres en France, depuis 1762 jusqu'à nos jours, ou Journal d'un observateur, etc.* (Londres: John Adamson, 1777–1789), 10:100.

7   Maurice Tourneux, éd., *Correspondance littéraire, philosophique et critique par Grimm, Diderot, Raynal, Meister, etc.* (Paris: Garnier Frères, 1877–1882), 2:267–268.

8   Jean François de La Harpe, *Lycée ou Cours de littérature ancienne et moderne* (Paris: Emler Frères, 1829), 14:238.

9   *Bibliothèque française* 28 (1739): 145.

10 Jean-François Marmontel, *Essai sur les romans, considérés du côté moral*, in *Oeuvres complètes* (Paris: Verdière, 1818–1820), 10:314.

11 Jean François de La Harpe, *Letters to the Shuvalovs*, édition par Christopher Todd, Studies on Voltaire and the Eighteenth-Century, vol.108 (Oxford: The Voltaire Foundation), 94.

12 *Mercure de France* 2 (Avril 1777): 212–213.

Bibliographie

Oeuvres de Crébillon

Crébillon, Claude Prosper Jolyot de. *Collection complète des oeuvres de M. de Crébillon le fils.* Londres: 1779.

―――. *Oeuvres.* Édition par Ernest Sturm. Paris: François Bourin, 1992.

Littérature et critique classiques

Alembert, Jean Le Rond d'. *Histoire des membres de l'Académie française, morts depuis 1700 jusqu'en 1771, pour servir de suite aux Éloges imprimés et lus dans les séances publiques de cette Compagnie.* Paris: Chez Moutard, 1787.

Année littéraire 5, no. 3 (1754): 49–64; 7, no. 9 (1754): 193–208; 2, no. 7 (1761): 145–175; 7, no. 5 (1761): 109–134.

Argens, Jean Baptiste de Boyer d'. *Réflexions historiques et critiques sur le goût et sur les ouvrages des principaux auteurs anciens et modernes.* Amsterdam: François Changouin, 1743.

―――. *Lettres juives ou Correspondance philosophique, historique et critique, entre un Juif voyageur en différents états de l'Europe, et ses correspondants en divers endroits. Augmentées de nouvelles lettres et de quantité de remarques.* La Haye: Pierre Paupie, 1764.

Aubert de La Chesnaye Des Bois, François Alexandre. *Lettres amusantes et critiques sur les romans en général, anglais et français, tant anciens que modernes, adressées à Myledy W***.* Paris: Gissey, 1743.

Bachaumont, Louis Petit de, Mathieu François Pidansat de Mairobert et Moufle d'Angerville. *Mémoires secrets pour servir à l'histoire de la république des lettres en France, depuis 1762 jusqu'à nos jours, ou Journal d'un observateur, etc.* Londres: John Adamson, 1777–1789.

Baculard D'Arnaud, François Thomas Marie de. *Theresa, histoire italienne avec un Discours sur le roman.* La Haye: 1745–174.

Beliard, François. *Zélaskim, histoire américaine, Ou Les Aventures de la Marquise de P***, avec un Discours pour la défense des romans.* Paris: Mérigot père, 1765.

Bibliothèque française 28, no. 1 (1739): 145; 28, no. 8 (1739): 139–162; 35, no. 2 (1742): 317–328.

Bouhier, Jean. *Lettres du président Bouhier à l'abbé Le Blanc.* Édition par H. de Châteaugiron. Vol. 4, *Mélanges publiés par la société des bibliophiles français.* Genève: Slatkine Reprints, 1970.

———. *Correspondance littéraire du président Bouhier.* Édition par Henri Duranton. Saint-Étienne: Université de Saint-Étienne, 1976–1988.

Bricaire de la Dixmerie, Nicolas. *Les Deux âges du goût et du génie français, sous Louis XIV et sous Louis XV; ou Parallèle des efforts du Génie et du Goût dans les sciences, dans les arts et dans les lettres, sous les deux règnes.* La Haye: Chez Lacombe, 1769.

Cartaud de la Vilate, François. *Essai historique et philosophique sur le goût.* Paris: De Maudouyt, 1736.

Correspondance littéraire, philosophique et critique par Grimm, Diderot, Raynal, Meister, etc. Édition par Maurice Tourneux. Paris: Garnier frères, 1877–1882.

Desessarts, Nicolas Toussaint Le Moyne. *Les Siècles littéraires de la France ou Nouveau dictionnaire historique, critique et bibliographique de tous les écrivains français, morts et vivants, jusqu'à la fin du XVIIIe siècle.* Paris: 1800.

Desfontaines, Pierre François Guyot. *Lettre sur les derniers discours prononcés à l'Académie française.* Paris: 1743.

Diderot, Denis. *Oeuvres complètes de Diderot.* Édition par J. Assézat et M. Tourneux. Paris: Garnier Frères, 1875–1877.

————. *Les Bijoux indiscrets*. Édition par Jean Varloot. Vol. 3, *Oeuvres complètes de Diderot*, édition par Herbert Dieckmann, Jacques Proust et Jean Varloot. Paris: Hermann, 1978.

————. *Correspondance de Denis Diderot*. Édition par Georges Roth et Jean Varloot. Paris: Éditions de Minuit, 1955–1970.

Du Coudray, Alexandre Jacques. *Lettre au public sur la mort de Messieurs de Crébillon, censeur royal; Gresset, de l'Académie française; Parfaict, auteur de L'Histoire du théâtre français*. Paris: Chez Durand et Chez Ruault, 1777.

Duranton, Henri et al., éds. *Correspondances littéraires érudites, philosophiques, privées ou secrètes*. Paris et Genève: Champion-Slatkine, 1993.

L'Enfer de la Bibliothèque Nationale. Paris: Fayard, 1994.

Formey, Jean Henri Samuel. *Conseils pour former une bibliothèque peu nombreuse, mais choisie, nouvelle édition, corrigée et augmentée, suivie de l'Introduction générale à l'étude des sciences et belles-lettres par M. de la Martinière*. Berlin: Haude et Spener, 1756.

Fougeret de Monbron, Louis Charles. *Le Canapé couleur de feu, histoire galante*. Le Coffret du Bibliophile. Paris: Bibliothèque des curieux, 1912.

Furetière, Antoine de. *Dictionnaire universel, contenant généralement tous les mots français tant vieux que moderne, et les termes des sciences et des arts*. Édition par Basnage de Bauval. La Haye et Rotterdam: Arnoud et Reinier Leers, 1701.

Graffigny, Françoise d'Issembourg d'Happencourt, dame de. *Correspondance de Madame de Graffigny*. Édition par English Showalter. Oxford: The Voltaire Foundation Taylor Institution, 1985.

Hamilton, Anthony. *Oeuvres du comte Antoine Hamilton*. Édition par Antoine Augustin Renouard. Paris: Antoine Augustin Renouard, 1812.

Journal encyclopédique ou Universel dédié à son Altesse Sérénissime Mgr. le Duc de Bouillon, etc. 7, no. 27 (1792): 362.

Journal littéraire 22, no. 2 (1735): 471–472.

Jugements sur quelques ouvrages nouveaux 1 (1744): 52–53.

158

La Fontaine, Jean de. *Oeuvres complètes*. Édition par Jean Marmier. Paris: Seuil, 1965.

La Harpe, Jean François de. *Correspondance littéraire adressée à Son Altesse Impériale Mgr. Le Grand-Duc, aujourd'hui Empereur de Russie, et à M. le comte André Schowalow, chambellan de l'Impératrice Catherine II, depuis 1774 jusqu'à 1789*. Vol. 10, *Oeuvres de La Harpe*. Paris: Verdière, 1820.

———. *Lycée ou Cours de littérature ancienne et moderne*. Paris: Emler Frères, 1829.

———. *Letters to the Shuvalovs*. Édition par Christopher Todd. Studies on Voltaire and the Eighteenth Century, vol. 108. Oxford: The Voltaire Foundation, 1973.

La Mettrie, Julien Offray de. *Essais sur l'esprit et les beaux esprits*. Amsterdam: Frères Bernard, 1742.

La Morlière, Jacques Rochette de. *Angola, histoire indienne*. In *Romans libertins du XVIIIe siècle*, édition par Raymond Trousson. Paris: Robert Laffont, 1993.

Le Pour et Contre 5, no. 70 (1734): 225–226.

Le Sage Moissonneur ou Le Nouvelliste historique, politique, critique, littéraire et galant (1742): 255–257.

*Le Spectateur littéraire ou Réflexions désintéressées sur quelques ouvrages nouveaux adressées à M. le Président de *** en province* 1 (1746): 49–69.

Les Mille et une nuits, contes arabes. Traduction par Antoine Galland. Paris: Garnier frères, 1876.

*Lettres de Madame la Comtesse de *** sur quelques écrits modernes* 1, no. 10 (1745): 133.

Marivaux, Pierre Carlet de. *Le Paysan parvenu*. Paris: Garnier-Flammarion, 1965.

Marmontel, Jean-François. *Essai sur les romans, considérés du côté moral*. Vol. 10, *Oeuvres complètes*. Paris: Verdière, 1818–1820.

Mayeul-Chaudon, Louis. *Nouvelle Bibliothèque d'un homme de goût ou Tableau de la littérature ancienne et moderne, étrangère et nationale, dans lequel on expose le sujet, et l'on fait connaître l'esprit de tous les livres qui ont paru dans tous les siècles, sur tous les genres, et dans toutes les langues; avec un jugement court, précis, clair et impartial, tiré des journalistes les plus connus, et des critiques les plus estimés de notre temps.* Paris: 1777.

Mercier, Louis-Sébastien. *Tableau de Paris.* Amsterdam: 1782–1788.

Mercure de France (Janvier 1755): 120–124; (Avril 1777):212–213.

Observations sur les écrits modernes 1 (1735): 335–336. Cité par Georges May dans *Le Dilemme du roman*, 218. Paris: PUF, 1963.

Palissot de Montenoy, Charles. *Le Nécrologe des hommes célèbres (1767–1782) ou Le Nécrologe des hommes célèbres de France, par une société de gens de lettres.* Paris: Knapen, 1778.

Ravaisson, François Mollien. *Archives de la Bastille, Documents inédits recueillis et publiés par François Ravaisson, Règne de Louis XIV et de Louis XV (1709 à 1772).* Paris: 1881.

Réponse au soi-disant Spectateur Littéraire au sujet de son avis désintéressé sur "Angola". (1746): 1–36.

Romans libertins du XVIIIe siècle. Édition par Raymond Trousson. Paris: Robert Laffont, 1993.

Sabatier de Castres, Antoine. *Les Trois siècles de notre littérature, ou Tableau de l'esprit de nos écrivains depuis François I jusqu'en 1772.* Amsterdam et Paris: 1772.

Sade, Donatien Alphonse François. *Idée sur les romans.* Genève: Slatkine Reprints, 1967.

Saurin, Bernard Joseph. *Oeuvres complètes de M. Saurin de l'Académie française.* Paris: Duchesne, 1783.

Ségur, Pierre, marquis de. *Le Royaume de la rue St.-Honoré, Madame Geoffrin et sa fille.* Paris: Calman Lévy, 1897.

Vandeul, Angélique Diderot, madame de. "Mémoires pour servir à l'histoire de la vie et des ouvrages de Diderot". In Vol. 1, *Oeuvres complètes de Diderot*, édition par J. Assézat et M. Tourneux. Paris: Garnier Frères, 1875–1877.

Voisenon, Claude-Henri de Fusée de. *Oeuvres complètes de M. l'abbé de Voisenon de l'Académie française.* Paris: Moutard, 1781.

160

Voltaire, François Marie Arouet. *Voltaire's Correspondence*. Édition par Theodore Besterman. Genève: Institut et Musée Voltaire, 1953–1965.

Walpole, Horace. *Horace Walpole's Correspondence with Madame du Deffand and Wiart*. Vols. 3–8, *The Yale Edition of Horace Walpole's Correspondence*, édition par W. S. Lewis et Warren Hunting Smith. New Haven: Yale UP, 1939.

Études modernes

Adam, Antoine. Préface aux *Bijoux indiscrets* de Denis Diderot. Paris: Garnier-Flammarion, 1968.

Assézat, J. "Notice préliminaire." In Vol. 4, *Oeuvres complètes de Diderot*, édition par J. Assézat et M. Tourneux. Paris: Garnier Frères, 1875–1877.

Balcou, Jean. *Fréron contre les Philosophes*. Genève: Droz, 1975.

Barchilon, Jacques. *Le Conte merveilleux français de 1690 à 1790*. Paris: Honoré Champion, 1975.

Brunel, Pierre, Yvonne Bellenger, Daniel Couty, Philippe Sellier et Michel Truffet. *Histoire de la littérature française*. Paris: Bordas, 1977.

Cazenobe, Colette. *Le Système du libertinage de Crébillon à Laclos*. Studies on Voltaire and the Eighteenth Century, vol. 282. Oxford: The Voltaire Foundation, 1991.

Couderc, Fabrice. "Le Conte merveilleux: une clé du libertinage au XVIIIème siècle." *Littératures* 22 (1990): 45–64.

Coulet, Henri. *Le Roman jusqu'à la révolution*. Paris: Armand Colin, 1967.

Craveri, Benedetta. *Madame du Deffand et son monde*. Traduction par Sibylle Zavriew. Paris: Seuil, 1987.

Cryle, Peter. *Geometry in the Boudoir. Configurations of French Erotic Narrative*. Ithaca et Londres: Cornell University Press, 1994.

Darnton, Robert. *The Forbidden Best-Sellers of Pre-Revolutionary France*. New York: W.W. Norton & Co., 1995.

————. *The Corpus of Clandestine Literature in France, 1769–1789*. New York: W.W. Norton & Co., 1995.

Deloffre, Frédéric. *Une Préciosité nouvelle, Marivaux et le marivaudage*. Paris: Armand Colin, 1967.

Dufrenoy, Marie-Louise. *L'Orient romanesque en France (1704–1789)*. Montréal: Éditions Beauchemin, 1946.

Funke, Hans-Günter. *Crébillon fils als moralist und gesellschaftskritiker*. Heidelberg: Carl Winter Universitätsverlag, 1972.

Gee, Katherine Landolt. "*Le Canapé*: Une Erreur bibliographique rectifiée". *Revue d'histoire littéraire de la France* 5 (1978): 790–792.

Genette, Gérard. *Palimpsestes*. Paris: Seuil, 1982.

Géraud, Violaine. *La Lettre et l'esprit de Crébillon fils*. Paris: SEDES, 1995.

Goldzink, Jean. *Histoire de la littérature française: XVIIIe siècle*. Paris: Bordas, 1988.

Goulemot, Jean-Marie. *Ces Livres qu'on ne lit que d'une main: Lecture et lecteurs de livres pornographiques au XVIIIe siècle*. Paris: Minerve, 1994.

Jauss, Hans Robert. *Pour une esthétique de la réception*. Édition par Jean Starobinski. Traduction par Claude Maillard. Paris: Gallimard, 1978.

Lièvre, Pierre. "Crébillon a-t-il menti?" *La Revue de Paris* (Avril 1934): 867–881.

Magne, Bernard. *Crise de la littérature française sous Louis XIV: humanisme et nationalisme*. Paris: Champion, 1976.

Martino, Pierre. *L'Orient dans la littérature française au XVIIe et au XVIIIe siècle*. Paris: Hachette, 1906.

May, Georges. *Le Dilemme du roman*. Paris: PUF, 1963.

————. *Les Mille et une nuits d'Antoine Galland ou le chef-d'oeuvre invisible*. Paris: PUF, 1986.

Mervaud, Christiane. "La Narration interrompue dans Le Sopha de Crébillon". *Studies on Voltaire and the Eighteenth Century* 249 (1987): 183–195.

Morier, Henri. *Dictionnaire de poétique et de rhétorique*. Paris: PUF, 1981. Cité par Violaine Géraud dans *La Lettre et l'esprit de Crébillon fils*, 121. Paris: SEDES, 1995.

Mortier, Roland. *L'Originalité: une nouvelle catégorie esthétique au siècle des Lumières*. Genève: Droz, 1982.

Proust, Jacques. "Diderot et la fée Moustache". In *Dilemmes du roman*, édition par Catherine Lafarge, 111–120. Saratoga, CA: Anma Libri, 1989.

Robert, Raymonde. *Le Conte de fées littéraire en France de la fin du XVIIe à la fin du XVIIIe siècle*. Nancy: Presses Universitaires de Nancy, 1982.

Roche, Daniel. "La Censure". In vol. 2, *Histoire de l'édition française*, édition par Henri-Jean Martin et Roger Chartier, 76–83. Paris: Promodis, 1984.

———. "La Police du livre". In vol. 2, *Histoire de l'édition française*, édition par Henri-Jean Martin et Roger Chartier, 84–91. Paris: Promodis, 1984.

Roger, Philippe. "Crébillon, Laclos, Sade". In *Précis de littérature française du XVIIIe siècle*, édition par Robert Mauzi, 190–201. Paris: PUF, 1990.

Rousseau, André-M. "À la découverte d'Antoine Hamilton, conteur". *Études Littéraires* 1, no. 2 (1968): 185–195.

Saint-Amand, Pierre. *The Libertine's Progress. Seduction in the Eighteenth-Century French Novel*. Traduction par Jennifer Curtiss Gage. Hanover: Brown University Press, 1994.

Schmidt, Albert-Marie. Introduction au *Sopha* de Claude Prosper Jolyot de Crébillon. Paris: Union Générale d'Éditions, 1966.

Sgard, Jean. Préface au *Sopha* de Claude Prosper Jolyot de Crébillon. Paris: Desjonquères, 1984.

Siemek, Andrzej. *La Recherche morale et esthétique dans le roman de Crébillon fils*. Studies on Voltaire and the Eighteenth Century, vol. 200. Oxford: The Voltaire Foundation, 1981.

Stewart, Philip. *Le Masque et la parole: le langage de l'amour au XVIIIe siècle*. Paris: José Corti, 1973.

Sturm, Ernest. Présentation de *L'Écumoire ou Tanzaï et Néadarné, histoire japonaise* de Claude Prosper Jolyot de Crébillon. Paris: Nizet, 1976.

Uzanne, Octave. Préface à *Idée sur les romans* de Donatien Alphonse François Sade. Genève: Slatkine Reprints, 1967.

Vartanian, Aram. Appendice aux *Bijoux indiscrets* de Denis Diderot, édition par Jean Varloot. In Vol. 3, *Oeuvres complètes de Diderot*, édition par Herbert Dieckmann, Jacques Proust et Jean Varloot. Paris: Hermann, 1978.

———. "The Politics of *Les Bijoux indiscrets*". In *Enlightenment Studies in Honour of Lester G. Crocker*, édition par Alfred J. Bingham et Virgil W. Topazio, 349–376. Oxford: Voltaire Foundation, 1979.

Versini, Laurent. "Néologie et tours à la mode dans *Angola*". *Travaux de Linguistique et de Littérature* 13, no. 1 (1975): 505–525.

———. *Le XVIIIe siècle: Littérature française.* Nancy: Presses Universitaires de Nancy, 1988.

The Age of Revolution and Romanticism
Interdisciplinary Studies

This series publishes and promotes significant works concerned with a crucial period in European cultural and literary history: from the Enlightenment to the post-revolutionary era. The emphasis is on studies that transcend traditional boundaries between disciplines and that focus on interactions of literature, art, philosophy and politics.

Queries and manuscripts should be sent to the General Editor:

Gita May, Chair
Department of French
Columbia University
516 Philosophy Hall
New York, New York 10027